為佳酸益血也磨雄黃塗蜂蠆亦取其收而不散也今人食酸則齒
軟謂其水生木水氣弱木氣盛故如是造靴皮須得此而紋皺故如
其性收斂不
負酸收之誠

稻米

稻米味苦主溫中令人多熱大便堅 [陶隱居] 云道家方藥
則是兩物矣 [唐本注] 云稻米白如霜又江東無此皆通呼粳為稻不知其
色類復云何也云稻者諸穀通名爾雅云徐音䆉也杭者其
不糯之稱一曰秈汜勝之云秈秫稻三月種秔稻四月種秫稻即
並稻也今陶為二事深不可解也 [今按] 李舍光音義云桉字書解粳
字云陶為二事明稻米作稷
粢蓋糯米爾其細糠白如霜粒大小似杭米但體性粘帶為異然今

Das große Buch vom Reis

Das große Buch vom Reis

Das große Buch vom
REIS

Geschichte, Anbau, Sorten, Küchenpraxis
und Rezepte

Von Dr. Klaus Lampe,
Eckart Witzigmann,
Tony Khoo und
Christian Teubner.

Mit einem historischen Essay von
Dr. Sybil Gräfin Schönfeldt.

Weltbild

Inhalt

Dem Reis auf der Spur

Die Reiskultur ist uralt, wie alt genau wird man wahrscheinlich nie wissen. Ihre Anfänge liegen im Dunkel des Mythos: Der Himmel liebte die Erde. Als er sich über sie beugte, fielen ihm die Getreidekörner aus den Taschen, und als die Erde die Menschen hervorbrachte, fanden sie schon ihre Speise vor. Eine andere Sage erzählt, wie eine göttliche Jungfrau über die Reisfelder ihres Vaters schritt und ihren langen seidenen Mantel hinter sich herschleifen ließ, damit die Reiskörner für die Menschen, ihre Freunde, daran haften blieben. Reis – das Geschenk einer gütigen Göttin: ein anmutiges Bild. Zu Beginn unseres Jahrhunderts glaubte man noch, daß der Reis nicht älter als drei Jahrtausende vor unserer Zeitrechnung sei, wobei man sich auf eher sagenhafte chinesische Quellen stützte, nach denen der erste Reis von einem Kaiser namens Yandi – später Shennong, Göttlicher Ackerbauer, genannt – eigenhändig ausgesät worden sei. Doch dann lieferte die Archäologie in den 20er Jahren erste zuverlässige Daten. Zwei schwedische Botaniker ent-

tet, gedroschen und eingelagert hatten, etwas von Reisanbau verstanden. War das nun seine Urheimat? Oder sind die Spuren am Yangtze doch noch 2 000 Jahre älter? Die Frage spielte keine Rolle mehr, als im Gebirge Nordthailands die Geisterhöhle, die Spirit Cave, entdeckt wurde. Sie enthielt Reisreste, die 7 000 oder 10 000 Jahre vor unserer Zeitrechnung geerntet und in Speisegefäße gefüllt worden sind, wohl als rituelle Gaben für die Geister der Verstorbenen. Dieser Fund war eine wissenschaftliche Sensation, und er ist der bisher älteste. Der Reis blieb zunächst in einem Raum heimisch, der sich vom Himalaja über die Flußtäler im nördlichen Assam, Thailand und Burma bis nach Nordvietnam und Südchina erstreckt. Der Sage nach ließ der Gelbe Kaiser, ein bedeutender chinesischer Herrscher, der als der Vater der »5 Körner« – Reis, Hirse, Weizen, Gerste und Bohnen – gilt, die Körner dämpfen und nannte das Ergebnis »fan«. So entwickelte sich die chinesische Eßkultur aus dem »fan«. Wer »fan« aß, im engeren Sinne

deckten in einem neolithischen Ausgrabungsgelände auf einem Tongefäß Abdrücke von Körnern, die sie als Reis identifizierten. Doch ehe erste Zweifel ausgeräumt waren, kamen die nächsten Funde an den Hängen des Himalaja, so daß Indien nun das Herkunftsland der Reispflanze zu sein schien. In den 50er und 60er Jahren kam wieder China, speziell das Flußdelta des Yangtze, ins Gespräch und in den folgenden Jahren noch zahlreiche andere Orte. In einem Dorf im Mündungsgebiet des Gelben Flusses, im Südosten Chinas, stießen die Wissenschaftler auf die ältesten bäuerlichen Niederlassungen, etwa 5 000 vor Christus. Die Häuser standen am Rande eines Sumpfgebietes auf Pfählen, und der Vorrat an Reis, der sich in kunstvoll bearbeiteten Tongefäßen erhalten hatte, ließ darauf schließen, das diejenigen, die ihn einst geern-

gekochter Reis, in einem weiteren gekochtes Getreide, galt als Chinese, die anderen als Barbaren. Zur Vollendung seiner Vision erfand der Gelbe Kaiser auch den Herd zu seinen Kochvorschlägen, einen Tonkasten für die Glut, in dem ein Loch für den Wassertopf mit halbrundem Boden eingelassen war, auf dem nun wiederum der Dämpftopf Yan mit seinem Löcherboden saß. In seinem ursprünglichen Anbaugebiet wurde der Reis zur Volksnahrung. Und von dort wanderte er in alle Welt – vom Mündungsgebiet des Yangtze in die Inselwelt im Süden. Nach Indonesien und auf die Philippinen kam der Reis im 3. Jahrtausend vor unserer Zeitrechnung, vermutlich mit Emigranten aus dem Norden, und verbreitete sich rasch über die Inseln nördlich und südlich des Äquators. Da gab es fruchtbares Land, Dschungel, keine Jahreszeiten, genug Feuchtigkeit, ein gleichmäßiges Klima und eine gleichmäßige Temperatur – ein Paradies. Eine Legende erzählt, der Reis wüchse dort schon seit Urzeiten. Bevor aber die holländischen Plantagenbesitzer die indonesische Reistafel in Amsterdam einführten und samt dem Nasi goreng zur kolonialen Leib- und Nationalspeise machten, sollten noch Jahrtausende vergehen. Jahrtausende und Jahrhunderte, in denen der Reis mit den Menschen weiterwanderte. In Indien sind es die ältesten literarischen Denkmäler, die in der heiligen Sanskritsprache vom Reis sprechen und ihn etwa um 2 400 vor Christus schon in mehreren Arten erwähnen: als dunklen Reis, der dem Gott Agni dargebracht wurde, während ein schnell reifender Sawitar und ein großkörniger Indra, dem altindischen Gewittergott aus vedischer Zeit, zugedacht wurde. Die schriftlichen Zeugnisse, die in unsere Kultur hineinreichen, sind die Berichte von Alexanders Zug von Griechenland nach Indien. Seine Begleiter haben die Wunder dieses wahrhaft unglaublichen Abenteuers festgehalten, beschrieben den Reis, der im Tale des Euphrat schon seit 2 000 Jahren angebaut wurde, und sehr genau die Form und das System der überschwemmten geschlossenen Reisfelder. Und ein Handelsagent am Hofe eines indischen Fürsten hielt um 300 vor Christus

Zimt und einen Löffel Kardamom, und rührte und rührte, bis der Duft der Gewürze das ganze Haus erfüllte. Als Erwachsene schrieben sie »Kari« auf englische Art »Curry« und aßen ihr Leben lang Curries mit Reis. So kamen diese Gerichte auf europäische Speisekarten und auf europäische Fürstentische, denn es war schick, mit solchen Gerichten zu zeigen, welche Reichtümer man besaß. In dieser Zeit hatte sich auch Japan endlich dem Handel geöffnet, nach einer langen Periode der hermetischen Abgeschlossenheit. Das war der Grund, weshalb der Reis in Japan erst spät, bedenkt man die Nähe zu China, kultiviert wurde. Erst im 3. Jahrhundert vor Christus wurde er von Korea aus eingeführt. 600 Jahre später wanderten chinesische Reisbauern in den Süden Japans ein; sie brachten ihre Geräte und Büffel mit, und erst ihre Anbaumethode trug zur Verbreitung des Reises bei, der zu einer Säule der japanischen Landwirtschaft und Kultur wurde. Reis war nicht nur Volksnahrung, sondern allgemeines Zahlungsmittel. 50 Prozent der Ernten wurden als Steuern eingetrieben, Bauern waren also die Basis der Feudalgesellschaft, und der Bauer stand dem Samurai näher als ein Handelsherr oder ein Handwerker. Doch auch wenn der Reis das Grundnahrungsmittel darstellte, so aßen die Japaner paradoxerweise nicht den

für seinen syrischen König fest, wie man den Reis in Indien aß: Jeder Gast erhielt einen kleinen Tisch, dessen Platte wie eine Schüssel geformt war. In diese Schale wurde von Dienern Reis gefüllt und mit vielen Beilagen verzehrt. Jahrhunderte später, als der Seeweg nach Indien um Afrikas Kap der Guten Hoffnung herum gefunden war, entstand an den indischen Küsten eine europäische Handelsniederlassung nach der anderen. Doch erst als die Staatsmacht in Indien zerfiel, griffen die Europäer in die Politik des riesigen Reiches ein und schwangen sich zu Kolonialherren auf. Tausende englischer Kinder wuchsen so auf den Armen einer indischen Amah auf, aßen indischen Reis und rochen des Morgens, wie die Köchin das Fett mit den Zwiebeln in einem großen Topf anröstete, das Karipulver dazugab, vielleicht noch einen Löffel

aus eigener Ernte. Japanischer Klebreis war auf dem asiatischen Festland hoch beliebt, weil er sich im Gegensatz zu den locker kochenden Hochlandsorten zu ganz anderen Speisen verarbeiten ließ. Deshalb wurde Klebreis zu hohen Preisen nach China exportiert, während aus China mindere billige Sorten importiert und oft so teuer weitergehandelt wurden, daß die armen Reisbauern statt Reis lieber Hirse kochten. Auf seinem weiten Weg nach Westen entstand in Persien ein Gericht, das zu den klassischen Reisrezepten gehört: der Pilaw oder Pilau, ein Eintopfgericht. Von dort war es nicht mehr weit bis in die Türkei und auf die Balkanhalbinsel. Doch zurück zur Antike: Die alten Griechen hielten nicht viel vom Reis. Er geriet dort in die Hände der Ärzte und wurde als schwer verdaulich, sonderbarerweise aber als nahrhafte

Reisanbau in den vier Jahreszeiten
Links: Aussaat, Pflanzen, Bewässern. Rechts: Ernte, Dreschen, Mahlen und auch Gaukler. Japanisches Stellschirmpaar, Tusche und leichte Farben auf Papier, Mitte 17. Jahrhundert, von Kusumi Morikage.

Reiskult auf Bali: Opfergaben, dargebracht auf einem kleinen Altar am Rand eines Reisfeldes, sollen die Götter günstig stimmen, damit die nächste Ernte gut ausfällt.

Krankenspeise betrachtet. Bedeutsamer war der Weg, den der Reis mit dem Islam, mit den Eroberungszügen der Araber nach Westen zum Mittelmeer hin nahm. Da war das Flußdelta des Nils, wie geschaffen für Reisanbau, da waren die Mündungsgebiete des Guadiana und Guadalquivir ebenso wie die Marschen der Provinz Valencia, wo der Reis nach dem Sturm der Mauren auf Spanien eine erste europäische Heimat fand. Überall legten die Araber Kanäle und Naßfelder an, um ihr Lieblingskorn anpflanzen zu können. War der Ertrag gut, so verkauften sie den Überschuß an die nichtarabischen Nachbarn. Das war im 8. Jahrhundert, und mit der arabischen Wissenschaft und Kultur blühte die der asiatischen Pflanze. Die Spanier übernahmen die Reisfelder der Araber und verbreiteten ihre Anbaumethoden mit eigenen Eroberungszügen weiter bis nach Südfrankreich und Oberitalien. Neu war den Italienern der Reis jedoch keineswegs, dazu lag das Land zu sehr im Zentrum des Handels zwischen Abend- und Morgenland. Es gibt Rechnungen über geringe Reismengen, die Mitte des 13. Jahrhunderts gekauft wurden, um bestimmte Süßigkeiten herzustellen. Und es gibt eine Nachricht, daß der Mailänder Herzog einem guten Freunde 1475 zwölf Säcklein Reis sandte, »in Mailand«, also in seinem eigenen Herzogtum geerntet. Die Spanier brachten ihre neuen Untertanen dazu, die Reiskultur systematisch in Angriff zu nehmen. Er wurde zuerst dort angebaut, wo man seit alter Zeit über Kanalsysteme und Bewässerungsmöglichkeiten verfügte, in der Po-Ebene und in Venetien. Ende des 15. Jahrhunderts gab es die ersten Reistransporte über die Alpen, hauptsächlich in die süddeutschen Reichsstädte. Die Anbauflächen vergrößerten sich, bis

Frühe italienische Ernteszene: Im Vordergrund transportiert ein Bauer die abgeschnittenen Halme ab, im Hintergrund ist die Ernte noch in vollem Gange.

der Herzog von Mailand den Reisexport nach Norden und die Erweiterung des Anbaus einschränkte – aus folgendem Grunde. In China hatten die Reisbauern Karpfen in die nassen Felder gesetzt, damit sie die Wurzeln des Unkrauts abknabberten und die Insektenlarven verspeisten. In Italien pflanzte man den Reis ohne diese Wächter in die überfluteten Felder, und schon gediehen die Mücken, Malaria brach aus. Da man damals den Zusammenhang zwischen Insekt und Infekt noch nicht kannte, schrieb man dem Reis ein schädliches Miasma zu, eine lebensgefährliche Ausdünstung. In der Folge wurden Reisfelder in der Nähe von Städten verboten und der Reisbau wieder vernachlässigt. Dennoch hatte der Reis seinen Weg über die Alpen gefunden. Zu zahlreich waren seit jeher die Kreuz- und Querverbindungen. Doch obwohl Reis als christliche Fastenspeise sich zunehmender Beliebtheit erfreute, spielten die seinerzeit häufig in Milch gekochten Körner weder wirtschaftlich noch kulinarisch im europäischen Mittelalter eine große Rolle. Reis war, gemessen an den teuren Gewürzen, eine relativ billige Handelsware in bezug auf sein Gewicht und den langen Weg, den er hinter sich zu bringen hatte. Und der arabische Reis in Spanien sowie der spanische in Italien reichten wohl nur für den Eigenbedarf. Zwar hatte es im Mittelalter auch sonst hie und da Reisanbau gegeben – etwa in der südungarischen Tiefebene, in den Randgebieten der islamischen Welt, doch waren die Erträge gering und die Qualität armselig. Dieser Reis war Armeleutespeise, ganz im Gegensatz zu demjenigen, der über den Orienthandel ins Heilige Römische Reich deutscher Nation gelangte. Mit der Ausprägung der Ständegesellschaft, die im Barock ihren Höhepunkt erreichte, wurde importierter Reis zur Herrenspeise. Weiße Speisen galten als vornehm, und weil dieser Reis schneeweiß war, gehörte er von Natur aus zu den Herrenspeisen. Weil sich ein fester Reisbrei zudem leicht in bestimmte Formen modellieren ließ, diente er auch dazu, gewisse verbotene Speisen nachzuahmen, das weiße Fleisch der Hühner zum Beispiel. Reis war und blieb etwas Besonderes – bis zu Beginn des 20. Jahrhunderts billiger Reis importiert wurde, der den Hirsebrei als Alltagsspeise verdrängte. Während man also im bäuerlichen alten Europa weißen Reis noch als außergewöhnliches Festessen betrachtete, bei Hochzeiten eine Suppe aus frischem Fleisch und Reis kochte, Weihnachten einen Reisbrei mit der versteckten Glücksmandel, zum Erntefest auch eine Schüssel Reis auf den Tisch des Hofbauern stellte, begann auf Madagaskar das amerikanische Reiskapitel. Dort hatten Malaien die Reiskultur etwa in der Zeit begründet, in der die Araber in den Mittelmeerraum drangen. Auf den Hochebenen der Insel wurde intensiver Naßreisbau betrieben. Eine holländische Brigg war von Madagaskar aus um Afrika herum gesegelt, auf dem Atlantik in einen Sturm geraten und lief leicht beschädigt in den Hafen von Charles Town in Südcarolina ein. Der Kapitän machte während der Reparaturarbeiten dem Gouverneur Thomas Smith einen Höflichkeitsbesuch und schenkte ihm, weil er Interesse daran zeigte, einen Sack Madagaskarreis, beste Saat, ihrer Farbe wegen »Golde Seede« genannt. Der Gouverneur besaß ein Stück sumpfiges Land von der Art, wie es der Kapitän von Madagaskar beschrieben hatte, auf dem sonst nichts gedieh, weil die Gezeiten zweimal am Tag frisches

Wasser auf den ansonsten fruchtbaren Boden schoben. Das Experiment gelang, in den Sumpfgebieten um Charles Town wurden die Zypressen und Gummibäume gerodet, das Land eingedeicht und in ein Bewässerungssystem gebunden. Zuerst standen indianische, dann afrikanische Sklaven auf den Naßfeldern, und die Ernten waren so reich, daß Reis das erste nennenswerte Exportprodukt der jungen Kolonien nach England und Westindien war. Charles Town und die später begründete George Town, nach den englischen Königen benannt, wurden Zentren des Reishandels, und die Qualität von »Carolina Golde«, wie die Sorte jetzt hieß, war so hervorragend, daß sie zum allgemeinen Maßstab wurde. Der erste Erfolg nach der Unabhängigkeit der Vereinigten Staaten von Nordamerika, 1776, bestand für die Reisfarmer in einer der technischen Erfindungen, die auch die europäische Landwirtschaft revolutionierten. 1787 konstruierte Jonathan Lucas die erste wasserbetriebene Reismühle, und fünf Jahre später wurde daraus die erste gezeitenbetriebene Mühle entwickelt. Das sparte den Plantagen am Atlantik nicht nur Menschenkraft, die Reiskörner blieben auch unversehrter als beim Stampfen. An den Ufern der Flüsse entstanden bis Mitte des nächsten Jahrhunderts 150 Reisplantagen, deren Besitzer Millionäre wurden. Der Sezessionskrieg machte dem ein Ende. Unionstruppen blockierten 1861 die Reis-Häfen, ihre Schiffe fuhren die Flüsse hinauf, verbrannten die Reisfelder, plünderten die Plantagen, zerstörten die Wirtschaftsgebäude und ließen die Sklaven frei. Die Reisfelder lagen bis Kriegsende, bis 1865 brach. Davon erholte sich das Land nie wieder. Nachdem Napoleon den Vereinigten Staaten 1805 die französische restliche

Hälfte von Louisiana und New Orleans für 15 Millionen Dollar verkauft hatte, war der ganze Süden Einwanderungsland geworden, und auch der Reis zog in den südlichen Wilden Westen. Die entlassenen Soldaten bekamen an der Golfküste Land zugewiesen und betrieben nun dort Reisbau. Ein Farmer aus Iowa meinte 1884, Reis könne auch auf den Prärien im südwestlichen Louisiana und im südöstlichen Texas angebaut werden und die Ernte durch eine Mäh- und Bindemaschine, die er in Iowa für seinen Weizen gebrauchte, vereinfacht werden. Diese Mechanisierung funktionierte, der Reisanbau weitete sich auf Louisiana am Mexikanischen Golf, nach Texas und Arkansas bis nach Kalifornien und Mitte des Jahrhunderts ins obere Mississippi-Delta aus. Reis wurde auch in Amerika gesellschaftsfähig, die ersten Präsidenten der Vereinigten Staaten gaben kein Dinner ohne Reis: Reissuppe, Reispudding, den Präsident Grant besonders schätzte, sowie Pilau mit Pinienkernen, das Lieblingsrezept von Thomas Jefferson, dem Feinschmecker unter den Präsidenten. In Deutschland hingegen herrschte in bezug auf den Reis noch immer das Mittelalter. Die Fähigkeit der armen zermusten und auch noch durch ein Sieb gestrichenen Reiskörner, gipsartig zu erstarren, wurde vor allem von den Hof- und Hotelköchen genutzt. Sie brauchten eine feste Grundlage für die Tafelaufsätze, mit denen man besonders bei Hofe prunkte und alle anderen Hofhaltungen durch verblüffende Spielarten übertreffen wollte. Die bürgerliche Nachfolge dieser Reisgebäude trat offensichtlich der Reisring an, der auch fest wie eine Mauer zu sein hatte und nur dazu diente, eine Füllung zu halten. Die andere Form, Reis als Basis zu benutzen, ist sehr viel sinnvoller und schmackhafter. Die Küche der letzten kaiserlichen Höfe in Rußland oder Österreich, Frankreich oder Deutschland war so international wie die Aristokratie, sie wirkte üppig, war aber insgeheim sparsam. Also brauchte die Hofküche (ebenso wie der Bürger) bestimmte Gerichte, die selbst die Resteverwertung zu einem repräsentablen Ereignis machten. Dazu gehörte der Reis-Meridon. Dafür dünstet man, nach Katharina Prato, »14 Deka Reis weich und dick, treibt 6 Deka Krebsbutter mit 3 Dottern ab, gibt den Reis zum Abtrieb, mischt den Schnee der 3 Klar dazu, füllt die eine Hälfte in ein Model, gibt Ragout darauf, deckt dieses mit dem übrigen Reis zu, siedet das Ganze eine Stunde im Dunst und stürzt es«. Das wurde vielfältig variiert, es gab Füllen aus allen Fleischarten, Fisch oder Geflügel, Krebse mit Buttererbsen, Perlhuhn mit Spargel, auch süße Milch, den jeweiligen Früchten der Saison, winters mit Marmelade. Für die Kriegsgenerationen war Reis schließlich das Gericht aus der Kochkiste. Und wer in dieser Zeit, in der sich die Bäckerinnungen überlegten, ob sie das Brot mit Reis strecken könnten, einen Sack Reis besaß, der konnte sicher sein, daß er nicht verhungerte. So schließt sich auch dieser Kreis: Eine Schüssel Reis ist genug zum Leben; Reis ist wahrhaftig ein Geschenk des Himmels.

Dr. Sybil Gräfin Schönfeldt

Eine Küchenszene im Alten China. Im Vordergrund die Hausfrau beim Verteilen der Speisen. Im Hintergrund schön zu sehen: Ein Wok mit mehreren aufeinander gestellten Dämpfkörben.

Der Herdgott, mit Frau und Gefolge – Neujahrsbild 1929. In China wird ihm, oft 7 Tage vor Neujahr, geopfert und sein Porträt verbrannt. An Neujahr hängt man ihm zu Ehren dann ein neues auf.

Reis

MEHR ALS EIN KLEINES, WEISSES KORN

Würde sich in Deutschland ein Auto mit dem Namen »Kartoffelacker« verkaufen lassen? Sicher nicht. Und die Frage hat wohl auch nichts mit Reis zu tun – fast nichts. Toyota, oder richtiger Toyoda, heißt nämlich »Reiches Reisfeld«, und wer deshalb einen Honda vorzieht, entflieht damit dem Reis noch lange nicht, denn Honda bedeutet »Hauptreisfeld« – ursprünglich die Überlebensbasis einer ganzen Familie. Bis in die heutige Zeit ist der Reis für die Menschen, die von und meist auch mit ihm leben, viel mehr als nur ein Grundnahrungsmittel. In vielen Sprachen Asiens ist der Begriff Reis gleichbedeutend mit: Leben, Lebensmittel schlechthin oder Landwirtschaft allgemein. Reis war und ist auch heute noch Hauptnahrungsmittel. Weltweit stammen 23 % aller Nahrungsmittelkalorien von Reis; in Kambodscha sind es 80 %, in Vietnam 70 %, und selbst die Thais leben zu fast 60 % von einer einzigen Kulturpflanze, dem Reis. Und keine andere trägt den Namen »Kultur« mit mehr Recht. In Japan pflanzt auch heute noch der Kaiser jedes Jahr in einer besonderen Zeremonie Reis, und jedes Jahr ist er der Schutzpatron einer Erntezeremonie. Der König von Thailand leitet, einer alten Tradition folgend, nach der Regenzeit persönlich eine Feier, in der die erste Pflugfurche zur Reisfeldvorbereitung gezogen wird. Reis ist eine Kultur, die arm und reich, Knechte und Könige, verbindet. Mehr noch, er bestimmt den Lebensrhythmus in denjenigen Reisbauregionen, in denen kleinbäuerliche Betriebsstrukturen vorherrschen und traditionelle Gefüge dörflicher Strukturen wenigstens teilweise erhalten geblieben sind. Der Ursprung der Reiskultur liegt weit im dunkeln vorgeschichtlicher Zeit. Aus diesem Grund stehen sich auch verschiedene Lehrmeinungen über die Wiege des Reises gegenüber.

DIE ANFÄNGE LIEGEN IM DUNKELN

Fest steht, daß der Reis seinen Ursprung in dem Großraum zwischen Südchina und dem östlichen Teil des alten Indien, in Assam und Burma, hat. Die neuesten Funde von Reiskörnern und Spelzen bei Ausgrabungen im Yangtze-Delta Südchinas gehen auf das Jahr 5 000 vor Christus zurück. Danach wurde der erste Reis in Südchina angebaut; doch nicht etwa von Chinesen, sondern von Malayo-Polynesiern, die dieses Gebiet zu jener Zeit besiedelten. Die Chinesen kamen nämlich erst sehr viel später in diese Region, etwa 1 000 vor Christus. Allerdings brachten sie, Han-Chinesen aus dem Norden, eine bereits hochentwickelte Landwirtschaft mit, die auf Weizen und Hirse basierte und den von Tieren gezogenen Pflug ebenso wie Düngung und Fruchtfolge kannte. Von Südchina aus muß der Reis also seinen Weg nach Westen angetreten haben. Ausgrabungen aus Thailand lassen sich auf das Jahr 3 500 vor Christus zurückdatieren. In Indien hat man bislang die heutige Kulturform des Reises erst ab 1 500 vor Christus nachweisen können.

DIE URVÄTER UNSERER HEUTIGEN SORTEN

Wilde Formen des Reises, also mögliche »Ahnen« heutiger Reissorten, gibt es in Asien, Australien, Afrika und Südamerika. Die Reiskultur selbst hat sich aber nur in Asien und Westafrika selbständig und unabhängig voneinander entwickelt. Über den wilden Reis wird noch später zu berichten sein. Aber räumen wir schon jetzt mit einem Mißverständnis auf: Der sogenannte wilde Reis, die kleinen, schlanken, dunklen Stäbchen, die sich heute in so vielen Reisgerichten wiederfinden, sind gar kein Reis. Sie gehören nicht zur Großfamilie Oryza, sondern zu einem anderen Wassergras, *Zizania aquatica*, das in Nordamerika vor allem von Indianern innerhalb geschützter Reservate geerntet wird. Die wilde Form des Reises aber, von der hier die Rede ist, ähnelt heutigen Reissorten oft überhaupt nicht. Seine Arten- und Formenvielfalt fasziniert Botaniker, Züchter und alle, die sich dieser Kulturpflanze verschrieben haben. Sie versuchen, das große Reservoir zuchtrelevanter Eigenschaften der Wildformen zur Gewinnung neuer Sorten zu nutzen. Irgendwann einmal vor ungefähr 10 000 Jahren muß der Reisanbau begonnen haben. Aber warum? Sehr wahrscheinlich hat auch hier der Übergang einer Lebensform – vom Jäger- und Sammlertum zur wenigstens zeitweiligen Seßhaftigkeit – die Menschen dazu gezwungen, arbeitseffizientere Formen der Nahrungsgewinnung zu finden. Das Sammeln von Wildreis muß jedenfalls eine sehr mühselige und zeitraubende Beschäftigung gewesen sein, weil Rispe für Rispe gesucht und gepflückt werden mußte. Dabei dürfen wir getrost annehmen, daß der Wildreis von damals keine höheren Erträge brachte als seine Nachkommen heute. Die Samen hatten der Arterhaltung zu dienen, aber nicht mehr. Vermutlich wurde schon damals um die ersten Siedlungen herum mit einer kaum systematischen Aussaat begonnen. Doch trotz der großen Bedeutung des Reises für Ernährung und Leben der Menschen in Asien, über viele tausend Jahre hinweg, liegt seine Geschichte weitgehend im dunkeln, nur wenige Quellen verweisen auf die Wege seiner Verbreitung. In China findet sich vor dem 1. Jahrhundert vor Christus kein gedrucktes Wort über Reis. Knappe 1 000 Jahre älter sind die ersten Aufzeichnungen in Indien. In der Bibel ist der Reis mit keinem Wort erwähnt, ebenso wenig auf den Reliefs oder Papyri im alten Ägypten. Mit Alexander dem Großen kam der Reis wohl ans Mittelmeer. Doch sollte es noch mehr als 1 000 Jahre dauern, bis er in Spanien eine Heimat fand. Von dort erreichte er im 15. Jahrhundert die Po-Ebene. Gegen seine weitere Verbreitung in Italien wuchsen jedoch schon bald die Widerstände – aus gutem Grund: Man kannte zwar nicht die Hintergründe und Zusammenhänge der Malaria, wußte aber, daß sie etwas mit den Sümpfen zu tun hatte. Aus ähnlichem Grund hat der Naßreisanbau in Ostafrika bis heute nicht Fuß fassen können. Um 1650 gelangte der Reis in die Vereinigten Staaten, nach Virginia und Carolina. Heute spielen für die Reisproduktion in den USA neben Kalifornien insbesondere die Staaten Arkansas, Texas und Mississippi eine wichtige Rolle. 2,8 Mio. t werden jährlich exportiert, das sind 50 % der Gesamtproduktion. Diese Zahl erhält ein besonderes Gewicht, wenn man bedenkt, daß nur 2 % der Gesamtproduktion in der »Dritten Welt« und 4 % der Weltproduktion international vermarktet werden. Nach Südamerika kam der Reis mit den spanischen und portugiesischen Kolonialherren und ist heute neben den zentralamerikanischen Ländern vor allem in Brasilien und Kolumbien von großer Bedeutung. Nach Japan kam der Reisbau über Korea, vermutlich erst im 3. Jahrhundert vor Christus. Von Kyushu im Süden breitete er sich nur langsam aus und erreichte den Norden erst vor rund 200 Jahren. Heute befindet sich in Hokkaido ein wichtiges Zentrum für die nationale Reisforschung. Und wie kam der Reis nach Australien? Kurz vor dem Ersten Weltkrieg ließen sich japanische Siedler in Australien nieder und brachten den Reis mit auf den fünf-

ten Kontinent, wo er heute auf etwa 120 000 ha landwirtschaftlicher Nutzfläche angebaut wird, meistens in Großbetrieben mit modernsten Maschinen. Die Durchschnittserträge liegen mit 8,3 t/ha im internationalen Vergleich mit Abstand an der Spitze, gefolgt von Ägypten mit 7,9 und den USA mit 6,7 t/ha. Ein Vergleich solcher Zahlen kann aber leicht zu falschen Schlüssen führen.

VORSICHT BEI VERGLEICHEN!

Bodenqualität und Wasserversorgung, Sonneneinstrahlung und Tageslänge spielen eine ebenso wichtige Rolle und bestimmen den Ertrag mindestens genauso wie Sortenwahl und Anbaumethoden. Die Volksrepublik China erntet zum Beispiel im Durchschnitt 5,9 t/ha, während die Bauern in Indien mit 2,8 t/ha nicht einmal die Hälfte erreichen. Daran tragen allerdings die Landwirte selbst die geringste Schuld. Während in China weit über 90 % des sehr fruchtbaren Reislandes bewässert werden können, ist dies zum Beispiel in Indien nicht einmal bei der Hälfte der Anbaufläche möglich. Der überwiegende Teil des dortigen Reislandes ist auf Regen angewiesen, zudem sind die Böden oft wenig fruchtbar, und nicht überall steht Handelsdünger zur Verfügung. Hinzu kommt, daß die Züchtung für den bewässerten Reis Hochertragssorten entwickelt hat, die Zuchterfolge bei anderen Reis-Ökosystemen dagegen vergleichsweise noch immer bescheiden sind. Der Durchbruch ist hier erst in den kommenden Jahren zu erwarten. Auch so ist der Ertragsunterschied zwischen Indien und China zu erklären: Während dort fast ausschließlich neue, moderne Sorten verwendet werden, ist dies in Indien nur auf etwa 75 % der Fläche der Fall. Und schließlich wird die Ernte in Indien auch stark von den Monsunregen beeinflußt. Bei Ertragsvergleichen ist also Vorsicht geboten. Trotz der verschiedenen Wildformen auf vier Kontinenten haben sich in der Entwicklungsgeschichte der Reispflanze über die Jahrtausende hinweg aber nur zwei selbständige Formen entwickelt, auf denen die heutigen Zuchtsorten aufbauen: *Oryza glaberrima* und *Oryza sativa*.

ORYZA GLABERRIMA

Der afrikanische, oder präziser, westafrikanische Reis, ursprünglich ein roter Reis, hat sich über 3 500 Jahre unabhängig vom asiatischen Reis entwickelt, der erst vor ungefähr 500 Jahren den afrikanischen Kontinent erreichte. Glaberrima-Reis gedeiht auf sehr armen Böden, ist relativ trockenheitsverträglich und deckt den Boden schnell mit seinen langen, hängenden Blättern. Damit unterdrückt er die vielen Unkräuter, die mit dem Reis konkurrieren. Seine Erträge sind allerdings sehr gering, weil die Rispen nur wenige Körner tragen. Deshalb helfen auch Handelsdünger kaum, die Erträge zu steigern. Wichtigster Reisproduzent Afrikas ist – neben Nigeria (3,9 Mio. t) und Madagaskar (2,3 Mio. t) – Ägypten mit 4,5 Mio. t, das ist nur wenig mehr als die Gesamtproduktion in Sri Lanka. Trotzdem: Auch für die vielen kleinen westafrikanischen Länder spielt Reis aber dennoch eine wichtige Rolle. Deshalb konzentriert sich das Regionale Reisforschungszentrum (WARDA/ADRAO) an der Elfenbeinküste auf die Förderung des Anbaus und die Züchtung neuer Sorten für diese Region. Hier sind auch erstmals Kreuzungen zwischen westafrikanischem Glaberrima und asiatischem Oryza-Reis gelungen.

Fast mannshoch werden in Westafrika die Landsorten der Glaberrima-Familie – da müssen sich die Frauen bei der Ernte nur wenig bücken. Zwar haben die Rispen im Vergleich nur wenige Körner, doch schmeckt dieser Reis ausgezeichnet.

ORYZA SATIVA

Die Urfamilie aller asiatischen Zuchtsorten heißt *Oryza sativa*. Sie gliedert sich in zwei beziehungsweise drei deutlich unterscheidbare Untergruppen: Der *Japonica-Typ* zeichnet sich durch dunkle, geradestehende Blätter, eine geringere Zahl von Trieben sowie vor allem kürzere und dickere Körner aus, er wird als Rundkornreis bezeichnet. In gekochtem Zustand ist er meist klebriger und deshalb auch leichter mit Stäbchen zu essen. Dies liegt an seiner speziellen Stärkezusammensetzung. *Javanica* oder *tropischer Japonica* wird eine Reisform genannt, die über sehr lange Rispen mit einer großen Anzahl von Körnern verfügt. Allerdings bestockt sie sich nur schwach; aus einem Samen wachsen also nur wenige, aber sehr lange Halme. Der *Indica-Typ* ist größer als sein »japanischer Bruder«, neigt daher leicht zum Lagern, das heißt zum Umfallen auch bei nur geringen Stürmen. Seine Blätter sind länger, hellgrün und stehen nicht aufrecht, sondern neigen sich zusammen mit einer längeren Rispe zur Erde. Zwar ist die Kältetoleranz der Indica-Typen geringer als beim Japonica, aber dafür kann er Trockenheit, Schädlinge und Krankheiten leichter überstehen. Seine langen, schlanken Körner – deshalb auch unter der Bezeichnung Langkornreis bekannt – verkleben beim Kochen wegen des hohen Amylosegehaltes viel weniger und behalten ihre Konsistenz.

Mit dieser Einteilung in drei Typen können wir uns aber nicht zufrieden geben. Die Vielfalt des Reises kommt in der Anzahl der Sorten beziehungsweise Herkünfte zum Ausdruck. Bis nach dem Zweiten Weltkrieg gab es weit mehr als 150 000 Sorten, die oft über viele Generationen »weitervererbt« und weiterentwickelt wurden. Allein in der Genbank des Internationalen Reisforschungsinstitutes (International Rice Research Institute – IRRI) in Los Baños auf den Philippinen werden heute mehr als 80 000 Herkünfte in einem erdbebensicheren Großkühlhaus so gelagert, daß die Keimfähigkeit über viele Jahre hinweg erhalten bleibt. Diese »Bank« ist wirklich lebenswichtiges Kapital für die Zukunft. Ohne die alten Sorten und die Wildformen des Reises, von denen wir heute mehr als 20 kennen, wäre Reiszüchtung nicht denkbar. Dieses Genmaterial bildet die Grundlage für eine ständige Verbesserung der Widerstandskraft der Reispflanzen gegen Krankheiten und Schädlinge, Kälte,

▲ **Mr. Veerasak,** ein Mitarbeiter des thailändischen Reisforschungsinstituts, demonstriert, wie sich die Rispen einer Sorte unter ihrer schweren Last biegen. Geerntet wird vielfach noch von Hand, mit einer schmalen Sägezahnsichel.

Trockenheit und so weiter. In seiner über 10 000jährigen Entwicklungsgeschichte hat sich der Reis ja auf allen fünf Kontinenten angesiedelt. Dies verdankt er vor allem zwei wesentlichen Eigenschaften: Reis verfügt über ein großes Anpassungsvermögen. Er gedeiht nicht nur in Niederungen unterhalb des Meeresspiegels, sondern auch in allen Höhenlagen bis hinauf zu den Hochgebirgstälern des Himalaja in über 2 500 m NN. Ein Reisgürtel zieht sich vom 50. Breitengrad auf der südlichen Halbkugel bis nach Mitteleuropa um die ganze Erde. Keine andere Kulturpflanze ähnlicher Bedeutung kann sich einer solchen Verbreitung rühmen. Reis ist nämlich nicht ausschließlich eine Wasserpflanze, wie wir meistens annehmen. Er gedeiht als Trockenfeldreis auf normalen Feldern in Fruchtfolgen mit vielen anderen Kulturpflanzen. Wie keine andere Kulturpflanze kann Reis auch hohe Regenmengen ertragen. In Myanmar (Burma) fallen in der Regenzeit bis zu 5 000 mm, zehnmal so viel wie in Deutschland durchschnittlich im ganzen Jahr. In Saudi Arabien dagegen regnet es nur gerade mal 100 mm, und Reis wächst auch dort, natürlich mit künstlicher Bewässerung. In nördlichen Breiten kann der Reis auch bei 17 °C noch weiterwachsen, und bis zu 35 °C im Schatten fühlt er sich sogar wohl. Erst darüber fallen die Erträge deutlich ab. Geringer ist übrigens auch die Ernte, die während der Regenzeit in den feuchten Tropen heranwächst, und das weniger wegen des Regenfalls. Die geringe Sonneneinstrahlung, die dann nur 25 % des Gesamtpotentials ausmacht, ist für die niedrigeren Erträge verantwortlich.

REIS: WIRKLICH NUR EINE SUMPFPFLANZE?

Die Anpassungsfähigkeit der Reispflanze wird am deutlichsten, wenn man die Standorte vergleicht, an denen er wächst, ganz speziell bezogen auf die Wassermenge, die ihm für sein Wachstum zur Verfügung steht. Hier unterscheidet man verschiedene Ökosysteme: 1. irrigated – Bewässerungsreis, 2. rainfed lowland – regenabhängiger Niederungsreis, 3. tidal wetlands – Naßreis im Küstentiefland, 4. deepwater – Tiefwasserreis, 5. floating – Treibreis, 6. upland – Bergreis. Da die Reiskultur im deutschsprachigen Raum nicht vorkommt, haben sich auch keine gängigen Begriffe gefunden. Für den Reisanbau, seine Forschung und Entwicklung sind aber im Lauf der Zeit eine große Zahl von Spezialbegriffen entwickelt worden, die kürzlich in einer 3 000 Fachbegriffe umfassenden Dokumentation zusammengestellt wurden.

Der Bergreis steht, zusammen mit Treib- und Tiefwasserreis, am obersten Ende der Genügsamkeitsskala. Er gedeiht auf armen Böden ohne zusätzliche Bewässerung, abhängig nur von der Regenmenge, die während der Vegetationszeit fällt. Deshalb sind die Felder auch nicht eingeebnet und nur sehr selten mit Dämmen umgeben, um das Regenwasser aufzufangen. Bergreis ist übrigens eine wenig glückliche Übersetzung des englischen Begriffes »upland«. Er wächst nicht nur an Berghängen, sondern im Hügelland oder in flachen Tälern. Von den insgesamt 18,9 Millionen ha, die weltweit mit Bergreis bepflanzt werden, liegen mehr als 12 Millionen ha in Asien. In Lateinamerika werden etwa 3,3 Millionen ha Bergreis angebaut, davon allein 3 Millionen in Brasilien. In Afrika gehören mehr als 2,8 Mio. ha des gesamten Reislandes zu diesem Ökosystem. Dieser Reis ist eng verknüpft mit der Brandrodungskultur und wird oft auch als Mischkultur in Verbindung mit anderen ein- oder mehrjährigen Kulturpflanzen angebaut. Wo es die Bodenverhältnisse zulassen, ist Bergreis auch Teil eines permanenten Ackerbaus in Fruchtfolge, zum Beispiel mit Mais oder Gemüse. Die Erträge des Bergreises sind sehr gering. Weltweit entfallen 12 % der gesamten Reis-Erntefläche auf Bergreis. Die Erträge liegen aber im Durchschnitt bei nur 1 t/ha, und deshalb stammen auch nur 4 % der Welternte von diesem Anbausystem. Die Gründe dafür sind einleuchtend. Hauptproblem ist nicht nur die Vernachlässigung durch die Forschung. Die Produktionsbedingungen selbst können nur wenig beeinflußt werden. Die Böden sind meist ertragsschwach, nährstoffarm und können Regenwasser nur über kurze Zeit aufnehmen. Während der Vegetationszeit fallen zwischen 1 200 und 3 500 mm Regen. Das wäre mehr als genug, wenn die Verteilung nicht so unregelmäßig wäre und oft von Trockenzeiten unterbrochen würde, die dem Reis schweren Schaden zufügen. Die starke Unkrautpopulation ist in vielen Regionen das für kleine Reisbauern am schwierigsten zu lösende Problem.

Regenabhängiger Niederungsreis ist ebenfalls eine wenig gelungene Übersetzung von »Rainfed Lowland Rice«. Niederungsreis wird immer in eingedämmten Feldern gepflanzt, in denen der Boden wenigstens während eines Teiles der Vegetationszeit bis zu einer Wasserhöhe von 50 cm überflutet bleibt. Etwa 30 % der Reisflächen der Erde oder etwa 40 Millionen ha sind mit Niederungsreis bepflanzt. Die Erträge liegen wegen der etwas besseren Produktionsbedingungen als beim Bergreis im Durchschnitt bei 1,3 t/ha. Die Armut von Kleinbauern, die im besten Fall über 3 bis 4 ha verfügen, wird deutlich, wenn man die Ernte in US-Dollar (Brutto) umrechnet: zwischen 380 und 450 Dollar Rohertrag je ha – und das nach 4 bis 5 Monaten Arbeit! Aufgrund der unregelmäßigen Witterungsbedingungen, des hohen Krankheits- und Schädlingsrisikos und der bisher wenig erfolgreichen Züchtungsbemühungen hat der Niederungsreisbauer kaum Chancen, seine Lage grundlegend zu verbessern. Wo immer möglich, versucht die Familie, durch Neben- oder Zuerwerb außerhalb der Landwirtschaft die Familie zu ernähren. Die Verbreitung des Niederungsreises ist praktisch auf Asien beschränkt. Weniger als 5 % der Gesamtanbaufläche verteilen sich auf Afrika und Lateinamerika. Im Hinblick auf nötige Ertragssteigerungen in den kommenden Jahrzehnten wird sich die Forschung verstärkt auch um den Niederungsreis bemühen müssen. Bei den Neuzüchtungen stehen neben einem höheren Ertragspotential und besserem Nährstoffaufnahmevermögen der Erhalt der Widerstandskraft gegenüber Dürre, Überflutung, Krankheiten und Schädlingen im Vordergrund.

Bewässerungsreis gilt häufig als der Reis schlechthin. Das ist auch nicht ganz falsch, denn 50 % der Reisflächen sind bewässert. Noch wichtiger ist allerdings der Ertrag. Mehr als 75 % der Reisernte stammen aus diesem Ökosystem. Die Durchschnittserträge liegen bei 3 bis 9 t/ha, und Höchsterträge von über 12 t sind – in Ausnahmefällen – unter besonders günstigen Bedingungen bereits erreicht worden. Der Bewässerungsreis ist mit 94 % der Fläche hauptsächlich in Asien zu Hause. In USA, Australien und Europa wird ausschließlich bewässerter Reis angebaut, aber er macht nur 2,7 % der Gesamtreisbaufläche aus. Der Rest verteilt sich auf Afrika und Lateinamerika. Bewässerungsreis gehört zu den intensivsten landwirtschaftlichen Kulturen überhaupt. Er konzentriert sich auf die besten Böden mit der höchsten Kapazität, Wasser aufzunehmen und zu halten. Die Dämme, die alle Felder umgeben, sind deshalb mit großem Aufwand angelegt und werden besonders in Hanglagen im Terrassenbau mit besonderer Sorgfalt gepflegt. Sie sind über 2 000 Jahre alt und beweisen, daß die sogenannte Monokultur, also der dauernde Anbau ein und derselben Kulturpflanze, bei Reis ohne Schaden möglich ist. Die Terrassenkulturen im Norden der Philippinen oder im Süden Chinas gelten als kulturgeschichtliche Zeugen für die Fähigkeit des Menschen, Methoden und Technologien zu entwickeln, die eine langfristige Produktion von Lebensmitteln sicherstellen, ohne die Natur zu zerstören. Natur-, Umwelt- und Ressourcenschutz sind ihnen als Begriffe unbekannt gewesen, aber sie haben schon zu ihrer Zeit in Verantwortung gegenüber kommenden Generationen gehandelt. Aufgrund seiner Bedeutung für die Ernährung der sich nicht selbst versorgenden Bevöl-

Dem Reis ein Denkmal gesetzt hat Korea, als Erinnerung daran, daß er es war, der dem Land zu wirtschaftlichem Aufschwung verholfen hat.

kerung haben sich Politik, Forschung und Entwicklung von jeher auf die Steigerung der Erträge beim Bewässerungsreis konzentriert. Das ist auch heute noch so, denn man erwartet, daß mindestens 70 % der nötigen Produktionssteigerungen in den nächsten 20 bis 30 Jahren von Bewässerungsreis erbracht werden müssen. Dabei ist schon bis heute viel erreicht worden. Das Gesetz vom abnehmenden Ertragszuwachs gilt jedoch auch für den Reis. Für die Zukunft sind deshalb besondere Anstrengungen nötig. Ein wesentlicher Durchbruch gelang nicht nur mit neuen ertragreichen, sondern vor allem auch früher reifenden Sorten. Statt in 160 bis 180 Tagen reifen moderne Züchtungen in wenig mehr als 100 Tagen. In Regionen mit günstigen Klimabedingungen sind damit 3 statt 1 bis 2 Ernten möglich. Drei Hochertragsernten in einem Jahr werden aber auch in Zukunft nicht ohne Schaden selbst für die fruchtbaren Schwemmlandböden bleiben. Deshalb sind Neuzüchtungen in Vorbereitung, die eine Verdoppelung der derzeitigen Felderträge ermöglichen sollen. Gelingt dies, kann für die dritte Ernte eine andere Nahrungspflanze angebaut werden, zum Beispiel Leguminosen wie die Soja- oder die Mungobohne, die den Boden durch ihre Eigenschaft, Stickstoff zu sammeln, verbessern. Ziele neuer Forschungsarbeiten sind nicht nur eine effizientere Nährstoffaufnahme, sondern auch ein längeres Korn, verbesserter Geschmack und eine höhere Ausbeute beim Schälen des Bewässerungsreises.

Tiefwasserreis ist ein Sammelbegriff für sehr unterschiedliche Anbaumethoden zur Nutzung von Flächen, deren Wassertiefe vom Menschen nur sehr begrenzt beeinflußt

▲ **Zwiebeln als Zwischenfrucht**
bauen diese Bauern in Samoeng, Thailand, auf ihren Reisfeldern an. Auch andere Gemüsearten werden dort, wo die Boden- und Wasserverhältnisse dies zulassen, im Wechsel mit Reis angebaut.

werden kann. Es sind wohl die extremsten Bedingungen, unter denen überhaupt Landwirtschaft betrieben werden kann. In der Regenzeit muß Tiefwasserreis auch völlige Überflutung aushalten. Schon von Natur aus kann er das bis zu etwa 4 Tagen. Neuzüchtungen können sogar über 10 Tage unter Wasser bleiben. Der »schwimmende Reis« schützt sich gegen steigende Fluten auf andere Weise: Bis zu 10 cm wachsen seine Halme pro Tag und bleiben so trotz steigender Flut über der Wasseroberfläche. Ein Stützwurzelsystem hilft diesem Reis, der über 6 m lang werden kann, nicht nur am Leben zu bleiben, sondern sogar Erträge zu liefern, die im allgemeinen mit 1,5 bis 2,0 t dem Bergreis nicht nachstehen. Die Stärke des Tiefwasserreises liegt in seiner hohen Anpassungsfähigkeit. Die unterschiedlichen, oft in kurzer Zeit wechselnden Wassertiefen sind nur ein Merkmal. Er kann darüber hinaus in sauren Böden gedeihen. Einige Reissorten in den großen Deltaregionen Bangladeschs, Indiens und Vietnams wachsen sogar in Brackwasser. Tiefwasserreis ist, abgesehen von Ecuador, nur in Asien mit 10 Mio. ha und Westafrika mit etwa 1,3 Mio. ha vertreten. Seine Ernte erfolgt im allgemeinen vom Boot aus. Kein Wunder, daß die 100 Mio. Menschen, die in und von diesem Reis-Ökosystem leben, zu den allerärmsten der Welt gehören.

EIN MITTAGESSEN MACHT GESCHICHTE

An Arbeitsteilung, an Spezialisierung in ganz neue Berufszweige haben wir uns gewöhnt, aber Forschung, konzentriert auf eine Pflanze, die der Mensch bereits 10 000 Jahre kultiviert, macht das Sinn? Ja, sehr viel sogar. Die ersten systematischen Forschungsarbeiten auf Institutsebene begannen in Indien und Burma, dem heutigen Myanmar, als beide Regionen noch zum britischen Kolonialreich gehörten. Der große Sprung in die Neuzeit begann aber erst 1960 mit der Gründung des Internationalen Reisforschungsinstituts (IRRI) in Los Baños, 70 km südlich von Manila auf den Philippinen. Es war eine UN-Studie aus den späten 50er Jahren, die für Aufsehen sorgte. Die Kriegs- und Nachkriegshungersnöte waren gerade überwunden, als sich die nächste Ernährungskrise ansagte. Vor allem Asien wurde zum potentiellen Krisenherd erklärt, und manche glaubten schon, den indischen Subkontinent abschreiben zu müssen. Doch es kam anders. Und das – genau genommen – durch ein Mittagessen. Die Landwirtschaftsdirektoren der Ford- und der Rockefeller-Stiftung, denen dieser Bericht auf den Tisch kam, entschlossen sich zu gemeinsamem Handeln; so viel stand nach dem ersten Mittagessen fest. Es wurde zum Startschuß für das vielleicht wichtigste und vor allem nachhaltigste Welternährungsprogramm der Nachkriegszeit. Eine kleine Planungsgruppe bereiste den asiatischen Kontinent und analysierte die Probleme des Reises als der wichtigsten Kulturpflanze. Zwei Jahre später, 1960, wurde als erstes

In Regionen mit Bewässerungsreisbau, hier zum Beispiel in Sri Lanka, wird das Wasser nach altbewährtem System über sorgfältig instandgehaltene Kanäle und Rinnen auf die Felder geleitet.

gemeinsames Projekt der beiden Stiftungen das Reisforschungsinstitut auf den Philippinen gegründet. Vieles
daran war ungewöhnlich. Die beiden Stiftungen hatten
bisher immer getrennt agiert, und niemand war auf die
Idee gekommen, durch ein Forschungsinstitut den Hunger bekämpfen zu können. Privater Unternehmergeist,
globales Denken und Philanthropie waren eine glückliche
Verbindung eingegangen. Die Idee wurde mit Glück
belohnt. Bereits 5 Jahre nach seiner Gründung konnte
das IRRI mit einer Neuzüchtung aufwarten, die Geschichte machen sollte. Ihr Name: IR8. Das klingt wenig einfalls-
reich, und dennoch wurde er zum Codewort für eine Verdoppelung des Ertragspotentials, für einen Schlüssel zur
Kontrolle des Hungers. Die Züchter in Los Baños hatten
eine Japonica-Sorte mit einer Landsorte aus Indonesien
gekreuzt. Heraus kam die erste Hochertragssorte mit
niedrigem Wuchs für die Tropen und Subtropen. Sie war
standfest auch bei stärkerem Regen und wuchs unabhängig von der Tageslänge in verschiedenen Breitengraden gleich gut. Sie war in der Lage, Handelsdünger aufzunehmen und in erhöhten Kornertrag umzusetzen, und
sie war auch schneller reif. Aber ein Wunderreis war
IR8 nicht. Das wußten die IRRI-Forscher von Anfang an.
Mit politischem Druck, den Hunger kommender Jahre
vor Augen, verbreitete sich die neue Sorte schneller, als
sich das mancher Wissenschaftler wünschte. Die Hoch-
leistungssorte verlangte nämlich nicht nur zusätzliche
Düngergaben, sondern vor allem Schutz vor Krankheiten
und Schädlingen. Die alten Landsorten mit Erträgen von
1 bis 2 t/ha waren über Jahrhunderte an die lokalen Verhältnisse angepaßt. Sie hatten eine große Widerstandsfähigkeit gegen Krankheiten und vor allem Schädlinge
entwickelt, die den Neuzüchtungen noch fehlte. IR8 war
ja aus der Kreuzung von nur zwei Eltern hervorgegangen.
Die Erträge von 4 bis 8 t/ha ließen aber Zweiflern keine
Chance. Hohem Insektenbefall wurde mit immer mehr
Pflanzenschutzmitteln begegnet. Wo Produktionsmittel
oder das Geld zum Kauf nicht vorhanden waren, kam es
zu Rückschlägen. Politische Fehlentscheidungen, bei-

spielsweise bei Kreditkonditionen für die Landwirtschaft,
verbunden mit Ernteverlusten durch Unwetter, haben
Schattenseiten auf eine Entwicklung geworfen, die –
fälschlich mit »grüner Revolution« umschrieben – einige
hundert Millionen Menschen vor Hunger und Hungertod
bewahrt hat. Ohne die modernen Reis- und Weizensor-
ten müßte Indien doppelt so groß sein, um seine Bevölkerung, die allein in den Jahren von 1961 bis 1991 um
über 90 Prozent angestiegen ist, mit Grundnahrungsmit-
teln zu versorgen. Insofern hatten Züchtung und moderne Anbaumethoden die Welt in einer Weise verändert,
die nur wenigen bewußt ist, weil die große Krise verhindert werden konnte. Ausgehend vom IRRI, ist inzwischen
eine große Anzahl von nationalen Reisforschungs-
instituten eingerichtet worden, die durch Netzwerke und
Kooperationsprogramme untereinander und mit dem
IRRI verbunden sind. Mehr noch: IRRI wurde zur Urmut-
ter, zum Vorbild für die Gründung von heute insgesamt
15 internationalen landwirtschaftlichen Forschungsinsti-
tuten, die über die ganze Welt verteilt an Brennpunkten
der Agrarentwicklung eingerichtet wurden. Für Weizen
und Mais in Mexiko (CIMMYT), für Kartoffeln in Peru (CIP),
für tropische Forstwirtschaft in Indonesien (CIFOR),
um nur einige zu nennen. Für die speziellen Probleme
des Reisanbaus in Lateinamerika bemüht sich das Internationale Institut für Tropische Landwirtschaft in Kolumbien (CIAT) und in Westafrika die Reisforschungs-
und Entwicklungsgesellschaft an der Elfenbeinküste
(WARDA/ADRAO).

WAS IST IN DEN 30 JAHREN SEIT DER
NEUZÜCHTUNG VON IR8 GESCHEHEN?
Einige tausend Bücher und Artikel in wissenschaftlichen
Zeitschriften, könnte man sagen. Richtig, aber das ist nur
ein kleiner und nicht der wichtigste Teil der Arbeit. Fast
jede zweite Reissorte weltweit ist heute mit einer Züchtung aus dem IRRI verwandt. Die neuen Herkünfte haben
Stammbäume, die es mit jeder großen Adelsfamilie aufnehmen könnten. Widerstandsfähigkeit gegen Krankhei-

Auf rund 250 Hektar
Fläche entwickeln Wis-
senschaftler aus mehr als
20 Nationen am interna-
tionalen Reisforschungs-
institut (IRRI) mit konven-
tionellen Zuchtmethoden,
aber auch unter Einsatz
der Biotechnologie Reis-
sorten für die Zukunft.

ten, Schädlinge und Streßsituationen wie Kälte, Dürre, Überflutung, um nur einige Beispiele zu nennen, sind feste Bestandteile eines Zuchtprogramms. Hohe Erträge allein nützen nämlich den Kleinbauern, die sich kaum zugekaufte Produktionsmittel leisten können, wenig. Langfristig sichere Erträge bei geringen Produktionskosten müssen das Ziel sein.

IR8, ein Reis nur für bewässerte Flächen, war übrigens nichts für Feinschmecker. Er war ein hochwillkommener Sattmacher, aber für alle, die Reis nicht nur der Kalorien wegen schätzen, keine Gaumenfreude. Hoher Ertrag, Frühreife, Duft- und Aromastärke sind Eigenschaften, die sich nicht alle in einer Sorte vereinen lassen – jedenfalls nicht bis heute. Reiserträge werden nicht allein von der Züchtung bestimmt, sondern zu einem erheblichen Teil von den Umweltbedingungen und den Anbaumethoden. Deshalb konzentriert sich ein großer Teil nationaler und internationaler Forschungsarbeit auf eine Verbesserung der Produktionstechnik. Dies ist auch aus sozioökonomischen Gründen nötig. Die Arbeit in Reisfeldern gehört zu den schwersten und beschwerlichsten Tätigkeiten in der Landwirtschaft überhaupt. Nicht nur, daß die Dämme und Terrassen für den Naßreisanbau dauernd gepflegt werden müssen. Pflügen, Eggen, Pflanzen, Düngen, Jäten, alles ist mit intensiver Handarbeit verbunden. Wer es sich leisten kann, versucht deshalb, die Rolle des Kleinbauern gegen die eines Arbeiters in der Stadt zu tauschen. Eine Landflucht, eine Völkerwanderung in die Städte, vor allem die Städte Asiens, ist in vollem Gang, und sie wird nicht ohne Folgen bleiben. Gelingt es nämlich nicht, attraktive und arbeitsökonomische Produktionsmethoden zu entwickeln, wird die Agrarproduktion stagnieren. Nötig ist aber eine jährliche Ertragssteigerung um 3 %, um mit der Bevölkerungsentwicklung Schritt zu halten und die 1 Milliarde Menschen, die auch heute noch hungern, satt werden zu lassen. Vergessen wir nicht: Reis ist die köstlichste Beilage, die sich ein Feinschmecker denken kann. Für fast 2 Milliarden meistens sehr arme Menschen ist er aber unverzichtbares und unersetzbares Grundnahrungsmittel. Keine andere Pflanze der Welt hat in der Geschichte der Menschheit über eine vergleichbare Zeit von etwa 10 000 Jahren mehr Menschen ernährt als dieses kleine, schlanke, unscheinbare Korn – Reis. Ob dies auch für die Zukunft gelten wird, hängt ganz entscheidend von der Intensität ab, mit der auch fortan Agrar- und speziell Reisforschung betrieben wird.

FORSCHUNG FÜR DEN REIS VON MORGEN

Berichte über den Superreis der Zukunft haben nicht nur die Phantasie von Journalisten beflügelt. Für viele scheint das Problem: »Ernährung der Reisesser im nächsten Jahrhundert« schon gelöst zu sein. Denn die Bereitschaft, Reisforschung auch weiterhin zu finanzieren, ist drastisch zurückgegangen. Für die großen internationalen Saatzuchtgesellschaften ist der Reis im Gegensatz zu Weizen und Mais nicht interessant. Gerade deshalb müssen öffentliche Hand, Stiftungen und Entwicklungsbanken die Finanzierung übernehmen. Im kommenden Jahrhundert wird es fast 5 Milliarden Reisesser geben. Um sie zu ernähren, ist eine jährliche Produktionssteigerung von 2,5 bis 3 % nötig. Bisher ist es in der Agrargeschichte noch nie gelungen, dies über einen

größeren Zeitraum hinweg zu erreichen. Aus diesem Grund hat sich im Jahr 1988 eine Gruppe von Wissenschaftlern des IRRI neue strategische Ziele gesetzt, die weit in das nächste Jahrhundert reichen. Es galt, die derzeit nicht mehr überschreitbaren Ertragsgrenzen zu überwinden und gleichzeitig Produktionsmethoden zu entwickeln, die sozial, ökologisch und ökonomisch auch gegenüber der Generation unserer Kinder und Enkel vertretbar sind. Aus der großen Anzahl von Forschungsvorhaben sollen nur ein paar ganz besonders interessante Projekte vorgestellt werden.

REIS 2000, EINE NEUE GENERATION VOM REISSBRETT

Es wird der erste »Reißbrettreis« in der Züchtungsgeschichte sein, denn er ist wirklich auf dem Papier entstanden. Züchter, Pflanzenbauer, Ökonomen zeichneten gemeinsam eine Wunschpflanze an die Tafel. Heraus kam ein kleinwüchsiger Reis mit besonders starken Halmen, dicken, breiten und langen dunkelgrünen Blättern, die wie Sonnenkollektoren aufrecht stehen und besonders viel Licht absorbieren sollten. Die Rispen sind lang und tragen statt 120 bis 150 über 300 Körner. Natürlich sollte die Pflanze Krankheiten und Schädlingen trotzen können und trotz früher Reife noch über eine hohe Kornqualität verfügen, und das bei einem Ertrag von 15 t/ha statt der 10 t/ha Höchstgrenze, die nicht überschreitbar schien.

Viele hielten dieses Projekt für unrealistisch – wie den Flug zum Mond vor 50 Jahren. Heute, in weniger als 10 Jahren, ist der größte Teil der Wegstrecke zu diesem Ziel zurückgelegt. Neue moderne Zuchtmethoden wie die Embryokultivierung, mit der sich zum Beispiel widerstandsfähige Wildreisformen mit Hochertragssorten kreuzen lassen, kamen den Wissenschaftlern zu Hilfe. Heute werden bereits Erträge von über 13 t/ha erreicht, mehr als Halbzeit auf dem Weg zum großen 15 t/ha Ziel. Das Fundament ist nämlich vorhanden, das Ziel klar: Es heißt Hybridreis. Durch die Kreuzung von zwei Hochertrags-Inzuchtlinien lassen sich die Erträge um etwa 15 % steigern. Und dies ohne zusätzliche Düngergaben. In weniger als 10 Jahren könnte ein »Hybridreis 2000« den Bauern Asiens zur Verfügung stehen.

▲ **Reis, Reis und nochmals Reis.** Die erfolgreichsten Züchtungen aus allen Ländern der Welt finden durch ein beispielloses Netz internationaler freiwilliger Zusammenarbeit Eingang in ein Prüf- und Austauschprogramm. Die Züchtung neuer Sorten wird so beschleunigt.

HIGH-TECH-REIS
FÜR ARME BAUERN

Hybridmais ist seit Ende des zweiten Weltkrieges auf dem Markt. Reishybriden wurden für die gemäßigten Zonen erst sehr viel später von chinesischen Wissenschaftlern und für die Tropen vor allem vom IRRI entwickelt. Diese Kreuzungen haben aber einen großen Nachteil: Für jede Kultur muß das Saatgut neu gekauft

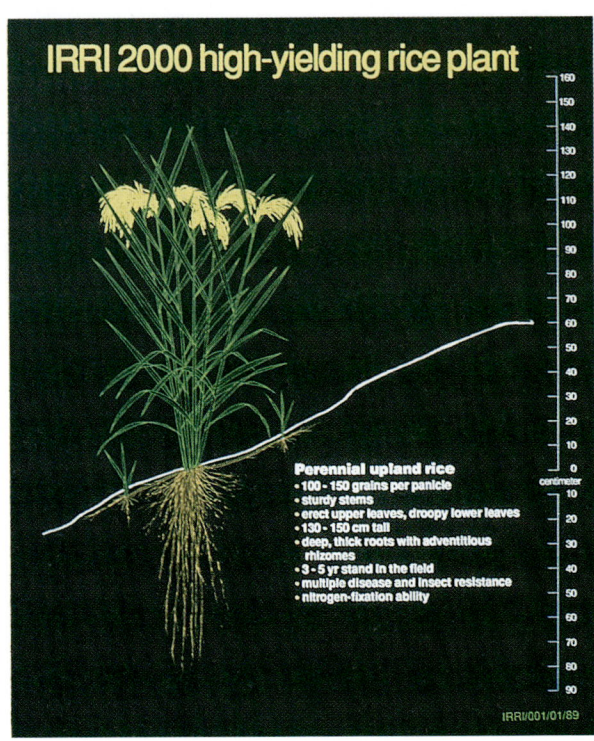

Mehrjähriger Reis ist eines der Ziele, die sich die Züchter im IRRI gesetzt haben. Der Vorteil eines solchen Reises: Er würde mehrere Jahre Ertrag bringen, ohne nach jeder Ernte neu gesät werden zu müssen.

werden, weil der Hybrideffekt nur in der ersten Generation zum Tragen kommt. Kleinbauern können sich den Einkauf oft nicht leisten, und zudem sind die Voraussetzungen für Hybridsaatguterzeugung und -vermarktung in vielen Entwicklungsländern auch noch nicht gegeben. Wissenschaftler suchen deshalb nach einem Ausweg: Apomyxis. Es ist kein Zauberwort, sondern steht für die Eigenschaft von Pflanzen, sich ungeschlechtlich, also ohne Bestäubung zu vermehren. Viele Gräser konnten schon identifiziert werden, die diese Eigenschaft besitzen. Alle Anstrengungen, eine apomyktische Reissorte ausfindig zu machen, sind dagegen bisher fehlgeschlagen. Gelingt es nicht, doch noch einen apomyktischen Reis zu finden, sind damit aber noch nicht alle Möglichkeiten ausgeschöpft. Die moderne Biotechnologie hat Methoden entwickelt, die es erlauben, diejenigen Gene zu identifizieren, die für die ungeschlechtliche Vermehrung zuständig sind. Mit biotechnologischen Methoden lassen sich auch einzelne Gene isolieren und in eine Reispflanze übertragen. Gelingt dies, kann auch der Kleinbauer Nutzen aus den modernsten biologischen Entdeckungen ziehen.

GENTECH-REIS, NEIN DANKE ODER JA BITTE?

In den letzten 100 Jahren hat der Mensch die Welt verändert wie nie zuvor. An Elektrizität, Auto, Flugzeug, Fernsehen, Computer, Roboter und die Raumfahrt haben wir uns längst gewöhnt. Nun ist aber eine neue Technologie hinzugekommen, die vielen von uns noch unheimlich

erscheint: die Biotechnologie. Dabei müssen wir gleich zwischen »alter« und »neuer«, zwischen »roter« und »grüner« unterscheiden. Hefe für Bier und Brot, Lab für Käse sind Anwendungsbereiche klassischer Biotechnologie, die zum Teil seit vorgeschichtlicher Zeit von Menschen vieler Kulturkreise genutzt wurden, ohne die genauen Zusammenhänge zu kennen und zu verstehen. Die moderne Biotechnologie macht sich die Erkenntnisse von Biochemie und Mikrobiologie zunutze und versucht das Geschehen in der Zelle direkt zu beeinflussen. Auch wenn die Reisforschung, vor allem in Japan und den USA, den möglichen Nutzen früh erkannt hat, sind andere, wirtschaftlich interessantere Pflanzen viel früher gentechnisch bearbeitet worden. So etwa der Tabak oder die Sojabohne, die eine große Bedeutung für den Weltmarkt besitzt. Noch viel schneller hat die Biotechnologie Einzug in die Medizin gehalten. Gentechnisch hergestellte Medikamente sind bereits weit verbreitet, und Deutschland gehört nach den USA zum größten Anwender weltweit. In der Herstellung dagegen spielen deutsche Firmen kaum eine Rolle. Fast alle gentechnisch produzierten Arzneimittel müssen importiert werden. Die Skepsis gegenüber der »roten« Gentechnik ist längst überwunden.

Die Bedenken, die gentechnisch hergestellte Lebensmittel auslösen, beruhen dagegen weitgehend auf unzureichender oder fehlender Sachkenntnis. Zurückhaltung und Widerstände sind die Folge. Preiswert, wenn nicht sogar billig, schmackhaft, gesund und frisch sollen unsere Lebensmittel sein. Die Feinschmeckerküche – und nicht nur sie – verbindet mit diesen Forderungen ein Höchstmaß an »Natürlichkeit«. Ist ein Gentech-Reis also weniger natürlich als der alte Bergreis aus einem Hochtal in Laos? – Natürlich nicht! Aber den meisten von uns sind die Zusammenhänge, die aus einem Reis einen »Gen-Reis« werden lassen, nicht geläufig. Berührungsängste, wie sie die ersten Computergenerationen auslösten, sind die Folge. Genauso wie sich viele berechtigt oder weniger berechtigt dem Computer verweigern, kann man sich fragen: Brauchen wir Gentech-Reis? Welche Risiken bringt er mit sich? – Und wenn überhaupt, welchen Nutzen?

Nun braucht ein Reisgenießer auch kein Reisgenetiker zu sein. Um sich aber mit Sachverstand ein eigenes Urteil bilden und sich an den auch in Zukunft weitergehenden Diskussionen über »Genfood« beteiligen zu können, ist

Wie ein Schatz gehütet werden in der Reis-Samenbank im IRRI in Los Baños Wildformen, Land- und Hochzuchtsorten aus aller Welt. Inzwischen lagern dort über 80 000 verschiedene Reissorten.

ein kurzer Blick in die Genküche nötig. Zunächst müssen wir wissen, daß sich alles Leben auf der Erde – vom Reis bis zur Robbe, vom Rosenkohl bis zur Riesenschildkröte – aus den gleichen DNA-Bausteinen zusammensetzt wie der Mensch. In den Millionen Jahren der Differenzierung sind Arten und Formen entstanden, deren Entwicklung wir im einzelnen nicht – noch nicht – erklären können. Die Verwandtschaft aber bleibt unbestritten. Je entfernter diese »verwandtschaftlichen Beziehungen« sind, um so schwieriger wird es, eine Hochzuchtsorte mit einem entfernten wilden Verwandten zu kreuzen. Entweder es entstehen überhaupt keine Nachkommen, oder sie sind unfruchtbar, wie etwa Maultier und Maulesel, die Kreuzungsprodukte von Esel und Pferd. Hier haben Gentechniker für die Pflanzenzucht eine Lösung gefunden. Embryorettung heißt das Programm. Und das funktioniert so: Nach der Bestäubung entwickelt sich aus der Eizelle ein Embryo, genau wie beim Menschen. Um das Absterben zu verhindern, wird der Embryo aus der Mutterpflanze frühzeitig herausgelöst und in einer Nährlösung im Reagenzglas vor dem Absterben bewahrt. Schließlich entsteht daraus eine Reispflanze, die eine ganze Anzahl von Eigenschaften ihres »wilden Vaters« besitzt. Hat der Züchter Glück, befindet sich in der neuen Genkombination auch die Verbindung der gewünschten Eigenschaften beider Eltern. In mühseliger Rückkreuzung müssen alle unerwünschten Eigenschaften ausgekreuzt werden, ohne dabei jene zu verlieren, die man zur Erreichung des vorher festgelegten Zuchtzieles braucht.

Die moderne Züchtung ist heute gezwungen, auf Eigenschaften von Wildformen oder anderer Arten zurückzugreifen, wenn diese Erbanlagen in den heute verwendeten Sorten nicht vorhanden sind. Dies gilt besonders für Schädlings- und Krankheitsresistenzen, spezielle Verträglichkeiten für arme beziehungsweise saure oder versalzte Böden. Die Embryo-Rettungsmethode hat allerdings zwei große Nachteile: Sie erlaubt keine gezielte Auswahl der gewünschten Erbanlagen, und sie funktioniert nur dort, wo die verwandtschaftlichen Beziehungen wenigstens so eng sind, daß eine Befruchtung möglich ist. Ein Weizengen in eine Reispflanze zu transferieren ist mit dieser Methode also nicht möglich. In den letzten 10 Jahren ist es Gentechnikern aber gelungen, eine große Anzahl von Erbanlagen auf den 12 Reischromosomen zu identifizieren. Es wird wohl nicht mehr lange dauern, bis die »Gen-Landkarte« für den Reis vorliegt. In der japanischen Forschungsstadt Tsukuba bei Tokio und an der amerikanischen Universität Cornell im Staat New York arbeitet eine Vielzahl von Spezialisten an diesem Puzzle. Als nächsten Schritt gilt es, bestimmte Gene oder auch Genkombinationen zu isolieren. Erst wenn dies gelungen ist, wird ein gezielter Gentransfer möglich, auch über natürliche Kreuzungsschranken hinweg.

Mehr als ein Dutzend Nahrungspflanzen sind heute schon erfolgreich durch biotechnische Verfahren mit neuen Eigenschaften versehen worden. Soja ist zur Zeit das bekannteste Beispiel. Kartoffeln, Mais, Weizen, Zuckerrübe und Zuckerrohr gehören aber bereits zur neuen Generation, genauso wie Tomate, Kürbis, Kohl und Melonen. Über 550 Feldversuche wurden in Europa allein 1995 durchgeführt. In Deutschland allerdings nur 35; und ein erheblicher Teil davon wurde von radikalen

Gegnern zerstört. Gentechnisch veränderte Pflanzen haben heute meist Eigenschaften, die den Verbraucher direkt kaum berühren. Ein gutes Beispiel dafür ist das Bodenbakterium *Bacillus thurengensis*. Es befindet sich in freier Natur, im Boden und produziert ein ganz spezifisches Gift, das die Maiszünzler-Raupe, aber auch den Reisstengelbohrer abtötet. Mit einer frisch aus dem Boden gezogenen Mohrrübe oder einem Rettich nimmt der Mensch eine Unzahl solcher Bakterien auf. Sie schaden ihm nicht, weil dieses Gift für Warmblüter ohne Wirkung bleibt. Deshalb hat man das spezifische Gen isoliert und auf das Reis-Genom übertragen: »transferiert«. Wenn der Reisstengelbohrer nun versucht, in den Stengel einzudringen, beißt er sich im wahrsten Sinne des Wortes fest. Der Reis hat sein Schädlingsbekämpfungsmittel selbst produziert. Übrigens: Im Reiskorn, das wir essen, ist dieses Gift nicht enthalten, sondern nur die Erbanlage zu seiner Produktion – im Pflanzenstengel. Eine Forschergruppe an der Eidgenössischen Technischen Hochschule (ETH) in Zürich, die wesentlich an dieser Entwicklung beteiligt war, ist auch dabei, auf gleiche Weise den Provitamin-A- sowie den Eisengehalt des Reises durch den Transfer von Fremdgenen zu erhöhen. Was dies bedeutet? Es kann dazu beitragen, daß in Zukunft Kinder in Reisländern nicht mehr an Vitamin-A-Mangel erblinden. Es könnte auch helfen, die Anämie, an der fast die Hälfte aller Frauen in Entwicklungsländern leidet, zu lindern. Hier verbünden sich »grüne« und »rote« Gentechnik auf besonders glückliche Weise. In den kommenden 20 Jahren werden viele – längst nicht alle – Probleme, die heute die Pflanzenzucht zu bewältigen hat, mit Hilfe der Gentechnik bearbeitet werden.

Ob wir diese Technik für unseren Reis brauchen? Wir – im Norden – sicher nicht. Unser Verbrauch liegt bei weniger als 10 kg pro Kopf und Jahr. Für China, Indien, Nigeria, Indonesien, Bangladesch aber, um nur 5 Länder mit insgesamt 2,6 Milliarden Einwohnern zu nennen, ist die Biotechnologie unverzichtbar. Sie verbrauchen pro Kopf und Jahr zwischen 70 und 165 kg Reis. In etwa 50 Jahren werden dort etwa 4,3 Milliarden Menschen leben. Ohne Forschung unter Einsatz modernster Technologien wird ihre Ernährung nicht möglich sein. Die Frage: »Gen-Reis« – ja oder nein? ist deshalb längst beantwortet, ersetzt durch die Frage: wann? Wir können uns den Luxus voller Schüsseln mit Langkorn-Duftreis leisten, und keiner sollte uns den Genuß verderben. Jenen gegenüber, die vor leeren Schüsseln sitzen, sind wir aber verpflichtet, mit Wissen und Können, mit dem Einsatz aller wissenschaftlichen Erkenntnisse den Hunger überwinden zu helfen. Vor allem sollten wir aber immun bleiben gegenüber polemischer Hysterie. Genveränderte Lebensmittel – und so auch der Gen-Reis – werden in wenigen Jahren so selbstverständlich sein wie der Computer, das Flugzeug und die Eisenbahn heute.

BRENNEN IM WALD ODER WATEN IM SCHLAMM?

Der Reisbauer in Asien oder Afrika sitzt fast nie auf einem Schlepper, wenn er sein Reisland für die Saat vorbereitet. Verfügt er über nicht genügend Wasser und ist auf Bergreis angewiesen, fängt die Arbeit oft mit dem Roden an. Holz wird geschlagen, zusammengetragen und verbrannt. Brandrodung nennt sich diese alte, noch aus

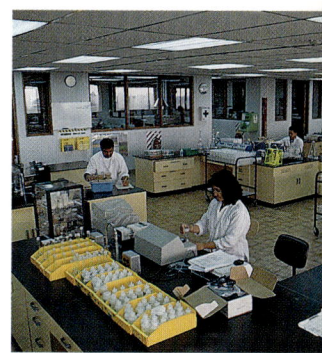

IRRI-Mitarbeiter bei der Arbeit. Wissenschaftler und Techniker aus der ganzen Welt arbeiten in modernsten Labors für bessere Ernten im nächsten Jahrhundert und forschen nach dem »Superreis« der Zukunft.

der Halbnomadenzeit stammende Methode. Und sie ist viel besser als ihr Ruf. Ursprünglich lag nämlich zwischen 2 bis 4 Nutzungsjahren eine lange Ruhepause von bis zu 50 Jahren, in denen sich der Wald regenerieren und der Boden erholen konnte. Die starke Bevölkerungsvermehrung hat dieses System aus dem Gleichgewicht gebracht und die Bauern gezwungen, die Brache auf wenige Jahre zu verkürzen. Der Preis dafür ist hoch: Verlust an Bodenfruchtbarkeit. (Fortsetzung auf Seite 22).

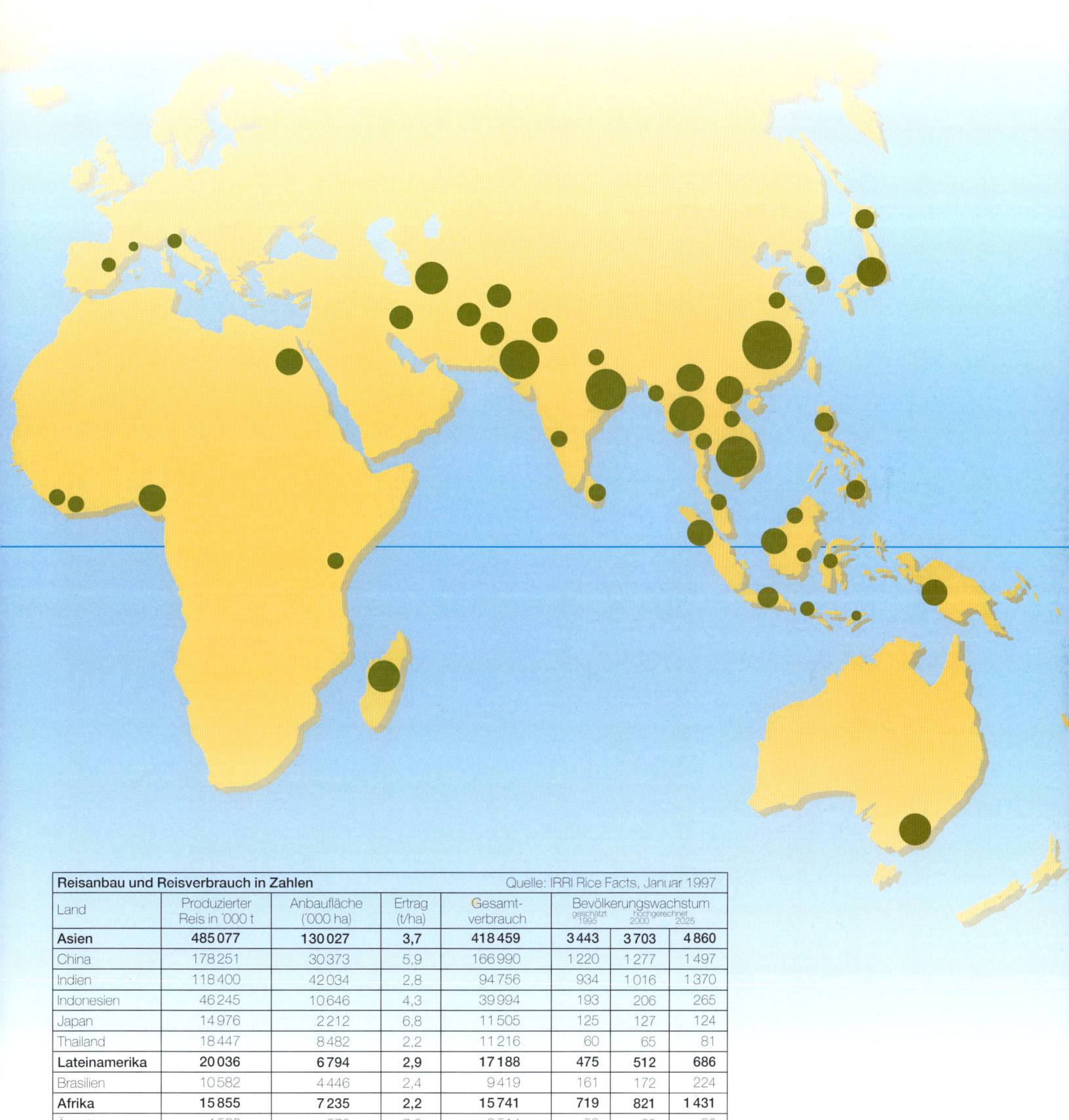

Reisanbau und Reisverbrauch in Zahlen				Quelle: IRRI Rice Facts, Januar 1997		
Land	Produzierter Reis in '000 t	Anbaufläche ('000 ha)	Ertrag (t/ha)	Gesamt- verbrauch	Bevölkerungswachstum geschätzt 1995	hochgerechnet 2000	2025
Asien	485 077	130 027	3,7	418 459	3 443	3 703	4 860
China	178 251	30 373	5,9	166 990	1 220	1 277	1 497
Indien	118 400	42 034	2,8	94 756	934	1 016	1 370
Indonesien	46 245	10 646	4,3	39 994	193	206	265
Japan	14 976	2 212	6,8	11 505	125	127	124
Thailand	18 447	8 482	2,2	11 216	60	65	81
Lateinamerika	20 036	6 794	2,9	17 188	475	512	686
Brasilien	10 582	4 446	2,4	9 419	161	172	224
Afrika	15 855	7 235	2,2	15 741	719	821	1 431
Ägypten	4 582	579	7,9	2 514	58	63	86
Nigeria	3 857	1 688	2,3	3 353	111	128	217
Europa	2 113	378	5,6	2 550	731	739	744
Australien	1 017	122	8,3	215	18	19	23
USA	8 972	1 336	6,7	2 704	263	276	323
Andere	1 631	560	2,9	636	43	43	55
Weltweit	534 701	146 452	3,7	457 451	5 692	6 114	8 121

Nicht nur bei uns, auch in anderen Teilen der Welt hat man begonnen, auf Kosten zukünftiger Generationen zu leben – und das aus purer Not. Ist der Wald gerodet und das Land gesäubert, wird zwischen Baumstümpfen, Holzresten und nicht selten großen Steinformationen das Land mit der Handhacke bearbeitet und dann gleich eingesät. Auch im Bewässerungsreisbau hat sich die Bodenbearbeitung im Kleinbetrieb bis vor kurzem kaum geändert. Über Tausende von Jahren zog ein Büffelpaar, getrieben von einem tief im Schlamm watenden Bauern, Runde um Runde, zuerst mit einem Holzpflug, dann mit einer rechenähnlichen Egge und schließlich mit dem Nivellierbrett. Die so mit der Zeit entstandene Verdichtung der Pflugsohle sorgt dafür, daß das Wasser nicht so schnell in die unteren Bodenschichten versickert und damit für die Pflanzen erhalten bleibt. Langsam erreicht aber moderne Technik auch den Kleinbauern. Und daran

die Arbeit. Mindestens genauso wichtig ist aber ein Nebeneffekt, den viele übersehen. Nur selten findet sich noch ein Bauernsohn, der freiwillig hinter zwei Büffeln im Wasser laufen will. Um 1 ha Reisland pflanzfertig zu machen, muß er nämlich 70 Kilometer im Wasser waten. Mit dem »eisernen Büffel« geht es nicht nur wesentlich schneller; die Arbeit ist mit einem Motor, seiner Pflege und Wartung verbunden und damit für die junge Generation um ein Vielfaches interessanter! Im Großflächenanbau, etwa in Malaysia, in Australien oder den USA, unterscheidet sich die Technik zur Bodenvorbereitung für den Reisbau nicht wesentlich von der anderer Kulturen. Der Boden wird gepflügt, geeggt, wie für andere Getreidearten auch. Nur das Planieren, das Einebnen und die am Ende feinere Krume zeichnen ein Reisfeld aus, das vor oder auch erst nach Aufgang der Saat »geflutet« wird – bis das Wasser 5 bis 15 cm hoch steht. Doch Wasser wird im kommenden Jahrhundert fast überall knapp.

Wie wenig sich zum Teil im Reisanbau verändert hat, und das seit Jahrhunderten, ergibt sich aus der auf den folgenden Seiten gezeigten Gegenüberstellung der alten chinesischen Schnitte (links) aus dem »Gengzhitu« – dem Buch vom Pflügen und Weben, in China seit dem 11. Jahrhundert bekannt und in der Folge vielfach kopiert – und den Fotos auf der rechten Seite, welche den Reisbau heute zeigen. Hier: Reisbauern beim Wässern des Saatgutes, das vor der Aussaat noch quellen und vorkeimen muß.

ist neben vielen nationalen Einrichtungen auch das Internationale Reisforschungsinstitut (IRRI) nicht unbeteiligt. Abgesehen von vielen technischen Hilfsmitteln, bis hin zu einem Ofen, mit dem man die Reisspelzen an Stelle von Feuerholz nutzen kann, hat das Institut einen einfachen Zweiradschlepper entwickelt, der weitgehend auch von einem wenig vorgebildeten Dorfschmied hergestellt werden kann. Schön sehen diese »eisernen Büffel«, wie sie genannt werden, nicht aus. Sie sind aber billig, leicht zu reparieren, ersetzen wirklich zwei Büffel und erleichtern

Ursprünglich diente Naßreis vielerorts dazu, Feuchtgebiete, die anders nicht zu nutzen waren, für die Reiserzeugung zu verwenden. Später wurden Bewässerungsanlagen errichtet, um Boden- und Wasserreserven besser zu nutzen und auch in der Trockenzeit Reis anbauen zu können. Über die damit verbundene Wasserverschwendung hatte man keinen Grund nachzudenken. Dies wird sich in Zukunft ändern müssen. Die Vorbereitung des Bodens für den Naßreisanbau verschlingt fast die Hälfte der für den Reisbau benötigten Wassermenge.

Reisterrassen in Banaue, Luzon.
Im Norden der Philippinen baut der Volksstamm der Ifugao an den Hängen der Cordillera Central seinen Reis an – in mühsamer Handarbeit. Im Vordergrund das leuchtende Grün junger Pflanzen, dahinter geflutete Reisfelder.

Früher konnten Wasserbüffel den sehr harten, schweren Boden ohne Wasser nicht bearbeiten. Mit einem Einachsschlepper ist dies heute aber möglich. Und das Wassersparen wird den Reisanbau noch weiter verändern. In Ägypten beispielsweise ist Wasser knapp, aber hohe Erträge sind wegen der geringen Ackerfläche und der stark wachsenden Bevölkerung besonders dringend. Ohne Ertragseinbußen hat man sich deshalb erfolgreich auf eine neue Methode eingestellt. Der Reis steht dort vielfach nicht mehr im Wasser, sondern es wird lediglich der Boden feucht gehalten. Denn trockenresistent ist der Bewässerungsreis nun mal nicht, und wenn das Wasser über längere Zeit ausfällt, ist es um die Ernte geschehen. Für die große Zahl der Kleinbauern, die für, mit und vom Reis leben, hängt die Existenz direkt von jeder Ernte ab. Für sie ist Reis – ohne Übertreibung – gleichbedeutend mit Leben.

Saatgut, findet nicht wie in Europa regelmäßig, sondern nur gelegentlich statt. Die eigene Saatguterzeugung ist deshalb besonders wichtig, und sie wird von der Ernte über die Lagerung bis zur Neuaussaat mit großer Sorgfalt betrieben. Im Norden der Philippinen, aber nicht nur dort, gehen zum Beispiel erfahrene Frauen vor der Haupternte durch die Felder und schneiden die besten, größten, gesündesten Rispen einzeln ab. Zu Bündeln zusammengeschnürt, bleiben sie bis zur nächsten Saat, vor Mäusen und Ratten geschützt, an der Decke von Wohnhäusern oder Lagerschuppen hängen. Erst zur nächsten Saison werden sie dann ausgedroschen und verlesen. Vor der Aussaat muß das Saatgut für 24 Stunden in Wasser zum Quellen gebracht, danach gewaschen und für weitere zwei Tage vorgekeimt werden. Jetzt, vielleicht auch erst nach einer Beizung gegen Krankheiten, ist der Reis fertig für die Aussaat. Aber so einfach macht es uns die Natur nicht. Sie hat nämlich aus gutem Grund fast

Das Pflügen. Mit einem Stock treibt der Reisbauer den vor seinen Holzpflug gespannten Wasserbüffel an, Furche um Furche. Doch mit Pflügen allein ist es nicht getan. Anschließend folgt das Eggen, dann das Feineggen oder Nivellieren des Bodens, der vor der Aussaat möglichst eben und verdichtet sein soll.

SÄEN ODER PFLANZEN?

Für Weizen oder Roggen keine Frage, beide wollen nur gesät werden. Der Reis macht auch hier eine Ausnahme. Nur Bergreis, der weder auf eingedämmten noch ebenen Feldern wächst, wird ausschließlich gesät wie andere Getreidearten auch. Bevor es soweit ist, muß das Saatgut – unabhängig davon, um welchen Reis es sich handelt – entsprechend vorbereitet werden. Das beginnt genaugenommen für viele Reisbauern mit der vorangegangenen Ernte. Saatgutwechsel, der Zukauf von neuem

jeder Saat eine Keimruhe verschrieben, eine Eigenschaft, die wir wie den elektrischen Strom so richtig nicht erklären können. Die meisten Pflanzensamen keimen nicht sofort nach der Erntereife. Der Schutzmechanismus hat einen guten Grund. Vor allem bei feuchtem Wetter würden während der Erntezeit die Körner schon auf dem Halm »auswachsen«, also zu früh keimen. Beim Reis beträgt die Keimruhe etwa 4 Wochen. Der allererste Reis, den der Mensch kultivierte, war vermutlich im Trockenfeldbau gezogen, also ohne jede künstliche

Vor der Aussaat: Bewässerte Reisterrassen auf Bali. Mehr als knöcheltief steht das Wasser, und der Boden des Beckens ist absolut eben, damit der Wasserstand überall gleich hoch ist. Zum Keimen braucht der Reis viel Sauerstoff. Er wird deshalb bei Naßsaat auch vorgekeimt.

Bei der Bodenbearbeitung nur wenig geändert hat sich – geographisch bedingt – in weiten Teilen Asiens. Zum Pflügen, Eggen und, wie auf dem Bild gezeigt, Nivellieren des Feldes werden auch heute noch Wasserbüffel eingesetzt. In letzter Zeit kommen aber zunehmend handliche, speziell für Kleinbauern entwickelte Maschinen zum Einsatz.

Leichter geht die Bodenbearbeitung maschinell. Das Pflügen und Eggen auf den Reisfeldern Italiens erfolgt darum »trocken«, denn nur so können die Böden mit dem Traktor befahren werden. Geflutet werden die Reisfelder dann erst kurz vor der Aussaat.

Wasserzufuhr. Meist von Hand mit viel Geschick ausgebracht, damit die Samen gleichmäßig verteilt sind und gleichzeitig aufgehen, gilt das Säen im allgemeinen als Männerarbeit. Mit der Egge werden dann die Körner in den Boden eingearbeitet – und sich selbst beziehungsweise dem nächsten Regen überlassen. Diese ganz alte Kulturform findet sich im modernen Bewässerungsreis aus ganz anderen Gründen wieder: dem zunehmenden Mangel an Arbeitskräften für das Pflanzen und den steigenden Produktionskosten. In Amerika ist schon das Säen mit der Maschine zu teuer. Flugzeuge haben die Arbeit übernommen. Aus der Luft werden die bewässerten Felder eingesät, nachdem man mit entsprechenden Herbiziden – Unkrautbekämpfungsmitteln – die Felder unkrautfrei gemacht hat. Bewässerungsreis in Asien hat sich auch durch entsprechende Selektionszüchtung über viele Generationen an das Verpflanzen »gewöhnt«. Deshalb keimt und wächst nicht jeder

diese Weise läßt sich auch die notwendige Unkrautbekämpfung erleichtern. Wenn sich Reis in allen Ökosystemen säen läßt, warum quält sich die Reisbäuerin dann überhaupt mit dem mühseligen Pflanzen? Es hat zwei gute Gründe. Ein bewässertes Feld kann vor dem Pflanzen durch mechanische Bearbeitung mit der Egge von Unkraut befreit werden. In die so vorbereitete Fläche werden dann die etwa 3 Wochen alten, in einem speziellen Aufzuchtbeet gezogenen Pflanzen eingesetzt. Eine harte Knochenarbeit, wie sie schon der berühmte Filmklassiker »Bitterer Reis« mit Silvana Mangano aus den 50er Jahren eindrücklich gezeigt hat. Zwar wird der Reis durch dieses Verpflanzen einem Schock ausgesetzt, von dem er sich aber nicht nur schnell erholt. Er scheint dies geradezu für ein besseres Wachstum zu brauchen. Während dieser Schockzeit tauscht er sein Wurzelsystem völlig aus, er wird zur Wasserpflanze.

Das Säen. In den Körbchen am Arm der Reisbauern wartet das Saatgut auf seine Verteilung. Ausgesät wird in spezielle, bereits geflutete Anzuchtbeete.

Reis unter sehr sauerstoffarmen Bedingungen. Es muß ihm angeboren beziehungsweise angezüchtet sein. Oder die Anbauverfahren werden entsprechend angepaßt. Man unterscheidet deshalb auch zwischen Trocken- und Naßsaat im Bewässerungsreis. Im ersten Fall läßt man den Reis im trockenen Feld keimen und anwachsen und überflutet das Reisfeld erst später. Bei der Naßsaat wird in das überflutete Feld eingesät. Das kann übrigens auch mit kleinen einfachen Maschinen erfolgen, die eine Reihensaat ermöglichen. Auf

Für die Bewässerungsreisbauern ist damit auch ein Zeitgewinn von 3 Wochen verbunden. Wo Wasser und Klima mitspielen und moderne frühreife Sorten zur Anwendung kommen, lassen sich so bis zu 3 Ernten im Jahr erzielen.

EIN REIS, DEN MAN NUR EINMAL SÄEN MUSS
Unser Rasen im Garten wächst, blüht und trägt Samen jedes Jahr, wenn wir ihn nicht regelmäßig mähen. Er ist also mehrjährig. Warum sollte das eine Reispflanze

Die gefluteten Reisfelder des italienischen Reisinstituts bei Mortara sind zur Aussaat (Naßreisbau) vorbereitet. Der Untergrund muß vor dem Säen verfestigt werden, um die durch Versickern entstehenden Nährstoff- und Wasserverluste möglichst gering zu halten. Nach Sorten getrennt und in Parzellen unterteilt, kommen dann die Körner in den Boden.

Saatgut, das direkt ins Wasser gesät wird, muß vorkeimen. Die gewässerten Reiskörner werden dann entweder in spezielle Saatbeete oder breitwürfig ausgesät. Für 1 ha ausgepflanzten Reis benötigt man je nach Sorte 40 bis 50 kg Saatgut.

Das Säen von Hand – in Italien auch heute noch verbreitet. Dabei werden die Reiskörner möglichst gleichmäßig über das geflutete Reisfeld verteilt.

Direkt vom Flugzeug aus in geflutete Felder gesät wird Reis dagegen in den USA. Aus Kostengründen, denn Arbeitskräfte sind knapp und teuer; andere Methoden rechnen sich bei den riesigen Anbauflächen nicht.

Das erste Grün. 20 bis 40 Tage nach der Saat sind die jungen Reispflanzen schon 15 bis 20 cm hoch.

nicht auch können? Sie kann es sogar. Viele Zuchtsorten haben die Eigenschaft, nach dem Schnitt neu auszuschlagen, allerdings nehmen die Erträge nach der 2. und 3. Ernte stark ab. Einige Wildreisformen bilden Wurzelausläufer, ähnlich der Quecke, einem sehr hartnäckigen Wildgras. Würde es gelingen, diese Eigenschaft auf Zuchtsorten zu übertragen, ließen sich viele Probleme gleichzeitig lösen. Dies gilt vor allem für den Bergreis, der mit trockenen Hanglagen vorlieb nehmen muß. Hier ist die Bodenbearbeitung nicht nur besonders erschwert. Die Erosionsgefahr ist hoch, weil bei starken Niederschlägen, vor allem zu Beginn der Vegetationsperiode, wenn die Reispflanzen den Boden noch nicht decken, die oberste Bodenschicht leicht abgeschwemmt werden kann. Ein mehrjähriger Reis dagegen mit seinem tiefen und festen Wurzelstocksystem könnte als »eßbare Erosionsschutzpflanze« den oft sehr armen Bauern Bodenbearbeitung und Saat abnehmen und die Krume

ben. So ist der Energieaufwand für die Bindung von Stickstoff aus der Luft nicht nur bei der industriellen Herstellung sehr hoch. Deshalb kann man von Stickstoff bindenden Pflanzen keine Höchsterträge wie bei Weizen oder Reis erwarten. Bergreis jedoch, dessen Erträge auch bei neuen Sorten nicht über 4 bis 5 t/ha liegen wird, könnte durchaus einen Teil seines Stickstoff-Bedarfs aus eigener Kraft decken, wenn, ja wenn es gelingen würde, diese Eigenschaft durch den Transfer entsprechender Gene zu ermöglichen. Die Forscher haben hier noch viele Nüsse zu knacken.

In den Tropen und Subtropen gibt es für den Bauern, vor allem, wenn er sich dem Reis verschrieben hat, kaum eine Ruhepause. Fragt man einen Reisbauern, wieviel Reisland er bebaut, bekommt man oft verschmitzt zur Antwort: soviel wir von Unkraut freihalten können. Und das stimmt meistens. Unkrautbekämpfung ist nicht nur eine der mühsamsten, sondern auch zeitaufwendigsten

Das Auspflanzen der Halme. Nach etwa 3 Wochen, wenn die Reisschößlinge dicht an dicht wachsen, werden die hellgrünen Pflänzchen wieder aus dem Boden gezogen und in großen Körben an ihren neuen Bestimmungsort gebracht.

schützen. Eine solche Pflanze könnte das Leben der ärmsten Reisbauern sicher erheblich erleichtern, vor allem, wenn es gelingen könnte, dem Reis auch noch das Sammeln von Stickstoff aus der Luft zu ermöglichen. Viele einjährige Pflanzen, etwa aus der Familie der Leguminosen, wie Erbsen, Linsen und Bohnen, besitzen diese Eigenschaft. Sie sind auf Stickstoffdünger nicht angewiesen. Auch einige Baumarten haben ihr eigenes System, Stickstoff zu binden. Zum Nulltarif sind solche Leistungen der »Chemiefabrik Pflanze« aber nicht zu ha-

Tätigkeiten. Sonnenlicht, hohe Luftfeuchtigkeit und Wasser bieten gute Wachstumsbedingungen für den Reis, aber eben auch für seine Konkurrenten.

IM KAMPF GEGEN UNKRAUT, KRANKHEITEN UND SCHÄDLINGE

In Bangladesch benötigt ein Bauer etwa 40 Tage, um nur 1 ha Land unkrautfrei zu halten. Das geschieht meistens durch Jäten mit der Hand; nicht selten dient das Jätegut als Viehfutter und verdient dann den Namen

Steil und schmal
sind die uralten, zum Teil
schon vor 2000 Jahren
angelegten Reisterrassen
im Norden der Philippi-
nen. Teilweise wurden
dort regelrechte Stütz-
mauern hochgezogen,
um auch noch den letz-
ten Rest der wertvollen
Fläche zu nutzen. Ange-
baut wird Reis hier nach
der klassischen Anzucht-
methode. Das heißt, er
wird in Saatbeete gesät –
hier auf der obersten Par-
zelle gut zu sehen – und
später vereinzelt, wie auf
den unteren Reisterras-
sen bereits geschehen.

Unkraut eigentlich nicht. Es sind fast immer Bäuerinnen, die diese Arbeit übernehmen müssen. Sie sind übrigens für die Hälfte aller Arbeiten im Reis verantwortlich. Wo Naßreis in Reihen gesät oder gepflanzt wurde, lassen sich Unkräuter mit der Rollhacke niederwalzen. Im Trockenreis dagegen hilft nur die Handhacke oder chemische Mittel, die oft mit einer Reihe von Nachteilen verbunden sind. Sie kosten Geld, wirken nur sehr selektiv, bauen sich im Boden nur langsam ab und sind zum Teil auch gefährlich. Im Gegensatz hierzu sind sogenannte Totalherbizide, die gegen alle Grünpflanzen wirken, harmlos. Sie lassen sich aber nur zusammen mit biotechnologisch erzeugtem Saatgut, das gegen den entsprechenden Wirkstoff resistent ist, oder vor der Einsaat verwenden. Kleinbauern, die sich neues Saatgut nicht leisten können, wird der Einsatz dieser Technologie vorerst verwehrt bleiben. Würde ein Bauer aber auf die Unkrautbekämpfung ganz verzichten, würde er leicht die

letzte Mittel der Wahl. Der Reis hat nämlich nicht nur Feinde. Ein Reisfeld beherbergt etwa 500 verschiedene Nützlinge, die sich als Teil der Nahrungskette auch von den Reisschädlingen ernähren. Insektizide wirken meist nicht selektiv, sie töten auch die Nützlinge – nicht aber die Eier der sich sehr schnell vermehrenden Zikaden. Schlüpft die nächste Zikaden-Generation, trifft sie nur noch auf eine kleine Anzahl von Feinden und vermehrt sich dann um so schneller. Viele Jahre Beobachtung, Versuche und die Untersuchung der Lebenszyklen im Ökosystem waren nötig, um diese Zusammenhänge zu erkennen. Aber es hat sich gelohnt. Weniger Pflanzenschutzmitteleinsatz, weniger Umweltbelastung, weniger Kosten bei gleichen Erträgen. Die nächste Generation der Grünen Revolution kommt deshalb mit wesentlich weniger Pflanzenbehandlungsmitteln aus; dank den Erfolgen der Resistenzzüchtung, modernen Anbaumethoden und einer gezielten Förderung von Nützlingen.

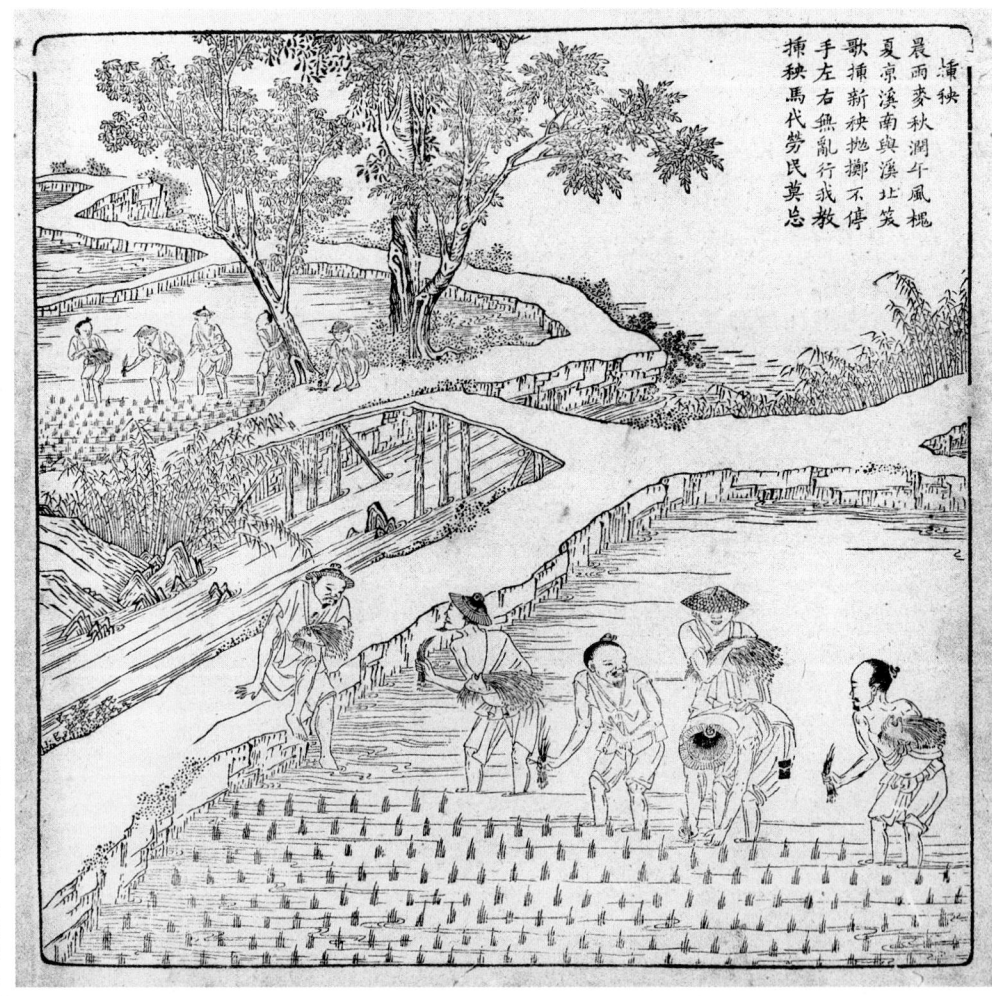

Das Pflanzen. Viele Hände sind nötig, um die jungen Reispflanzen – im richtigen Abstand – in die mehr als knöcheltief gefluteten Beete einzusetzen. Danach werden sie einstweilen ihrem Schicksal überlassen.

Hälfte seiner Ernte einbüßen. Mit der Unkrautbekämpfung allein ist es aber leider nicht getan. Der Reis hat zwar nicht mehr Feinde als andere Kulturpflanzen auch. Es gibt aber Insekten, beispielsweise Zikaden, die nicht nur sich selbst von der Reispflanze ernähren. Sie sind Überträger gefährlicher Viruskrankheiten. Lange hat man geglaubt, auch in den Tropen allein durch Spritzen von Insektiziden dieser Pest Herr zu werden. Heute heißt die Lösung auch hier »integrierter Pflanzenschutz«. Dabei dient die Spritze nur noch in wirklichen Notfällen als das

EIN REIS, DER SICH SELBST VOR UNKRAUT SCHÜTZT?

Die Reispflanze ist schon jetzt eine höchst komplizierte Chemiefabrik; ist sie doch in der Lage, aus Wasser, Nährstoffen und Sonnenlicht unter sehr verschiedenen Umweltbedingungen Eiweiß, Fett und Kohlehydrate zu produzieren. Das Besondere am Bewässerungsreis ist aber, daß er im Wasser stehen kann – ohne weitere Luftzufuhr, weil er sich durch ein Röhrensystem in Stengeln und Wurzeln selbst belüftet. Allerdings gibt er über seine

Die Anzucht der Jung-pflanzen ist abgeschlossen, wenn die Reisschößlinge zwischen 15 und 20 cm hoch sind. Dabei werden meist 3, manchmal auch 5 Jungpflanzen im Abstand von 10 bis 15 cm an eine Stelle gesetzt.

In endlosen Reihen kommen die Reispflanzen – hier in einem japanischen Reisfeld – in den Boden. Der Reihenabstand beträgt meist 15 bis 20 cm. Zwar ist das Auspflanzen mühsam, hat aber den Vorteil, daß die Reisschößlinge sich nicht sofort gegen eine Unkrautkonkurrenz durchsetzen müssen.

Sehr arbeitsintensiv ist das Versetzen der jungen Reispflanzen von Hand – 18 bis 45 Tage nach der Saat. Mit gebeugtem Rücken, der Sonne ausgesetzt, stehen die Pflanzer oft stundenlang im Wasser. Wie hier in Italien – geschützt nur durch ihren breitkrempigen Hut.

Mehrere Reihen zugleich – pflanzt diese japanische Setzmaschine, die sich nur ein japanischer Wochenendarbeiter leisten kann. Sein Haupteinkommen bezieht er als Arbeiter oder Angestellter außerhalb der Landwirtschaft.

Halme und Blätter auch Methan in die Atmosphäre ab und beeinflußt damit die Ozonschicht – leider negativ. Die Züchtung kann diese Eigenschaft beeinflussen. »Reis mit Katalysator« könnte man das Zuchtziel nennen. Es mag 10 oder 15 Jahre dauern, bis eine solche Pflanze entwickelt wird, unmöglich, so viel wissen wir schon heute, ist eine solche Züchtung nicht. Früher noch wird es aber einen Reis geben, der sein Unkrautbekämpfungsmittel selbst produziert. Reiswurzeln nehmen nicht nur Wasser und Nährstoffe aus dem Boden auf, sie geben auch chemische Verbindungen ab. Damit wehrt sich die Pflanze zum Beispiel gegen Konkurrenten wie spezifische Wasserunkräuter. Gelingt es, diese Eigenschaft zu verstärken – und erste Versuche vor allem in den USA sprechen dafür –, kann wenigstens auf einen großen Teil von industriell hergestellten Unkrautbekämpfungsmitteln verzichtet werden. Der mögliche finanzielle Nutzen dieser Forschung ist beachtlich, wenn

bauern zu werden, würden wir es auf uns nehmen, sechs Tage in der Woche 12 Stunden zu arbeiten, dann ließen sich genug Nahrungsmittel ohne Handelsdünger produzieren; ganz nach dem Vorbild unserer Urgroßväter. Dann nämlich könnten wir mit den Erträgen von damals leben. Teil einer Subsistenzbauernfamilie zu sein, ist aber für alle, die auf dieser Basis leben müssen, kein erstrebenswertes Ziel; für den Kartoffelbauern nicht und auch nicht für seine Kollegen vom Reis in den Tropen. Erhöhte Ernten hängen nur zum Teil von der Züchtung entsprechend ertragfähiger Sorten ab, die Handelsdünger über das Wurzelsystem aufnehmen und in Reiskörner umsetzen. Nach der Faustregel sind beim Reis Sorte, Nährstoffverfügbarkeit und Wasserversorgung zu je einem Drittel für die Ertragshöhe verantwortlich. Diese grobe Aufteilung gilt natürlich nur dann, wenn alle anderen Faktoren wie Licht, Temperatur und Pflanzenschutz für die Reispflanze günstige Wachstumsbedingungen

Das Jäten. Allzu lange können die jungen Reispflänzchen ohne Pflege nicht auskommen. Denn das zwischen ihnen aufsprießende »Unkraut« droht, sie zu verdrängen. Rechtzeitig muß deshalb – neben der regelmäßigen Bewässerung – auch ans Jäten gedacht werden. In bis zu drei Durchgängen wird das unerwünschte Grün von Hand entfernt.

man bedenkt, daß jährlich weltweit etwa 1 Milliarde US-Dollar für Herbizide allein im Reisanbau ausgegeben werden müssen.

OHNE DÜNGUNG GEHT'S NICHT MEHR
Bevor Justus von Liebig, der Vater des Handelsdüngers, die Landwirtschaft veränderte, waren Hunderte von Bauerngenerationen auf der gesamten Welt erfolgreich gewesen; sie überlebten. Warum soll das heute nicht mehr möglich sein? Wären wir alle bereit, wieder Klein-

bieten. So wächst die Reispflanze beispielsweise zwischen 25 °C und 35 °C am besten. Wird es noch wärmer, sinken die Ertragschancen schnell. Stickstoff, Phosphorsäure und Kali sind die wichtigsten Nährstoffe, wobei der Stickstoff eine zentrale Rolle einnimmt. Nicht, weil die anderen Nährstoffe weniger wichtig wären, sondern weil letztere in größerem Umfang im Boden vorhanden und für die Pflanze verfügbar sind. Die auch heute noch angewendete Stickstoffdüngung ist eigentlich sehr unwirtschaftlich. Nur etwa 50 % der verabreichten Dün-

Javanische Reisbauern beim Jäten. Unkrautbekämpfung ist neben dem Düngen und der Wasserversorgung die wichtigste Maßnahme im Reisbau. Methoden gibt es verschiedene: das Ausziehen der Unkräuter von Hand, durch Hacken, wie oben, oder durch kleine Maschinen. Auch chemische Unkrautvernichtung durch Herbizide wird praktiziert, nur der agrochemiefreie Reisanbau verzichtet darauf.

Reisbau in Terrassenkultur – auch heute noch in Süd- und Südostasien verbreitet – ist ein beeindruckendes Beispiel dafür, wie langfristige Lebensmittelproduktion möglich ist, ohne dabei die Natur zu schädigen. Tatsächlich ist Naßreis die einzige Kulturpflanze, die jahrtausendelang in Monokultur ohne nachteilige Folgen angebaut worden ist.

germenge wird von der Pflanze direkt aufgenommen. Der Rest entweicht in die Luft und trägt damit zur Umweltbelastung bei oder er wird im Boden festgelegt. Ein erheblicher Teil gelangt auch ins Grundwasser. Diese Belastungen sind besonders groß bei hohen Düngegaben von über 150 kg/ha und bei ungenügender Verteilung über die Vegetationsperiode hinweg. Inzwischen gibt es viele Möglichkeiten, Handelsdünger auch im Reisanbau wirtschaftlicher einzusetzen. Kleine, in den Boden eingebrachte Stickstoffkugeln geben über einen längeren Zeitraum nur geringe Düngermengen ab und reduzieren die Verluste damit auf ein Minimum. Der Aufwand für Herstellung und Einbringung in den überfluteten Boden ist aber hoch. Die Verbreitung dieser Methode ist deshalb auch noch sehr gering. Einfacher und weiter verbreitet ist eine mehrfache Verabreichung von geringen Düngermengen, je nach Entwicklungsstadium der Pflanze. Mit einem kleinen, in den USA entwickelten Gerät, das wie ein Belich-

zur Verfügung. Er verfügt nur über wenig Tiere und wenig Land. Hofeigener Dung wird meistens im Garten oder für Sonderkulturen, aber selten für Reis verwendet.

ERNTE: LOHN NACH 120 TAGEN

Nach etwa 4 Monaten ist Erntezeit. Wenn der Regen keinen Strich durch die Rechnung macht, und das ist nicht selten der Fall, werden diese Tage zum Höhepunkt der Saison. Nachbarschaftshilfe bestimmt auch hier das Leben. In Gruppenarbeit wird ein Feld nach dem anderen mit der Sichel geerntet und in Garben zusammengebunden. Keine andere Kultur ist mit so vielen Mythen, Ritualen und Aberglauben oder besser Naturglauben verbunden wie der Reis. Das gilt besonders für die Ernte. In Indonesien wurde zum Beispiel in vielen Gebieten der Reis nicht mit den Halmen abgeschnitten. Frauen mit auf den Buckel gebundenen Körben gingen durch das stehende Feld und schnitten mit einem versteckt zwischen

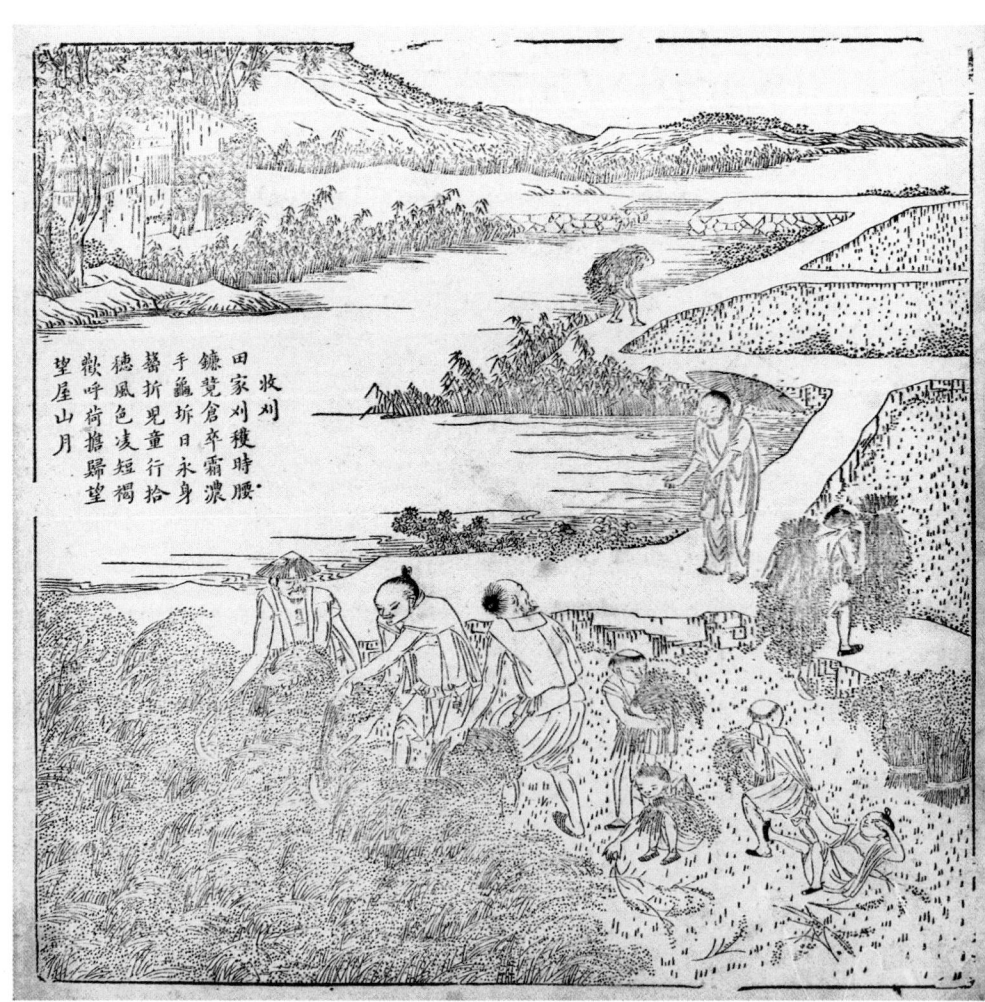

Die Ernte. Bereits 2 bis 3 Wochen vor der Reife wird das Wasser aus den Reisfeldern abgelassen – die Reisbauern waten, hier gut zu sehen, nicht länger im Wasser – und die Ernte kann beginnen. Mit dünnen, schmalen Sicheln oder speziellen Erntemessern werden die Halme abgeschnitten, zu Garben gebunden und abtransportiert.

tungsmesser funktioniert, läßt sich inzwischen sogar der Stickstoffbedarf einer Reispflanze messen. Die Düngung erfolgt dann wirklich nur noch, wenn die Pflanze »Nährstoffhunger« anzeigt. Zu hohe Düngegaben schaden übrigens nicht nur der Umwelt und den Bauern durch zu hohe Kosten, sondern auch dem Reis selbst. Auch moderne Sorten fallen bei zu starker Düngung um, weil ihre Halme nicht stark genug sind, um dem Wind zu trotzen. Wirtschaftsdünger, also Stallmist oder Düngung durch Grünpflanzen, stehen dem Reisbauern nur selten

den Fingern gehaltenen Messer, dem Ani-Ani, nur die Rispen ab und warfen sie über die Schulter in den Korb. Die Geister sollten nicht gestört werden. Aberglaube, aber ist der christliche Glaube nicht auch beladen mit Unerklärbarem? In 10.000 Jahren Geschichte einer Pflanze von so zentraler Bedeutung bleibt viel Zeit für Sagen, Bauernweisheiten und Legenden. Die Sichel, das gängige Erntegerät, unterscheidet sich innerhalb Asiens nur unwesentlich. Sie ist viel schmaler und spitzer als unsere Gartensichel, hat aber meistens einen Säge-

Halm für Halm ernten
die Reisbauern – ob in Italien (links) oder in Thailand (rechts), wenn die Rispen gelb geworden sind. Die Blätter und Stengel sind bei der Ernte teilweise noch grün. Bei der manuellen Ernte, die sich überall ähnelt, haben die Körner einen Feuchtigkeitsgehalt von etwa 20 Prozent.

Reisernte in Japan
mit einem kleinen Mähdrescher. Im Hintergrund sind die Garben zum Trocknen aufgehängt. Seit der Erfindung einer speziellen Kleindreschmaschine, und im Erfinden von Maschinen für Kleinbauern ist Japan führend, wird zunehmend diese bei der Ernte eingesetzt.

Vollmechanisiert ist die Reisernte im Ebrodelta in Spanien. Schwere Mähdrescher, mit Raupen statt Vorderrädern – Reifen würden in dem noch feuchten Boden versinken – ernten die Reisfelder ab. Tankweise wird der gedroschene Reis mit einem Traktor zum Rand des Feldes gebracht und mittels eines Gebläses auf den bereitstehenden Lastwagen verfrachtet.

Nach der Ernte wird das Reisstroh oft verbrannt, wie hier in der Camargue: zum einen, um den Boden später leichter bearbeiten zu können, zum anderen, um Arbeitskosten zu sparen.

schliff, damit sich die oft harten Halme besser abschneiden lassen. Die mit Stroh zusammengebundenen Garben werden je nach Jahreszeit und Region entweder zu großen Haufen auf dem Feld aufgesetzt oder auf dem Rücken von Mensch beziehungsweise Tier oder jedem nur verfügbaren Transportmittel ins Dorf auf einen privaten oder Gemeinschaftsdreschplatz gebracht und erst später weiterbearbeitet. Immer häufiger setzt sich jedoch der Felddrusch gleich nach der Ernte durch. Wer heute an die klimatisierten Kabinen moderner Mähdrescher denkt, kann sich kaum mehr vorstellen, wie bei uns bis nach dem letzten Weltkrieg mit Dreschflegel, Dreschmaschine und Windfege umgegangen wurde. In vielen Teilen der Welt und in den meisten Reisregionen Asiens hat sich technologisch aber erst in den letzten Jahren etwas, wenn auch noch nicht sehr viel, geändert. Dreschen durch den Tritt der Tiere, die man um einen Pflock im Kreis treibt, ist immer noch so geläufig wie das Ausschla-

Pflanze entstehen kann. Moderne Zuchtsorten besitzen dagegen die Eigenschaft, die Samen fest in der Rispe zu halten. Dies ist nur dann von Vorteil, wenn die Dreschmethode möglichst alle Körner erfaßt, also herausschlägt und damit Ernteverluste weitgehend vermeidet. Bei den sehr einfachen Methoden wie dem Handdrusch ist das, wenn überhaupt, nur mit großem Aufwand der Fall. Als erste Stufe der Modernisierung wurde der Pedaldrescher erfunden. Seinen Antrieb hatte man dem Erfinder der Nähmaschine abgeschaut, über ein Fußpedal wird eine Walze mit Drahtschlaufen in Bewegung gesetzt. Hält man die kleinen Garben an das sich schnell bewegende Rad, schlagen die Schlaufen die Reiskörner von den Rispen. Doch wer möchte schon bei weit über 30 °C im Schatten und dazu noch hoher Luftfeuchte in die Pedale treten? Auf dieser Mechanisierungsstufe bleibt das Dreschen eine im wahrsten Sinne schweißtreibende Tätigkeit. Deshalb wird das Pedal, wo immer es geht, durch einen

Das Dreschen. Ist die Ernte eingebracht, gilt es, die einzelnen Körner aus den Rispen zu lösen. Diese werden dafür auf Bambusmatten ausgelegt und mit dem Dreschflegel bearbeitet.

gen der Reisgarben über einem Gitterrost. Sogar das Dreschen mit den bloßen Füßen ist in abgelegenen Regionen noch zu finden. Der Dreschflegel allerdings hat in fast allen Teilen der Welt ausgedient.

Die Reiszüchtung hat viele Kompromisse zwischen sich oft gegenseitig ausschließenden Eigenschaften zu suchen. Das gilt auch für den Drusch. Wilder Reis und einfache Landsorten verlieren ihre Körner im späten Reifestadium leicht: sie fallen aus; so wie es die Natur will, damit eine Verbreitung leichter stattfinden und eine neue

Motor ersetzt, und aus der Schlaufenwalze wurde eine richtige Stiftendreschmaschine. Auch hier war das Internationale Reisinstitut an der serienreifen Entwicklung wesentlich beteiligt. In den meisten Entwicklungsländern gibt es aber keine Landmaschinenindustrie, die Produktion, Vertrieb und Wartung übernehmen könnte. Die Herstellung solcher Geräte stützt sich deshalb auf Klein- und Kleinstbetriebe, oft gekoppelt mit einer Fahrzeugreparatur. Um solchen Fabrikanten den Bau zu ermöglichen, sind Modelle oder entsprechende Zeichnungen nötig,

Zwischen Ernte und Drusch liegt bei manuell geerntetem Reis meist noch eine mehrtägige Trocknungsphase. Auf Bali werden die Rispen, entweder lose oder zu Garben gebunden, in der Sonne ausgebreitet. Anschließend folgt das Dreschen, wobei die Körner regelrecht aus den Rispen geschlagen werden. In Lombok, der kleinen Nachbarinsel Balis, erfolgt das Dreschen` etwa durch das Schlagen der Garben über Holzgestelle (links). In Thailand (Bild oben) »drischt« man sie auf den Boden. Mit großen Fächern trennt der Reisbauer, wie hier in Thailand, die Spreu von den schwereren, noch in den Spelzen steckenden Reiskörnern.

die von Autodidakten, und das sind die findigen Handwerker meistens, gelesen werden können. Mit der rasch fortschreitenden Modernisierung vor allem in Asien steigt auch in ländlichen Räumen der Mechanisierungsgrad schneller als ursprünglich vermutet. In Ländern wie China, Indien, Indonesien, Pakistan und Thailand sind die Fortschritte besonders sichtbar. In Malaysia wird Reis hauptsächlich in Großbetrieben erzeugt und ist entsprechend mechanisiert. Unbeantwortet bleibt oft, wie ein Kleinbauer moderne Technologien nutzen kann. Feldgröße, Betriebsgröße, Kapitalmangel, fehlende Kreditwürdigkeit und viele andere Faktoren lassen ihm wenig Spielraum für Experimente und Investitionen. Zudem fehlen in zunehmendem Umfang Arbeitskräfte, vor allem in Stoßzeiten wie der Ernte. Lohnarbeit wird deshalb auch in Regionen mit kleinbetrieblicher Struktur immer beliebter. Die Bezahlung erfolgt entweder in Bargeld oder – noch häufiger – in Form von Reis, der in Asien schon Zahlungs-

urbanen Zentren abwandern und dort oft vergeblich einen besseren Arbeitsplatz und ein Einkommen über dem Existenzminimum suchen. Die Mechanisierung des Reisbaus oder der Ausstieg, wo immer dies möglich ist, sind die Antworten vieler Reisbauern von heute. In Japan wurden schon vor langer Zeit kleine Mähdrescher entwickelt. Dort sind aber nicht nur die technischen Voraussetzungen für eine hochentwickelte Mechanisierung gegeben. Reisbauern in Japan sind oft nur noch Wochenendbauern. Die Bindung an das Land hat sie bis jetzt davon abgehalten, die Landwirtschaft oder wenigstens den arbeitsaufwendigen Reisbau aufzugeben. So fließt ein erheblicher Teil des Einkommens als Industriearbeiter oder Angestellter in die Mechanisierung des Reisbaus. Und der Staat hilft kräftig mit. Nirgends auf der Welt wird der Reisbau staatlich so gefördert wie in Japan, und nirgends auf der Welt ist der Reis so teuer wie dort. In Australien, den USA, Frankreich und Italien

Das Worfeln. Um die Spreu vom Korn zu trennen, war schon immer ein weiterer Arbeitsschritt vonnöten: das Worfeln. Dabei wirft man das Dreschgut in die Luft, die leichteren Stengel- und Blattreste trägt der Wind fort, während die schweren Reiskörner zu Boden fallen.

mittel war, lange bevor die Geldmünze und das Papiergeld eingeführt wurden. Gedroschen wird fast immer direkt auf dem Feld, mit kleineren Dreschmaschinen, die von einem Motor angetrieben und von einem kleinen Arbeitsteam bedient werden. Die Erntearbeit selbst ist so aber immer noch schwer genug. Und das wird sich ändern müssen. Die Kosten für Arbeitskräfte auf dem Land steigen nämlich auch in den Reisregionen Asiens. Nicht, weil es im Dorf andere Beschäftigungsmöglichkeiten gibt, sondern weil immer mehr Arbeitskräfte in die

wird Reis nur im Mähdrusch mit Großmaschinen, oft sogar im Kolonnenbetrieb mit mehreren Drescheinheiten hintereinander geerntet. Bis zu 10 ha kann ein Großmähdrescher am Tag abernten. Für den Kleinbauern Asiens mit seinen oft nur schwer auf kleinen Wegen zugänglichen Terrassenfeldern ist das leider keine Lösung.

NEUE TECHNIK AUCH FÜR KLEINBAUERN
Aber die Technologie der modernsten Vollerntemaschinen läßt sich nutzen und so verkleinern, daß sie mit einem

Nach traditioneller Art:
Frauen aus Lombok (links) beim Worfeln – sie werfen das Dreschgut in die Luft, die Spreu wird dabei vom Wind weggetragen, die Körner bleiben übrig. Rechts zu sehen ist das Trocknen des Reises auf Bali. In der Regel benötigt der Reis ein nochmaliges Nachtrocknen, da lagerfähiger Paddy nicht mehr als 14 Prozent Feuchtigkeit haben darf, er verdirbt sonst. Aus Mangel an geeignetem Platz zum Trocknen wird der Reis einfach auf der Straße ausgebreitet und unter gelegentlichem Wenden mit Hilfe eines Rechens an der Sonne getrocknet.

Bis zur weiteren Verarbeitung in modernen Reismühlen oder auch nach althergebrachter Art wird der Reis zwischengelagert, hier etwa in einem italienischen Lagerhaus. Sorgsam achtet man darauf, daß seine Feuchtigkeit (14 %) konstant bleibt.

Reismühlen in den USA sind riesige Fabriken. In den grauen Beton-»Tempeln« mit den runden, meterhohen Silotürmen durchläuft der Reis verschiedene Bearbeitungsstationen, der vollmechanisierte Anbau setzt sich hier fort. Nach dem Säubern, Schälen und Schleifen der Körner warten ganze Kolonnen von Lastwagen, um ihn an seinen Bestimmungsort zu bringen.

Paddy oder Rohreis.
Noch immer kann man seinen Reis nicht essen, müssen doch zuvor erst noch die ungenießbaren Schalen, die Spelzen entfernt werden.

Einachsgerät betrieben werden kann. Ganz ähnlich wie der erste Pedaldrescher streift eine Walze die Körner in einen Korb und läßt das Stroh auf dem Feld stehen. Das Landtechnische Forschungsinstitut in Silsoe in England arbeitet gemeinsam mit dem IRRI auf den Philippinen bereits seit einigen Jahren auf diesem Gebiet. Die Prototypen sind in der Felderprobung. Eine solche Erntetechnik kann, ist sie einmal ausgereift, im Lohnverfahren betrieben werden. Dann beträgt der Arbeitsaufwand nur noch 8 Manntage je ha – statt 40 mit der alten Sichel.

Mit dem Drusch ist der Reis aber noch immer nicht »unter Dach und Fach«, und bis auf den Teller ist es noch ein weiter Weg. Vorher muß der Reis von Verunreinigungen, Stroh- und Rispenresten befreit werden. Dies geschieht durch das »Worfeln«, dem Hochwerfen des Dreschgutes mit der Gabel oder flachen, geflochtenen Schalen. Im Wind trennt sich dann die Spreu nicht vom Weizen – sondern vom Reis. Windfegen oder ähnliche Einrichtun-

zum Trocknen – und mit einem Holzrechen von Zeit zu Zeit gewendet, bis er den Feuchtegrad erreicht hat, mit dem er sich aufbewahren läßt, ohne zu schimmeln. In den letzten 20 Jahren haben sich viele Wissenschaftler ebenso redlich wie vergeblich darum bemüht, eine einfache, billige, leistungsfähige Trocknungsanlage für Kleinbetriebe zu bauen. Seit einigen Jahren hat sich ein schwäbisches Tüftlerteam an der Universität Hohenheim bei Stuttgart dieses Problems angenommen und eine Lösung gefunden, die sich beim Trocknen von Sonderkulturen bereits bewährt hat. Technisch ist sie sehr einfach, sieht man mal von der Solarzelle ab, die auch bei bedeckter Sonne die nötige Energie für einen kleinen Ventilator liefert.

ENDLICH FERTIG FÜR DEN TOPF?
Nein, noch immer nicht; der sich selbst versorgende Reisbauer, der alle 4 bis 5 Monate seine Ernte einbringt

Das Entspelzen.
In einem letzten Arbeitsschritt gilt es, die noch von den ungenießbaren Spelzen umhüllten Reiskörner zu schälen. Dies geschieht entweder mit Mörser und Stößel (im Vordergrund des Bildes zu sehen) oder mit einem Fußhebelwerk (im Hintergrund).

gen, wie sie bei uns bis zum modernen Drusch üblich waren, haben im traditionellen Reisbau bis jetzt kaum Eingang gefunden. Das größte Problem, vor allem, wenn die Ernte in die Regenzeit fällt, ist das Trocknen. Geerntet wird mit einem Feuchtegehalt von 20 bis 25 %. Zur Lagerung muß er auf 13 bis 14 % heruntergetrocknet werden. Das ist bei hoher Luftfeuchte ohne technische Hilfsmittel praktisch nicht möglich. Üblicherweise wird der gedroschene Reis zum Trocknen auf allen verfügbaren Flächen dünn ausgebreitet – sogar auf der Straße liegt der Reis

und den Reis nicht länger lagern muß, gibt sich oft schon mit dem von Spelzen befreiten Reis zufrieden. Und gesundheitsbewußte Verbraucher schwören auch bei uns auf den unbehandelten Vollkorn-Reis. Der hat aber seine Tücken: »Das kleine weiße Korn« erhält nämlich erst durch einen Mahl-, Schleif- und Polierprozeß das für uns gewohnte Aussehen. Das Korn selbst ist eine kleine komplizierte Welt für sich, die jeder Koch und jeder Genießer in den Grundzügen kennen sollte. Deshalb ist ihm auch ein eigenes Kapitel gewidmet.   *Dr. Klaus Lampe*

Reisverarbeitung bei den Ifugao. In Banga-an, einem kleinen Dorf auf den Nordphilippinen, und nicht nur dort, erfolgt das Schälen der Reiskörner noch beinahe wie im alten China. Einziger Unterschied: Die Körner werden hier von Hand von der Rispe gestreift. Anschließend werden sie mit Stangen im Stampf-trog bearbeitet, wobei sich die Spelzen lösen. Beim Hochwerfen fallen die schweren Körner ins Sieb zurück, Spelzen und Kleie dienen als Tier-futter. Noch aber ist der Reis nicht weiß. Deshalb wird er erneut gestampft und gesiebt. Drei bis vier Verarbeitungsphasen sind nötig, bis die Körner weiß im Sieb liegen.

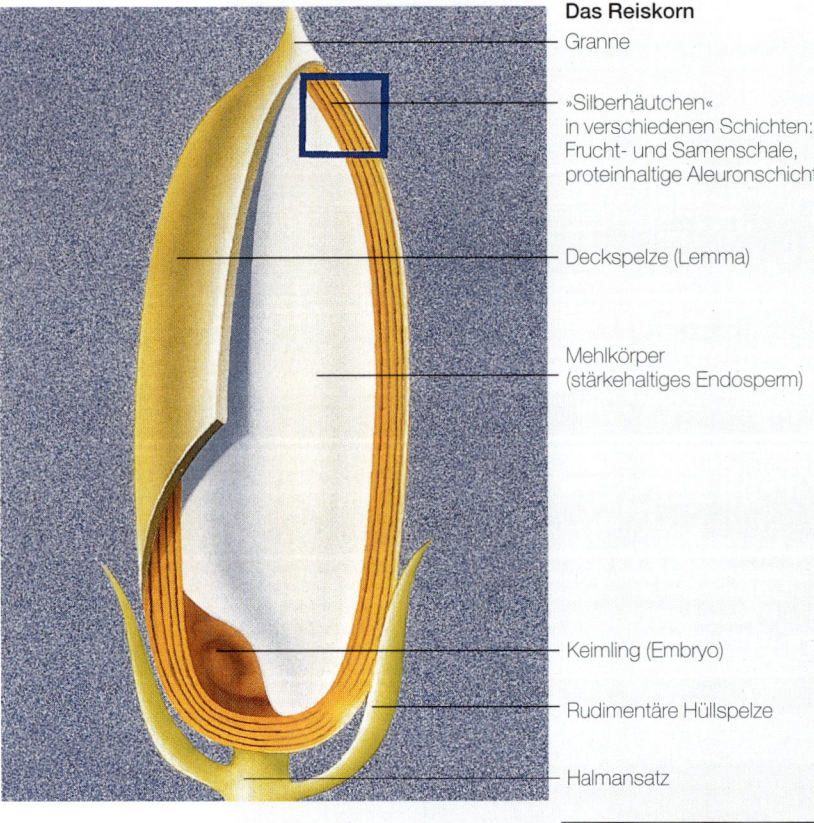

Das Reiskorn

Granne

»Silberhäutchen«
in verschiedenen Schichten:
Frucht- und Samenschale,
proteinhaltige Aleuronschicht

Deckspelze (Lemma)

Mehlkörper
(stärkehaltiges Endosperm)

Keimling (Embryo)

Rudimentäre Hüllspelze

Halmansatz

Das Reiskorn

– KOMPLIZIERTER, ALS MAN DENKT – UND SEINE
BEARBEITUNG IN DER REISMÜHLE.

Die Gattung *Oryza* zählt zur Familie der Getreidegräser
(Gramineae), und innerhalb dieser zur Unterfamilie *Ory-
zoideae*. Die Blütenrispe erreicht eine Länge von 30 cm,
bei manchen Sorten jedoch auch bis zu 50 cm. Sie entwickelt sich am oberen Ende des Halmes. Die aufrecht-
stehende Rispe blüht dann meist innerhalb einer Woche
von unten nach oben ab. Die Blütenrispe besteht aus
einblütigen Ährchen, die an geschlängelten Seitenästen
sitzen. Die unscheinbaren Blüten selbst, bei traditionellen
Sorten sind es bis zu 150 pro Rispe – bei Neuzüchtungen sind es doppelt so viele – sind zwittrig und bestäu-
ben sich daher in aller Regel selbst. Die Reisblüten
weisen, im Gegensatz zu den Blüten der meisten anderen Gräser, nicht 3, sondern 6 Staubblätter *(Antheren)*
auf. Der Fruchtknoten trägt zwei Narben. An jedem
Ährchen befindet sich eine lanzettförmige Vorspelze
(Palea) und die kahnförmige Deckspelze *(Lemma)*, die
mit den reifenden Früchten *(Karyopsen)* verwachsen.
Durch die harten, zudem meist begrannten Spelzen sind
die reifenden Körner optimal geschützt. Nach der Blüte
dauert es bis zur Reife in der Regel noch zwischen
30 und 40 Tagen. In dieser Zeit entwickelt sich das Korn
mitsamt seinen wichtigen Inhaltsstoffen, von denen sich
die meisten in den verschiedenen Schichten des soge-
nannten »Silberhäutchens« befinden, das aus Frucht-
und Samenschale sowie der proteinhaltigen Aleuronschicht besteht. Das »Silberhäutchen« verleiht dem Reiskorn außerdem seine rötlichbraune oder gelbgrünliche
Färbung. Wichtige Inhaltsstoffe stecken aber auch im
Keimling selbst, der sich unterhalb des zum größten Teil
aus Stärke bestehenden Nährkörpers *(Endosperm)*
befindet. Da Früchte und ungenießbare Spelzen miteinander verwachsen sind, ist das Entspelzen recht mühsam und muß mechanisch erfolgen. Nach der traditionellen Methode, die zum Teil auch heute noch angewendet
wird, geschieht dies durch das Stampfen des Reises.
Der Nachteil dabei ist allerdings der hohe Anteil an Bruch
und der doch beträchtliche Zeitaufwand. Die heutigen,
modernen Reismühlen können im Vergleich eine wesentlich höhere Ausbeute und Qualität erzielen, da durch eine
schonendere Bearbeitung sehr viel weniger Körner zu
Bruch gehen. Der Rohreis oder Paddy wird zwischen
zwei Gummiwalzen, die mit unterschiedlicher Geschwin-
digkeit laufen, in Braunreis und Hülsen (Spelzen) getrennt. Letztere finden bei der Herstellung von Brenn-,
Verpackungs- und Isoliermaterial Verwertung. Der ent-

Naturreis – entspelzter Reis mit
»Silberhäutchen« und Keimling,
auch Braunreis genannt, ist das
Resultat einer ersten Bearbeitung von Rohreis in der Reismühle. Das Entspelzen findet in
der Regel im Anbauland statt.

Bruchreis entsteht beim
Schleifen des Reises. Je nach
Größe des Bruchs unterscheidet
man 3 Sortierungen. Kleiner
Bruch findet als Tierfutter, in Ver-
arbeitungsprodukten oder der
Bierbrauerei Verwendung.

Reishülsen, die beim Entspelzen anfallen (etwa 20 % des
trockenen Paddy-Gewichts),
finden vornehmlich zur Energie-
gewinnung Verwendung.

Von Paddy bis Weißreis:
Reiskörner, hier Rundkornreis,
links als Paddy, rechts in fünf
verschiedenen Ausmahlungs-
graden. Ist der Reis nicht vor-
behandelt (parboiled), gilt die
Regel: Je weißer die Körner,
desto weniger Inhaltsstoffe.

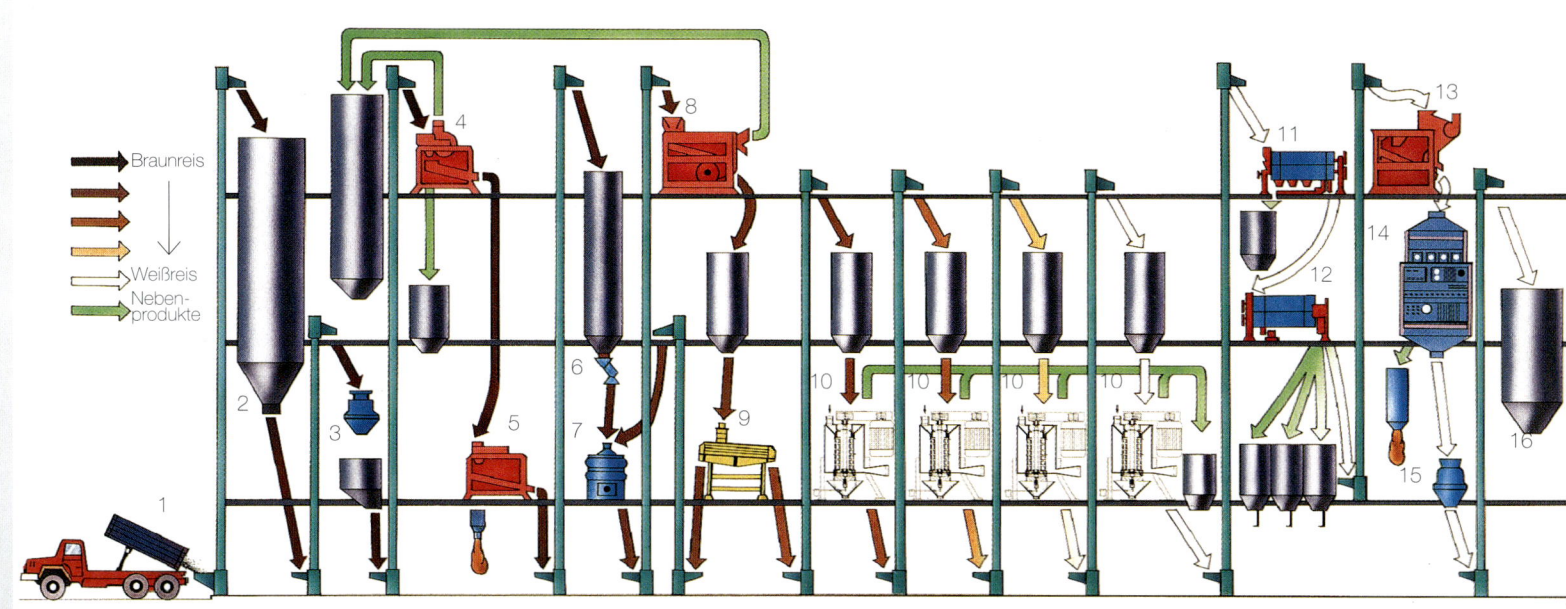

spelzte Reis ist dann die übliche Form für den Übersee-transport und wird daher auch »Cargoreis« genannt. Er kommt im Rumpf großer Schiffe an, wird in die Reis-mühlen transportiert und dort weiterbearbeitet. Zunächst sondert man mittels Magneten und Sieben in der Reisla-dung befindliche Fremdkörper sowie größere Verunreini-gungen aus, bevor eine Sortierung nach der Kornlänge erfolgt. Hierbei werden kleine Fremdpartikel und Bruch-reis aussortiert. Im Anschluß daran erfolgt das Ab-schleifen von »Silberhäutchen« und Keimling, wobei es hier prinzipiell zwei Möglichkeiten gibt: Einmal die Rei-bung von Reiskorn an Stein. Sie erzeugt weniger Bruch, die Reiskörner haben jedoch hinterher eine rauhe Ober-fläche. Die zweite Möglichkeit ist die Reibung von Reis-korn gegen Reiskorn, dabei erhält das Korn eine glatte Oberfläche, infolge des notwendig höheren Drucks ent-steht aber mehr Bruch. Häufig wird der Reis dann noch poliert, das heißt, der noch an den Körnern anhaftende Schleifstaub wird entfernt. Die beim Schleifen anfallende, nährstoffreiche Reiskleie (abgeschliffenes Silberhäutchen und Keimling) wird häufig als Tierfutter eingesetzt, teilwei-se jedoch auch zu Reisöl weiterverarbeitet, das, frisch raffiniert, ein gutes Speiseöl von hellgelber Farbe ist. Das Endprodukt nach dem Durchlaufen der Mühle, der weiße Reis, ist sehr begehrt, gerade auch in vielen asiatischen Ländern. Gesünder aber wäre, auf das Schleifen zu ver-zichten und »Silberhäutchen« wie Keimling am Korn zu belassen. Denn sie enthalten den Löwenanteil an Mine-ralstoffen, Spurenelementen und Vitaminen, vor allem des B-Komplexes (B_1, B_2, Nikotinamid, Pantothensäure, B_6) sowie Vitamin E. 300 g Naturreis decken bereits 18 % des täglichen Proteinbedarfs. Zudem hat er einen sehr viel höheren Ballaststoffanteil. Doch ob geschält oder ungeschält, gesund ist Reis in jedem Fall, denn er ist natriumarm, enthält dafür viel Kalium, das für die Regulie-rung des Wasserhaushalts im Körper zuständig ist.

Inhaltsstoffe von Reis im Vergleich zu Mais und Weizen

	Reis unpoliert	Reis poliert	Mais	Weizen
Feuchtigkeit	13,1	12,9	12,5	13,2
Kohlenhydrate	73,4	77,8	64,7	61,0
Protein	7,2	6,8	8,6	11,7
Fett	2,2	0,6	3,8	2,0
Ballaststoffe	2,9	1,4	9,2	10,3
Magnesium (mg)	157,0	64,0	120,0	147,0
Calcium (mg)	23,0	6,0	15,0	43,7
Phosphor (mg)	325,0	120,0	256,0	344,4
Eisen (mg)	2,6	0,6	–	3,3
Kalium (mg)	150,0	103,0	330,0	502,5
Thiamin B_1 (mg)	0,41	0,06	0,36	0,48
Riboflavin B_2 (mg)	0,09	0,32	0,20	0,14
Energiewert kJ	1454	1461	1389	1310
kcal	342	344	327	309

Durchschnittswerte in g/pro 100 g eßbarer Anteil

▲ Verarbeitung in der Reismühle:
1) Anlieferung von Roh-Reis (Paddy)
2) Zwischenlagerung in großen Silos
3) Wiegen des Reises
4) Absieben großer Fremdkörper
5) Absieben kleiner Fremdkörper
6) Magnet entzieht Teile aus Eisen
7) Enthülsen von Pad-dy mit Gummiwalzen
8) Absaugen der Spelzen
9) Aussortieren nicht enthülster Körner
10) Abschmirgeln der Silberhaut
11) Aussieben zu kleiner Körner
12) Sortieren in ganze Körner und drei Bruchgrößen
13) Letzte Reinigung der Körner von Staub
14) Optisches Verle-sen; Aussortieren von schwarzen oder ver-färbten Körnern
15) Wiegen des Reises
16) Sammelsilo – die Wartestation vor der Verpackung

Die Sortenauswahl ist immens

VON RUND- BIS LANGKORNREIS: EINE KOLLEKTION AUS ÜBER 100 000 VARIETÄTEN,
AUSGEWÄHLT NACH KULINARISCHEN GESICHTSPUNKTEN.

Kannte man noch vor ein paar Jahren gerade mal den Unterschied zwischen Rund- und Langkornreis, so hat sich hier inzwischen doch einiges getan. Die Reisabteilungen der Supermärkte sind größer geworden, und auch in Reformhäusern oder Asiengeschäften hat sich das Sortiment verbreitert. Gemessen an den über 100 000 Varietäten, die es weltweit gibt, wirkt es allerdings noch immer bescheiden. Einige der im folgenden Teil vorgestellten Sorten dürften noch immer schwer zu bekommen sein, da sich der Reisexport nur auf relativ wenige Länder und Sorten beschränkt. 90 % der Weltgesamtproduktion stammen aus Asien, der asiatische Anteil am Export ist in Relation jedoch gering, wobei man sich vor Augen halten muß, daß von den 535 Mio. t Gesamtreisproduktion nur ein Bruchteil auf den internationalen Markt gelangt. Der Grund: Der Reis, in Asien Hauptnahrungsmittel, wird vorwiegend in den Reisanbauländern selbst verbraucht. Von den rund 16 Mio. t, die insgesamt weltweit exportiert werden, stammt etwa ein Viertel aus Europa, den USA und Australien. Von asiatischen Ländern spielen beim Export Thailand, Vietnam, China, Pakistan und Indien eine Rolle, wobei Thailand der mit Abstand größte Reisexporteur ist. Nach Europa kommen vor allem Patna und Basmati aus Indien oder Pakistan sowie die thailändischen Langkornreis-Sorten. Insgesamt jedoch ist der Weltmarkt für Reis im Vergleich zu anderen Getreidearten wie Weizen oder Mais von nur untergeordneter Bedeutung. Grundsätzlich unterscheidet man im Handel zwischen Rund-, Mittel- und Langkornreis. Rundkornreis ist in der Regel zwischen 5,0 und 5,2 mm lang, Mittelkornreis zwischen 5,2 und 6,0 mm und Langkornreis über 6,0 mm. Die schlanken Indica-Körner weisen meist ein Verhältnis von Länge zu Breite von größer als 3 : 1 auf. In manchen Ländern wird noch weiter differenziert. So bezieht sich etwa die Klassifizierung der italienischen Rund- und Mittelkornsorten in »commune« oder »originario«, in »semifino«, »fino« und »superfino« nicht auf die »Feinheit« der Körner, sondern in erster Linie auf die Korngröße: Commune oder originario bedeutet kürzer als 5,2 mm, semifino kann zwischen 5,2 und 6,4 mm lang sein, fino bedeutet länger als 6,4 und der superfino von gleicher Länge beinhaltet zusätzlich noch besondere Qualität. Unterschieden wird grundsätzlich auch in nicht klebende und Klebreis-Sorten, letztere gibt es sowohl bei Indica-, vorwiegend aber bei den Japonica-Typen. Aufgrund ihrer Stärkezusammensetzung weisen sie ein völlig unterschiedliches Kochverhalten auf. Gehandelt wird Reis nach folgender Klassifizierung: 1) Spitzenreis, darf höchstens 5 Prozent Bruchreis enthalten. 2) Standardreis, mit einem Bruchreis-Anteil von höchstens 15 %. 3) Haushaltsreis (Anteil an Bruchreis höchstens 25 %). 4) Haushaltsreis mit erhöhtem Bruchanteil (höchstens 40 %) und 5) Bruchreis (mindestens 40 % Bruch-Anteil). Noch ein Wort zur Lagerung von Reis: Aufgrund seines geringen Feuchtigkeitgehalts ist Reis für die Vorratshaltung gut geeignet. Kühl, dunkel und trocken gelagert, hält sich geschliffener Reis mehrere Jahre. Naturreis mit seinem höheren Fettanteil ist bis zu 1 Jahr haltbar, ohne ranzig zu werden. Nebenstehend eine Auswahl der wichtigsten Sorten: einmal roh, einmal gekocht. Zusätzlich zu handelsüblichem Namen und Herkunft ist jeweils auch die Garzeit vermerkt, als ein Richtwert, der sich, wenn nicht anders angegeben, auf die Absorptionsmethode bezieht.

Reisverkauf in Bangkok.
Verschiedenste Reissorten werden auf asiatischen Märkten zum Kauf angeboten. Einmal mehr bestätigt sich: Reis ist nicht gleich Reis, Preisunterschiede bis zu 100 % sind keine Seltenheit.

Tio João, Langkornreis, Brasilien.
Etwa 20 Minuten Garzeit.

Patna-Reis, Langkornreis, USA.
Etwa 20 Minuten Garzeit.

Long grain, USA.
15 bis 18 Minuten Garzeit.

Carolina-Reis, Langkornreis, USA.
Etwa 20 Minuten Garzeit.

Brown long grain, integrierter Anbau,
USA. Eingeweicht etwa 40 Minuten Garzeit.

Tex Mati, Langkornreis, USA.
12 bis 15 Minuten Garzeit.

Brown short grain, integrierter Anbau,
USA. Eingeweicht etwa 30 Minuten Garzeit.

Mittelkornreis, USA.
15 bis 18 Minuten Garzeit.

Brown short grain, biologischer Anbau,
USA. Eingeweicht etwa 25 Minuten Garzeit.

Sushi-Reis, japanischer Mittelkornreis,
USA. 12 bis 15 Minuten Garzeit.

Shinode, japanischer Mittelkornreis,
USA. 12 bis 15 Minuten Garzeit.

Nishiki, japanischer Rundkornreis, USA.
12 bis 15 Minuten Garzeit.

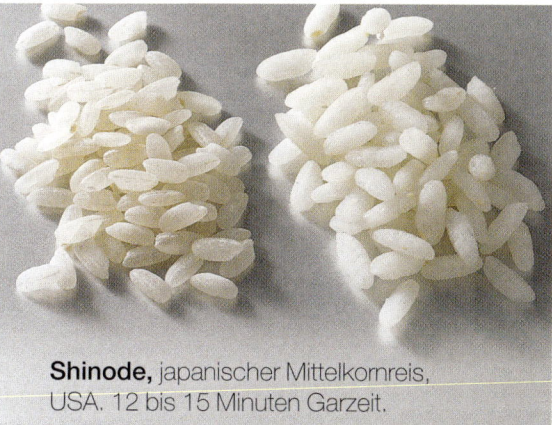

Shiragiku, japanischer Rundkornreis, USA.
12 bis 15 Minuten Garzeit.

Brown sweet rice, biologischer Anbau, USA.
Eingeweicht etwa 30 Minuten Garzeit.

Sweet rice, japanischer Rundkornreis, USA.
10 bis 12 Minuten Garzeit.

Hitomebore, Rundkornreis, Japan.
12 bis 15 Minuten Garzeit.

Koshihikari, Rundkornreis, Japan.
Etwa 15 Minuten Garzeit.

Akitakomachi, Rundkornreis, Japan.
12 bis 15 Minuten Garzeit.

Rundkornreis, Bali.
15 bis 20 Minuten Garzeit.

Roter Reis, Mittelkornreis, Indonesien.
20 bis 25 Minuten Garzeit.

Schwarzer Reis, Indonesien.
25 bis 30 Minuten Garzeit.

Aplati, ungefärbter grüner Reis, Thailand.
In wenig Öl 2 bis 3 Minuten braten.

Langkorn-Klebreis, Thailand.
12 bis 15 Minuten Garzeit.

Neow san pha tong, Langkorn-Klebreis, Thailand. 10 bis 12 Minuten Garzeit.

Jasminreis, ungeschliffen, Thailand.
Eingeweicht 20 bis 25 Minuten Garzeit.

Thai organic fragrant rice, Thailand.
Etwa 30 Minuten Garzeit.

Kaew, Langkornreis, Thailand.
10 bis 12 Minuten Garzeit.

Khao dowk mali, Langkornreis,
Thailand. Etwa 10 Minuten Garzeit.

Five-star Basmati, Langkornreis, Indi-
en. Etwa 15 Minuten Garzeit.

Supreme Basmati, Langkornreis,
Indien. Etwa 15 Minuten Garzeit.

Süßer Mochi-Reis, Rundkornreis, Japan.
30 bis 35 Minuten Garzeit.

Langkornreis, China.
15 bis 18 Minuten Garzeit.

Rundkornreis, Philippinen.
10 bis 12 Minuten Garzeit.

Duftreis, Langkornreis, Indonesien.
12 bis 15 Minuten Garzeit.

Aplati, gefärbter grüner Reis, Vietnam.
Etwa 2 Minuten in wenig Wasser dämpfen.

Rundkorn-Klebreis, Vietnam.
12 bis 15 Minuten Garzeit.

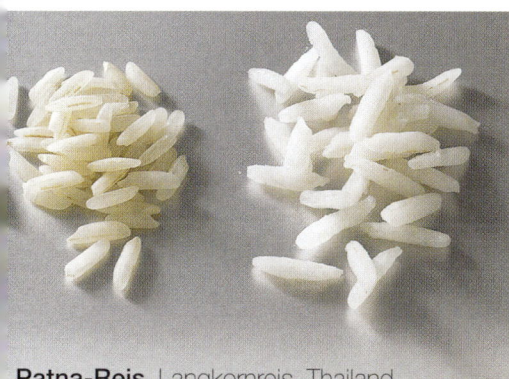

Patna-Reis, Langkornreis, Thailand.
15 bis 20 Minuten Garzeit.

Kao luang, Langkornreis, Thailand.
15 bis 18 Minuten Garzeit.

Jasminreis, Langkornreis, Thailand.
12 bis 15 Minuten Garzeit.

Roter Reis, Mittelkornreis, Thailand.
Etwa 20 Minuten Garzeit.

Roter Reis, Langkornreis, Thailand.
20 bis 25 Minuten Garzeit.

Schwarzer Reis, Langkornreis,
Thailand. 30 bis 35 Minuten Garzeit.

Basmati-Naturreis, Indien.
Eingeweicht etwa 25 Minuten Garzeit.

Sadri, Langkornreis, Iran.
Etwa 15 Minuten Garzeit.

Dom Siah, Langkornreis, Iran.
10 bis 12 Minuten Garzeit.

Langkornreis, (Oryza sativa),
Afrika. 10 bis 12 Minuten Garzeit.

Rundkornreis, unpoliert, Spanien.
Eingeweicht 30 bis 35 Minuten Garzeit.

Bomba, Rundkornreis, Spanien.
15 bis 20 Minuten Garzeit.

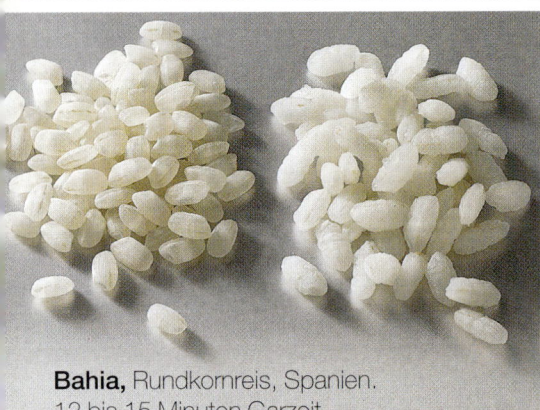

Bahia, Rundkornreis, Spanien.
12 bis 15 Minuten Garzeit.

Thai Bonnet, Langkornreis, Spanien.
10 bis 12 Minuten Garzeit.

Thai Bonnet, Langkorn-Naturreis, Spanien.
Eingeweicht etwa 30 Minuten Garzeit.

Rundkorn-Naturreis, Frankreich.
Eingeweicht etwa 40 Minuten Garzeit.

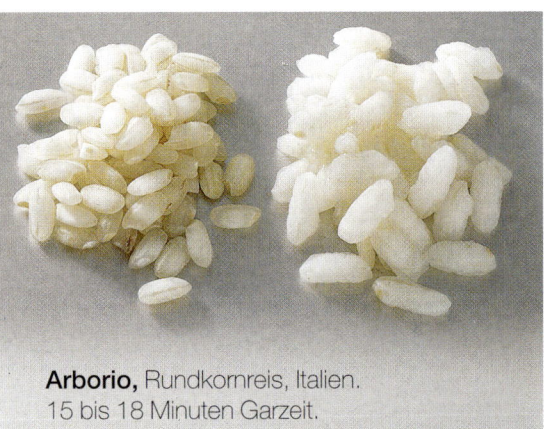

Arborio, Rundkornreis, Italien.
15 bis 18 Minuten Garzeit.

Carnaroli, Rundkornreis, Italien.
18 bis 20 Minuten Garzeit.

Vialone nano, Rundkornreis, Italien.
15 bis 18 Minuten Garzeit.

Vialone nano semifino, Rundkorn-Naturreis, Italien. 30 bis 35 Minuten Garzeit.

San Andrea, Rundkornreis, Italien.
18 bis 20 Minuten Garzeit.

Roma, Rundkornreis, Italien.
15 bis 18 Minuten Garzeit.

Ribe, Rundkornreis, Italien.
15 bis 18 Minuten Garzeit.

Baldo, Rundkornreis, Italien.
Etwa 18 Minuten Garzeit.

Thainato, Rundkornreis, Spanien.
15 bis 18 Minuten Garzeit.

Roter Reis, Camargue, Frankreich.
Eingeweicht 20 bis 25 Minuten Garzeit.

Loto, Rundkornreis, Italien.
17 bis 20 Minuten Garzeit.

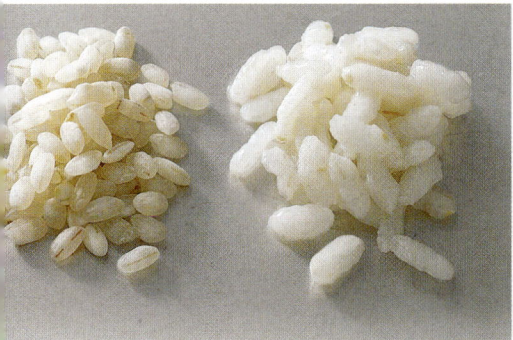

Padano, Rundkornreis , Italien.
15 bis 18 Minuten Garzeit.

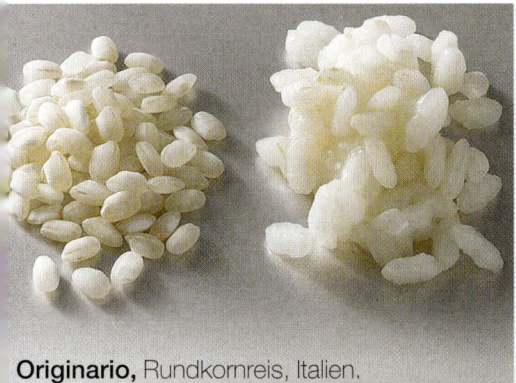

Originario, Rundkornreis, Italien.
12 bis 15 Minuten Garzeit.

Reisflocken aus geschliffenem (oben) und ungeschliffenem Reis (unten). Entweder aus ganzen Körnern oder aus Bruch hergestellt, werden die Körner zwischen beheizten Walzen zu dünnsten Flocken gepreßt. Vorwiegend in der Kinderernährung eingesetzt, erfreuen sich Reisflocken als Frühstücksgetreide immer größerer Beliebtheit.

Domyoji-ko, japanischer Klebreisbruch. Erst gedämpft, dann getrocknet, wird dieser Reis in Japan zur Herstellung spezieller Süßspeisen verwendet.

Rundkorn-Bruch. Beim Schleifen und Polieren läßt sich die Entstehung von Bruchreis kaum vermeiden. Den Inhaltstoffen tut dies jedoch keinen Abbruch. Es sind dieselben wie beim ganzen Korn.

Langkorn-Bruch. Wird in der Küche genauso verwendet wie ganze Körner, was übrigens für alle Bruchreissorten gilt. Im Gegensatz zu ganzen Körnern ist Bruchreis allerdings wesentlich billiger.

Parboiled rice

DANK EINER SPEZIELLEN VORBEHANDLUNG BEINAHE SO GEHALTVOLL WIE NATURREIS.

Mit einem Kochlöffel
läßt sich der Reis im Beutel gut aus dem kochenden Wasser fischen, da die Kochbeutel fast alle mit einer extra dafür konzipierten Lasche versehen sind.

Während der »weiße« Reis nach dem Schleifen die meisten der wertvollen Inhaltsstoffe verloren hat, enthält Parboiled Reis noch einen Großteil der im Braunreis steckenden Vitamine und Mineralstoffe – nämlich bis zu 80 %, und das selbst nach dem Entfernen von Silberhäutchen und Keimling. Eine gute Sache, wenngleich der Reis dadurch etwas an Geschmack einbüßt. Weltweit wird etwa ein Fünftel der Weltreisernte zu Parboiled Reis verarbeitet, und das in der Regel vor Ort, in den Reisanbauländern selbst. Das Verfahren ist nicht neu. Traditionell funktioniert es so, daß Rohreis gedämpft und anschließend an der Sonne getrocknet wird. In den 40er Jahren wurde in Amerika dann das moderne Parboiling-Verfahren mittels Dampf und Druck entwickelt, das seit dem Zweiten Weltkrieg zunehmend Anwendung findet. Beim Parboiling gelangen die Inhaltsstoffe der äußeren Schichten aufgrund einer speziellen, hydrothermischen Behandlung ins Innere des Korns. Wird der Reis nach dieser, wie unten schematisch dargestellten Methode behandelt, also mittels Druck- und Vakuumanwendung, nennt man ihn auch »converted« – »konvertierten« Reis. Nach dem Durchlaufen dieser Prozedur wird Parboiled Reis schließlich in Reismühlen genauso weiterverarbeitet wie anderer Rohreis auch. Ein weiterer Vorteil: Durch das Parboiling-Verfahren reduzieren sich die Bruchverluste. Zum Schluß wird Parboiled Reis fotoelektronisch verlesen, um braune und schwarze Körner, die zuviel Hitze abbekommen haben, auszusortieren. Der geschliffene Parboiled Reis ist durchscheinend und weist eine gelbliche Farbe auf. Noch sind nicht alle Ursachen dieses Verfärbungsprozesses wissenschaftlich exakt geklärt, mit Sicherheit dafür verantworlich ist aber einmal die beim Parboiling-Verfahren angewendete Hitze – je höher die Temperatur, desto dunkler wird das Korn. Zum anderen

Kochbeutelreis
wird inzwischen vielfach im Handel angeboten, von USA bis Thailand. Seine Vorteile: Er setzt nicht an, brennt nicht an und verklebt nicht. Und ermöglicht dabei durch seine Perforation die Aufnahme der für das Garen notwendigen Flüssigkeitsmenge.

werden beim Dampfeintritt Farbpigmente aus der Samenschale mit ins Endosperm gerissen. Wichtig ist vor allem: Parboiled Reis weist andere Kocheigenschaften auf als unbehandelter Reis derselben Sorte. Er gart schneller, und durch die abschließende Dampfbehandlung erhärtet die Oberflächenstärke, wodurch eine Versiegelung des Korns erfolgt. Deshalb bleibt Parboiled Reis grundsätzlich locker und körnig, die Körner kleben nicht aneinander und auch Vitamine und Mineralstoffe können sich nun nicht mehr lösen. Ob gelb, weiß oder braun – Reiskenner können also bereits an der Farbe des Korns Bearbeitungsgrad und Nährstoffgehalt des Reises erkennen.

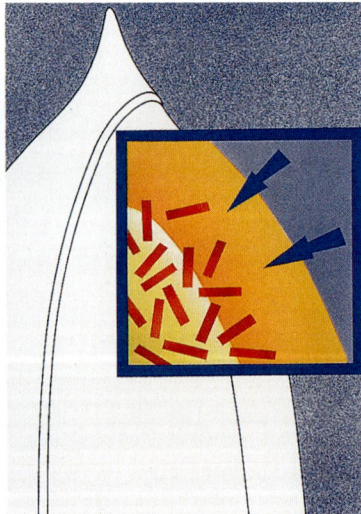

Das Parboiling-Verfahren:
Der vergrößerte Ausschnitt zeigt symbolisch die im Silberhäutchen enthaltenen Vitamine und Mineralstoffe. Das moderne Parboiling-Verfahren funktioniert so:

Dem Rohreis wird in Vakuumbehältern mittels Unterdruck alle Luft entzogen. Dann wird er in lauwarmem Wasser eingeweicht, dabei lösen sich die Inhaltsstoffe aus Silberhäutchen und Embryo.

Anschließend werden die Körner mit Wasserdampf und hohem Druck behandelt, wodurch die wasserlöslichen Vitamine und Mineralstoffe wieder ins Innere des Reiskorns gepreßt werden.

Die Reiskörner werden nun nochmals heißem Dampf ausgesetzt, wobei die Oberflächenstärke gehärtet wird. Durch diese Versiegelung bleiben die Nährstoffe im Korn. Zuletzt erfolgt die Trocknung.

Praktisch portioniert, meist für 2 Portionen, gibt es die verschiedensten Reissorten im perforierten Polyäthylenbeutel. Seiner leichten Handhabung wegen ist Kochbeutelreis sehr beliebt. Vor der Zubereitung empfiehlt es sich, die Angaben auf der Packung zu studieren. Dann bringt man die angegebene Menge Wasser zum Kochen und legt den Beutel flach ein, er sollte überall von Wasser bedeckt sein. Je nach Sorte ist die Garzeit unterschiedlich lang. Kurz im Überblick: Parboiled Langkornreis gart 12 bis 15 Minuten, unbehandelter Langkornreis etwa 15 Minuten, Parboiled Langkorn-Naturreis hat eine Garzeit von 20 bis 25 Minuten, unbehandelter Langkorn-Naturreis 25 bis 35 Minuten. Die Angaben sind allerdings nur Richtwerte und können, je nach Reissorte, um einige Minuten variieren. Im Handel sind außerdem verschiedene Typen Schnellkochreis erhältlich. Etwa der feuchte, steril abgepackte Minutenreis, den man lediglich bis zur gewünschten Verzehrtemperatur erhitzen muß. Daneben wird der trockene Instantreis angeboten, der vor dem Verzehr mit der angegebenen Menge kochenden Wassers übergossen und damit rehydriert wird. Und schließlich gibt es noch den ebenfalls trockenen, bereits vorgegarten und dann wieder getrockneten Kurzkochreis, der je nach Sorte noch einer Garzeit zwischen 5 und 10 Minuten bedarf.

US White rice, Langkornreis parboiled. 18 bis 20 Minuten Garzeit.

Pai João, Langkornreis, parboiled, Brasilien. 20 bis 25 Minuten Garzeit.

Langkornreis, parboiled, USA. 15 bis 20 Minuten Garzeit.

Rundkornreis, teilgeschliffen, parboiled, Indien. Etwa 20 Minuten Garzeit.

Langkorn-Naturreis, parboiled, USA. Etwa 25 Minuten Garzeit.

Langkornreis, parboiled, Spanien. 18 bis 20 Minuten Garzeit.

Ribe, Rundkornreis, parboiled, Italien. 18 bis 20 Minuten Garzeit.

Ribe integro, Rundkorn-Naturreis, parboiled. 20 bis 25 Minuten Garzeit.

Avorio, Rundkornreis, parboiled, Italien. 20 bis 22 Minuten Garzeit.

Vialone, Mittelkornreis, parboiled, Italien. Etwa 20 Minuten Garzeit.

Knuspersnacks & Fertiggerichte

VON PUFFREIS ÜBER CRACKER BIS HIN ZU
RISOTTO AUS DEM PÄCKCHEN.

Auch wenn in Sachen Knabberspaß aus Reis natürlich reisproduzierende Länder, etwa die USA, Japan, Korea und China, eine Vorreiterrolle spielen, ist eine einfache Form der Reissnacks auch hierzulande jedem bestens bekannt: Die Rede ist vom Puffreis. Unbehandelt gehört er zu den Produkten, die unter den nicht sehr gelungenen Bezeichnungen Getreidefrühstückserzeugnisse oder Frühstückscerealien – dazu zählen übrigens auch die bekannten Reis Crispies – zusammengefaßt werden.

Behandelter Puffreis wird beispielsweise mit Glasuren aus Schokolade oder Zucker angeboten. Puffreis entsteht aus Reiskörnern, die man stark erhitzt und hohem Druck aussetzt. Wird der Druck plötzlich reduziert, dehnen sie sich um ein Vielfaches ihres Ursprungsvolumens aus. Nach dieser Methode werden auch Knusperreis-Scheiben hergestellt. Meist bestehen sie aus Naturreis, zuweilen auch gemischt mit Wildreis, Mais oder Sesam. Doch trotz solcher Kombinationen oder dem Zusatz von Aromastoffen vermitteln solche gepufften Reisprodukte ein nicht gerade intensives Geschmackserlebnis. Auch ihr Nährwert ist relativ gering; sie lassen sich jedoch gut im Rahmen einer kalorienreduzierten oder glutenfreien Ernährung einsetzen. In schier unglaublicher Formen- und Geschmacksvielfalt sind dagegen asiatische Reissnacks erhältlich. Hierzulande bis vor kurzem eher in Naturkostläden zu finden, haben sie im Zuge der »Ethnofood«-Welle Einzug in viele Lebensmittelgeschäfte gehal-

ten. Verbreitet sind vor allem japanische Reiscracker, die aus Klebreis, aber auch aus nichtklebenden Reissorten hergestellt werden können. Sie lassen sich aufgrund ihrer jeweils unterschiedlichen Struktur gut unterscheiden: Während Cracker aus Klebreis relativ locker sind und sich auf der Zunge schnell auflösen, sind solche aus nichtklebendem Reis härter im Biß und haben eine rauhere Oberfläche. Beiden Sorten ist gemeinsam, daß sie während des Herstellungsprozesses – manche Rezepturen sind eifersüchtig gehütete Firmengeheimnisse – zunächst getrocknet, dann mit einer Mischung aus Sojasauce und Zucker oder Gewürzen glasiert, schließlich im Ofen gebacken und manchmal zusätzlich in kräftig nach Meer schmeckende Nori-Blätter gehüllt werden. Daneben sind fritierte, oft feurig mit Chili gewürzte Reiscracker im Handel, die im Geschmack eher den westlichen Knabbereien gleichen. In Japan werden darüber hinaus einzeln in Folie eingeschweißte »Rice cakes« angeboten,

die jeder ganz nach Geschmack würzen, braten oder grillen kann. Doch zurück nach Europa. Wer keine Zeit zum Selberkochen beispielsweise eines Tomaten-, Safran- oder Spinatrisottos hat, kann, zumindest in Italien, solche Spezialitäten im Päckchen erstehen, nach Belieben portionierbar sowie fix und fertig gewürzt. Grundlage für diese Fertiggerichte ist Parboiled Reis, bei dem jedes einzelne Korn nach einem patentierten Verfahren mit »seiner« Sauce überzogen ist. Ganz gleich, ob rot, gelb oder schwarz gefärbt, jeder dieser Fertigrisotti muß einfach nur noch in kochendem Wasser 12 Minuten ausquellen. Aromatisierte, je nach Geschmacksrichtung gefärbte oder mit Schokolade überzogene Reisflocken, die direkt aus der Packung in Milch, Milchprodukte oder Fruchtsäfte eingerührt werden können, aus denen sich aber auch, dem Fertigrisotto vergleichbar, in Minutenschnelle süße Suppen, Brei oder Aufläufe zubereiten lassen, sind bei uns bereits erhältlich.

In den USA werden sogar süße Cookies – rechts neben der Puffreis-Schokolade zu sehen – aus Kombinationen von Reismehl mit Weizenmehl, Hafermehl und sogar Erdnußbutter gebacken.

Reismehl

SCHNEEWEISS UND PUDRIG-FEIN – DIE BASIS
VON FLAMMERIS, REISNUDELN UND SNACKS.

Reismehl entsteht zum einen durch das Vermahlen von ganzen Körnern oder von Bruchreis. Als Reismehl wird jedoch auch eine Mischung aus Schleifmehl, das beim Polieren der Reiskörner abfällt, und feinem Bruch bezeichnet. Während ersteres die Basis für Reisnudeln und die dünnen Reisblätter ist, findet letzteres vorwiegend als Viehfutter Verwendung. Prinzipiell unterscheidet man – je nach Kornstruktur – 2 Arten von Reismehl: erstens dasjenige aus glasig-hartem Korn und zweitens Kleb- oder Wachsreismehl. Durch seine große Quellfähigkeit verleiht dieses Teigen eine leicht gummiartige Konsistenz und eignet sich zum Andicken von weißen Saucen oder für Süßspeisen.
In China wird Klebreismehl vor allem zur Herstellung üppiger Dim-Sum-Pasteten verwendet. Zudem eignen sich mit Klebreismehl hergestellte Produkte gut zum Gefrieren, da es beim Auftauen nicht zum sonst üblichen Absetzen von Wasser kommt.

Reis kann ohne Probleme, wie Weizen oder Roggen auch, nach dem Entspelzen – poliert oder auch als Braunreis – zu Mehl vermahlen werden. Der technische Vorgang unterscheidet sich dabei nicht wesentlich vom Mahlen anderer Getreidearten, und auch die Lagerung ist dieselbe. Reismehl wird überwiegend aus poliertem Bruchreis gewonnen und ist deshalb meist weißer als Weizen-, Roggen- oder Dinkelmehl und in der Regel auch feiner ausgemahlen. Es gibt jedoch einen entscheidenden Unterschied: Reismehl ist nicht backfähig. Der Grund dafür liegt in seiner chemischen Zusammensetzung. Zwar enthält Reismehl sehr viel Stärke, gleichzeitig ist es aber sehr kleberarm, was sich auf die Struktur der Teigkrume ungünstig auswirkt. Das im Reis enthaltene Eiweiß – beziehungsweise seine Grundbausteine, die Aminosäuren – ist anders zusammengesetzt als beim Weizen. Während sich beim Weizenmehl der Kleber, eine besonders strukturierte Eiweißzusammensetzung aus Gliadin und Glutenin, in feinen Strängen durch den Teig zieht und dadurch dessen »Aufgehen« ermöglicht, kann das im Reismehl enthaltene Eiweiß dieses netzartige Gerüst nicht ausbilden. Backwaren aus Reismehl bleiben deshalb flach und weisen nur eine geringe Porung der Krume auf. Dafür findet das bei einer Eiweißallergie (Zöliakie/Sprue) gut verträgliche Reismehl Verwendung in der Diätküche sowie bei Babynahrung. Die sehr feinkörnige Reisstärke, überwiegend durch Naßvermahlung aus Bruchreis gewonnen, findet ebenfalls Verwendung als diätetisches Nährmittel, wird aber auch – und das seit der

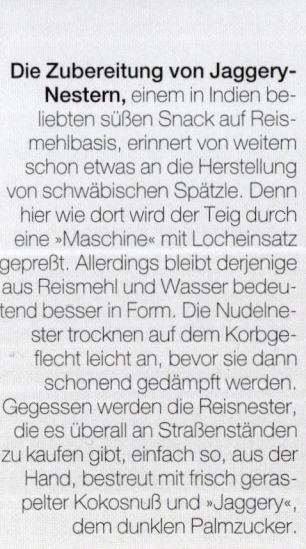

Die Zubereitung von Jaggery-Nestern, einem in Indien beliebten süßen Snack auf Reismehlbasis, erinnert von weitem schon etwas an die Herstellung von schwäbischen Spätzle. Denn hier wie dort wird der Teig durch eine »Maschine« mit Locheinsatz gepreßt. Allerdings bleibt derjenige aus Reismehl und Wasser bedeutend besser in Form. Die Nudelnester trocknen auf dem Korbgeflecht leicht an, bevor sie dann schonend gedämpft werden. Gegessen werden die Reisnester, die es überall an Straßenständen zu kaufen gibt, einfach so, aus der Hand, bestreut mit frisch geraspelter Kokosnuß und »Jaggery«, dem dunklen Palmzucker.

Antike – als Kosmetikpuder gebraucht. Reispapier- oder Reisnudelblätter sind die ideale Hülle für Füllungen aller Art. Frühlingsrollen etwa sind häufig in Reispapier gewickelt. Aus Reisblättern kleineren Durchmessers lassen sich ohne viel Aufwand kleine, gefüllte Täschchen herstellen – vielleicht dekorativ zusammengehalten von einem Schnittlauchhalm. Der Vorteil: Reisblätter sind getrocknet beinahe unbegrenzt haltbar und dadurch stets verfügbar. Ob mit knackigem Gemüse oder zartem Fleisch gefüllt, ob gedämpft oder fritiert, sie schmecken gleichermaßen köstlich. Die einzige Schwierigkeit liegt darin, den richtigen Feuchtigkeitsgrad beim Einweichen der filigranen Blätter zu erwischen: Sind sie noch zu trocken, läßt sich das spröde Reispapier nicht formen und bricht. Weicht man sie zu lange ein, verlieren sie ihre Spannkraft und reißen auseinander. Am besten lassen sich Reisblätter verarbeiten, wenn sie einige Minuten in kaltem Wasser eingeweicht und dann auf feuchten Küchentüchern ausgebreitet werden. Besonders raffiniert wird die Hülle, wenn zwischen einer doppelten Lage Reispapier eine pikante Würzpaste oder frische Kräutermischung für die geschmackliche Überraschung sorgt.

Hauchdünn und zerbrechlich sind die Reispapierblätter, die es in verschiedenen Durchmessern (zwischen 15 und 30 cm) in Geschäften für asiatische Lebensmittel zu kaufen gibt.

Knisternde Vielfalt

REISNUDELN – OB FRISCH ODER GETROCKNET – GIBT'S IN DEN UNTERSCHIEDLICHSTEN FORMEN.

Getrocknete Reisnudeln sehen glasig aus, beinahe transparent, und sind von brüchig-spröder Konsistenz. In trockenem Zustand wirken sie allerdings wesentlich durchsichtiger als nach dem Garen, ungekocht könnte man sie beinahe mit den asiatischen Glasnudeln verwechseln, die aber nicht aus Reismehl, sondern aus gemahlenen Mungobohnen hergestellt werden. Bleiben jene jedoch nach dem Kochen transparent, ist dies bei Reisnudeln nicht so. Nach dem Garen haben die dünnen Stäbchen oder Fadennudeln aus Reismehl und Wasser wieder die Farbe ihres Ausgangsprodukts, nämlich diejenige von poliertem Reis, milchig-weiß. Vor Ort, in Thailand, Singapur, China oder auch in anderen asiatischen Ländern kauft man Reisnudeln am

besten frisch, bereits gedämpft und noch feucht in Plastiksäckchen verpackt. Frische Reisnudeln sind sofort gebrauchsfertig, können direkt aus der Tüte als Suppeneinlage oder zum Pfannenrühren Verwendung finden. In Europa dagegen sind Reisnudeln in aller Regel nur getrocknet erhältlich. Doch auch so sind sie in der Zubereitung recht einfach. Entweder man gart die Reisnudeln ein paar Minuten in sprudelnd kochendem Wasser oder man überbrüht sie kochendheiß und läßt sie im abkühlenden Wasser etwa 10 Minuten weichen. Eine dritte Methode wäre, die Reisnudeln 6 bis 8 Minuten in warmem Wasser einzuweichen und dann zu blanchieren.

Das Angebot an Reisnudeln ist groß: von zentimeterbreiten Bandnudeln in Stäbchenlänge bis zu haarfeinen Suppennudeln reicht die Palette. Die Sorten von links nach rechts: Breite Reisnudeln (chantaboon rice sticks), halbbreite und schmale Reisnudeln (rice sticks) und feine Reisnudeln (rice vermicelli).

Die Koch- oder Blanchierzeit richtet sich nach Stärke und Breite der Nudeln. Ohne vorheriges Einweichen sollten breite Reisbandnudeln 4 bis 5 Minuten sprudelnd kochen, halbbreite und schmale 2 bis 3 Minuten und für die schon fast haarfeinen Reis-Vermicelli reichen 1 bis 2 Minuten. In jedem Fall sollte man sie nach dem Blanchieren gut abspülen – dabei wird die anhaftende Stärke entfernt – und in einem Sieb gut abtropfen lassen – fertig. So werden getrocknete Reisnudeln im Handumdrehen zur leichten Suppeneinlage oder aber das richtige Ausgangsprodukt zum Pfannenrühren. Sehr knusprig und überaus dekorativ sind dünne Reisnudeln, werden sie – trocken, so wie sie aus der Packung kommen – im heißen Öl etwa 3 Minuten fritiert. Reisnudeln ißt man bevorzugt in den südlichen Provinzen Chinas, dort, wo der Reis in der Hauptsache angebaut wird. Im Norden dagegen bestehen die Nudeln vorwiegend aus Weizenmehl. Doch nicht nur in China, auch in anderen asiatischen Ländern kommen Reisnudeln häufig – vor allem als Suppennudeln – zum Einsatz. Hergestellt werden sie meist semiprofessionell, abgesehen von der Produktion für den Eigenbedarf zu Hause. Zahlreiche Kleinbetriebe sind jeden Tag aufs Neue mit der Produktion befaßt, wobei die meisten sich auf eine Teigsorte – entweder Weizen, Mungobohnen oder Reis – beschränkt haben. Der Teig, aus Reismehl und Wasser angerührt, wird in großen Knetmaschinen bearbeitet, maschinell ausgerollt und geschnitten, bevor die Reisnudeln im Steamer gedämpft werden. Alle weiteren Arbeitsschritte – vom Abpacken der frischen Nudeln bis hin zum Trocknen – werden aber nach wie vor meist von Hand ausgeführt.

Bei diesem chinesischen Kleinbetrieb in Singapur werden die frischen Reisnudeln über Stangen gehängt und kommen zum Trocknen in große Öfen.

Wie Nudeln herkömmlicher Art sehen diese zu Nestern gewickelten Bretelline aus, eine Art Tagliatelle, und sie werden auch so »behandelt«, nämlich al dente gekocht. Hergestellt sind diese italienischen Reisnudeln aus einer Mischung von Reismehl, Hartweizengrieß und Eiern.

den asiatischen Küchen als Würzmittel, zur Konservierung oder auch als Tunke, das Spektrum der Aromen reicht von mild-würzig bis süß-scharf. Dunkle oder schwarze Reisessige sind von tintenartiger Konsistenz und kräftigem, malzigem Geschmack – der nebenstehend abgebildete, der sich zum Marinieren von Fleisch wie Gemüse oder zum Würzen von dunklen Saucen eignet, wird aus braunem Reis destilliert, zu Essig vergoren und anschließend mit Hirseextrakten, Salz und Zucker aromatisiert (5% Essigsäure). Chinesischer roter, leicht durchsichtiger Essig – besonders beliebt für Dips – ist süß-würzig und paßt gut zu Meeresfrüchten. Den milden, klaren chinesischen Reisessig, aus Reisweindestillat vergoren und mit Wasser verdünnt, verwendet man zum Kochen für süße wie salzige Gerichte sowie für Pickles. Der links abgebildete japanische Reisessig (Su Mitsukan) wird ebenfalls aus Reisweindestillat hergestellt, mit Wasser verdünnt und mit verschiedenen Extrakten (Weizen, Reis, Mais und Sake-Trester) aromatisiert. Hellgelb und von mildem Geschmack (4,2 % Säure), ist er für Sushi genau der richtige. Unerläßlich für die japanische Küche ist zudem ein weiteres Würzmittel – »miso« – eine fermentierte, eiweißreiche Paste, hergestellt aus Sojabohnen oder einer Sojabohnen-Getreide-Mischung (Gerste oder Reis), wobei Reis-Miso (komé miso) heute das meistver-

Verschiedene Essigsorten aus Reis: Von links nach rechts: Dunkler Reisessig, milder japanischer Reisessig für Sushi, mit Zitrone aromatisierte Saucen auf Essigbasis zum Würzen von gekochtem Fleisch und Fisch (hell) und für Marinaden (dunkel) sowie schwarzer chinesischer Reisessig.

Süß, sauer oder hochprozentig

ZEIGT SICH REIS VON SEINER FLÜSSIGEN SEITE: ESSIG UND ALKOHOLISCHE GETRÄNKE.

Ist von Reis die Rede, so denken die meisten vermutlich zunächst mal an Essen. Es gibt jedoch auch eine ganze Palette flüssiger Produkte aus Reis – von Bier bis Schnaps, von Wein bis Essig. Während im Fernen Osten die Vergärung von Reis zu Reiswein und die Destillation zu Reisschnaps gang und gäbe ist, spielt Reis als Basis alkoholischer Getränke in der westlichen Welt nur bei der Herstellung von Bier eine Rolle, sieht man von einem in Italien angebotenen Reislikör einmal ab. Und während in Europa vielerorts Wein oder Fruchtmost zu Essig vergoren wird, ist die Basis der verschiedenen Essigsorten in asiatischen Ländern fermentierter Reis (kuji) oder Reiswein. Der Herstellungsprozeß ist allerdings derselbe: Mikroorganismen »verdauen« den Alkohol zu Essigsäure, und aus dem ethanolhaltigen Gemisch entsteht eine mehr oder weniger saure Flüssigkeit. Bleibt Essig an der Luft stehen, wird die Essigsäure bald wieder von Mikroorganismen zerstört, und zwar um so schneller, je weniger Säuregehalt der Essig hat. Da Reisessig in der Regel milder als der europäische Essig ist – Reisessig hat meist zwischen 3 und 5 % Säure –, ist er nicht so lange haltbar wie dieser. Es gibt jedoch auch asiatische, sehr saure Essig-Varianten mit bis zu 25 % Säure. Reisessig dient in

Bier aus Reis? Auf den ersten Blick ungewöhnlich, aber weiter verbreitet, als man denkt. Selbst in Europa wird Bier aus Reis gebraut, während das deutsche Reinheitsgebot (1516) die Verwendung von anderem als Gerstenmalz zumindest für untergärige Biere nicht zuläßt.

Verschiedene Alkoholika aus Reis: oben der chinesische Shaoxing-Reiswein, in China der bekannteste und beliebteste seiner Art. Von zartgelber Farbe sind die verschiedenen Mirin-Sorten. Und ganz rechts außen: Arrak, ein Schnaps aus Reis und Palmensaft.

kaufte in Japan ist. Und auch der Sake, neben grünem Tee das bevorzugte Getränk zum Essen und aus dem Leben der Japaner nicht mehr wegzudenken, ist aus Reis, genauer aus vergorener Reismaische. Sake wird aber auch als Apéritif oder Digestif getrunken. Teils wird der kräftige, trockene Reiswein (meist um 16 Vol.%) in einer Porzellankaraffe im Wasserbad erhitzt und bei einer Temperatur von etwa 40 °C serviert. Teils trinkt man ihn jedoch auch zimmerwarm und an heißen Tagen sogar kalt – Sake »on the rocks«. Süßer ist der ebenfalls aus Reis gewonnene Mirin, der mit seinem Alkoholgehalt von etwa 14 Vol.% etwas leichter als Sake und weniger zum Trinken als vielmehr zum Kochen gedacht ist. Mirin verleiht vielen japanischen Gerichten die typische Note. Reisweine gibt es in der gesamten asiatischen Welt, überall dort, wo Reis Nahrungsmittel Nr. 1 ist – so trinkt man auf Bali etwa den roséfarbenen »Brem«, und die Chinesen bevorzugen zum Essen und Kochen den kräftigen, bernsteinfarbenen Shaoxing aus der Provinz Zhejiang, benannt nach der Großstadt im Süden Shanghais. Hergestellt wird der Shaoxing (15 bis 20 Vol.%) aus weißem Klebreis, Hefe und Quellwasser. Ist er nicht zu bekommen, kann man ihn notfalls durch trockenen Sherry ersetzen. Angebrochene Flaschen lagert man am besten fest verkorkt bei Zimmertemperatur. Die weitverbreiteten klaren oder leicht gelben Reisbranntweine (mit 20 bis 30 Vol.%) werden durch dreimaliges Destillieren gewonnen. Allein in Japan gibt es diverse Sorten von Sake Sui Shin bis Samshu. Der bekannteste Reisschnaps dürfte jedoch der Arrak (40 Vol.%) aus Südostasien sein. Aufgrund seines geringeren Alkoholgehalts aber ebenfalls sehr beliebt ist Bier auf Reisbasis. Im Gegensatz zu den anderen Reisdestillaten ist das »Reisbier« aber keinesfalls auf Asien beschränkt, sondern wird auch in Europa hergestellt. Etwas dünner als das Gebräu aus Gerstenmalz, ist es dafür aber haltbarer als dieses.

Sake, das japanische Nationalgetränk. Meist angewärmt in einer kleinen Karaffe serviert. Getrunken wird Sake aus kleinen Porzellanschalen.

Das Korn der Indianer

VOM SCHWARZEN REIS, DER KEIN REIS,
SONDERN EIN WASSERGRAS IST.

Vor wenig mehr als einem Jahrzehnt hierzulande noch ein kulinarischer Geheimtip, entsprechend schwer zu beschaffen und kostspielig, gehört Wildreis, auch Wasser-, Indianer- oder Tuscarorareis genannt, mittlerweile zum selbstverständlichen Angebot nahezu jedes Lebensmittelgeschäftes. *Zizania palustris* beziehungsweise *zizania aquatica* lauten die botanischen Bezeichnungen für die wichtigsten Wildreis-Varietäten, die vor allem im großen Seengebiet des Grenzbezirks zwischen Kanada und den USA, aber auch über die ganze östliche Hälfte des nordamerikanischen Halbkontinents bis hin nach Florida heimisch sind. Wildreis, der nur über Umwege mit *oryza* verwandt ist, führt ein ähnlich amphibisches Leben wie sein weiter verbreiteter Namensvetter: Während die Wurzeln von *zizania* im See- oder Sumpfboden verankert sind, erhebt sich ein großer Teil der grünen Pflanze, die durchschnittlich 1 bis 3 Meter, in Einzelfällen bis zu 5 Meter hoch werden kann, über den Wasserspiegel – und mit ihr zunächst die Blüten, später dann auch die fruchttragenden Rispen. Im Spätsommer ist es dann soweit: Die reifen Körner können geerntet werden. Auch darin unterscheidet sich das eigenwillige Wildgetreide in einem wesentlichen Punkt von Reis und allen anderen Getreidearten: Die Körner sind nämlich keineswegs allesamt zum gleichen Zeitpunkt reif. Das bedeutet für die Ernte, daß die Halme nicht komplett abgeschnitten werden dürfen; die Erntemannschaft muß vielmehr mehrmals die gesamte Fläche nach reifen Körnern im wahrsten Sinn des Wortes »abklopfen«. Die indianische Erntemethode, die auch heute noch von den Stämmen der Ojibway und Chippewa angewendet wird und besonders hochwertigen Wildreis erbringt, klingt sicher für den einen oder anderen nach Lederstrumpf-Romantik: Kanus mit zwei Mann Besatzung paddeln oder staken zur Erntezeit langsam durch den Wildreisbewuchs. Der für die eigentliche Ernte Zuständige ist mit zwei langen Stöcken ausgerüstet, von denen er einen dazu benutzt, die langen, biegsamen Halme über den Kanurand zu ziehen, während er mit dem anderen Stock vorsichtig die Rispen abklopft, so daß die reifen Körner heraus- und auf den Boden des Kanus purzeln. Wenn dann die Halme wieder zurückschnellen, fallen Körner ins Wasser – quasi als Aussaat fürs nächste Jahr. Auf diese Weise werden in Kanada etwa 2000 Tonnen Wildreis jährlich geerntet, zwar von bester Qualität, aber für den enorm gestiegenen Bedarf in aller Welt viel zuwenig. Deshalb versucht man sich in den USA – neben dem weiterhin hauptsächlich von Indianern betriebenen traditionellen Anbau in Kanada und in Minnesota – seit etwa 1985 mit der Kultivierung von Wildreis, vor allem in Kalifornien, Florida und Wisconsin. Kultursorten mit höheren Erträgen und vor allem mit gleicher Reifezeit aller Körner sind das Zuchtziel, und unter Einsatz von Dünge- und Pflanzenschutzmitteln – die selbstverständlich für den echten Wildreis absolut tabu sind – ließen sich die Erträge in künstlich angelegten Wildreis-

Feldern von 85 auf 1000 kg pro Hektar steigern. Qualitativ kann diese Zuchtware jedoch dem »wilden« Wildreis von den großen Seen nicht das Wasser reichen; auch bleiben die Früchte der kultivierten Sorten im Durchschnitt kleiner. Geerntet werden größere Mengen, ganz gleich, ob im »wilden« Anbau oder im künstlich angelegten Teich, oft nicht mehr von Hand, sondern mit Propeller- oder Luftkissenbooten, die den Bewuchs entweder mehrmals vorsichtig durchkämmen oder nach dem Prinzip Mähdrescher die Rispen komplett abschneiden und die gesamte Ernte auf einmal einfahren. Die auf diese Weise gewonnenen Körner haben auf den ersten Blick noch nicht viel Ähnlichkeit mit dem normalerweise tiefbraunen bis glänzend schwarzen Getreide, das in den

▲ Bevor sich die Halme mit den Rispen aus dem Wasser erheben, treiben die Blätter der jungen Wildreispflanzen auf der Wasseroberfläche.

Wildreisernte am Lac du Bois, einem der größten natürlichen Wildreisfelder Kanadas. Auch wenn das Wassergras in dem kristallklaren See immer noch gleichsam wild, das heißt ohne Dünge- und Pflanzenschutzmittel, wächst, verzichtet man hier doch nicht auf den Einsatz von Motorbooten als »Erntehelfer«. Trogförmige Becken am Bug der Boote fangen die auf Berührung hin aus den Rispen fallenden reifen Wildreiskörner auf.

Handel und auf die Tische kommt, sind sie doch von grünbrauner Farbe und enthalten noch eine recht große Menge Feuchtigkeit. Um ihnen diese zu entziehen, wird die Ernte traditionell zunächst für einige Tage in der Sonne ausgebreitet, dann über Holzfeuern zusätzlich gedarrt. Erst während dieser Zeit entwickeln sie ihre charakteristische Farbe, und beim Darren bilden sich darüber hinaus Aromastoffe, die für den typischen nussigen Geschmack des Indianerkorns verantwortlich sind. Nach dieser Prozedur und dem damit verbundenen Wasserverlust sind die Körner so weit geschrumpft, daß sie sich problemlos von den Spelzen befreien lassen. Nach der indianischen Methode wird der Wildreis dazu in mörserähnlichen Behältern mit den Füßen gestampft und dann geworfelt. Allerdings läßt sich diese arbeitsintensive Weiterverarbeitung inzwischen maschinell erledigen: In großen Förderanlagen wird das Korn für kurze Zeit mit Dampf behandelt, getrocknet und entspelzt. So spielt sich in kürzester Zeit all das ab, wozu es nach der herkömmlichen Methode einiger Tage bedarf. Traditionell angebauter und geernteter Wildreis, auch Öko-Wildreis oder, nach dem indianischen Wort für das Getreide, Manomin-Wildreis genannt, wird mittlerweile von indianischen Erzeugergenossenschaften in den Handel gebracht.

Goldgelber Wildreis, noch nicht von den Spelzen befreit, unterscheidet sich in diesem Stadium von der Farbe her noch nicht sehr von anderen Getreidesorten.

Traditionelle Wildreis-Verarbeitung ist eine Aufgabe für Hand und Fuß – ob beim Umschichten, damit beim Darren über dem Holzfeuer nichts anbrennt, beim Entspelzen der Körner durch Treten oder beim Worfeln mit der Birkenrinde-Pfanne.

»Gutes Getreide«

PRALLVOLL MIT WICHTIGEN NÄHRSTOFFEN UND ÜBERDIES ÄUSSERST SCHMACKHAFT.

Der Nährstoffgehalt des von den Indianern schlicht Manomin oder Mahnomen, das heißt eben »gutes Getreide«, genannten schwarzen Korns wird häufig als geradezu sagenhaft gepriesen – ebenso sagenhaft, wie es wohl viele der Geschichten über Forscher oder Trapper sind, die sich mangels anderer Nahrung zeitweise mit einer Wildreis-Diät begnügen mußten. Das tat ihrer Gesundheit angeblich keinen Abbruch. Ein Biologielehrer in den USA testete den möglichen Wahrheitsgehalt dieser Legenden Mitte der 70er Jahre im Selbstversuch – unter ärztlicher Überwachung. Und siehe da: Während der Wildreis-Kur normalisierte sich sein Blutdruck, und sowohl die Eisen- als auch die Cholesterin- sowie die Harnsäurewerte verbesserten sich offenbar deutlich. Das soll jetzt selbstverständlich kein Plädoyer dafür sein, es seinem Beispiel nachzutun oder auf eine Ernährung auf Wildreisbasis umzusteigen. Unbestreitbar ist allerdings, daß Wildreis im Vergleich einen deutlich niedrigeren Fettgehalt und einen noch höheren Eiweißanteil aufweist als unpolierter Reis, von poliertem ganz zu schweigen. Darüber hinaus enthält das schwarze Korn einige wichtige Vitamine der B-Gruppe sowie Phosphor und Kupfer in höherer Konzentration

Kultivierter Wildreis, »Extra Fancy«. Etwa 40 Minuten Garzeit.

Mahnomen-Wildreis aus Minnesota. 15 bis 20 Minuten Garzeit.

Öko-Wildreis aus Kanada. 35 bis 50 Minuten Garzeit.

Wildreis, unreif geerntet. Etwa 15 Minuten Garzeit.

als sein Namensvetter. Allerdings kann der Anteil dieser Stoffe in unterschiedlichen Wildreissorten beträchtlich schwanken – das gilt besonders für die verschiedenen Hybridsorten aus Wildreis-Kulturen. Auch in der Stärkezusammensetzung unterscheidet sich Wildreis von den meisten Reissorten: Das Wassergetreide enthält relativ viel Amylopektin, jedoch wenig Amylose. Das ist der Grund für die Fähigkeit der Körner, erstaunlich viel Wasser zu binden. Beim Kochen können sie bis zum Doppelten des ursprünglichen Gewichtes aufquellen – sie platzen deshalb gegen Ende des Kochvorgangs auf. Bis es dazu kommt, braucht es allerdings eine ganze Weile, was sicher jedem, der schon einmal Wildreis zubereitet hat, mehr oder weniger unangenehm aufgefallen sein dürfte: Die schwarzen Körner wollen manchmal partout nicht gar werden; sie köcheln, je nach Größensortierung oder den bei der Verarbeitung angewandten Verfahren, bis zu 60 Minuten vor sich hin, bevor sie genießbar sind. Als Faustregel gilt, daß der Reis gar ist, wenn etwa die Hälfte der Körner aufgeplatzt ist – oder man probiert einfach gegen Ende des Kochvorgangs wiederholt, ob die Körner dem persönlichen Geschmack entsprechend bereits weich genug sind. Einweichen über Nacht kann übrigens die Garzeit auf etwa 30 Minuten reduzieren. Den Nachteil dieser langen Kochdauer suchen manche Wildreisproduzenten durch »scarification« auszugleichen. Bei diesem speziellen Verfahren wird die Außenhaut der Körner angeritzt, so daß das Kochwasser rascher absorbiert werden kann. Inzwischen bieten manche Hersteller darüber hinaus bereits Schnellkoch-Wildreis an, der – ebenfalls zunächst angeritzt – vorgekocht und danach wieder getrocknet wurde. Ein Teil der Stärke wird durch diese Vorgänge so aufgeschlossen, daß sich das Einweichen erübrigt und daß sich die Kochzeit auf etwa 20 Minuten reduziert. Allerdings verändert sich das

Getreide deutlich während dieser Prozeduren: Die vorgekochten Körner changieren in matten rötlich-braunen Tönen, gehen aus der Form und sind etwas milder im Geschmack. Und während sich das ursprüngliche schwarze Korn ohne weiteres mindestens 5 Jahre hält, was es übrigens seinem geringen Fettgehalt zu verdanken hat, verkürzt sich die Haltbarkeitsdauer bei Schnellkoch-Wildreis auf etwa 3 Jahre. Häufiger als Wildreis pur findet man im Handel inzwischen Mischungen aus Wildreis und weißem Langkornreis, zuweilen sogar Basmati-Reis, oder auch aus Wildreis und unpoliertem braunem Reis. Ihr Vorteil: Die Reis- und Wildreissorten werden so zusammengestellt, daß sie zur gleichen Zeit gar werden, meist innerhalb von 20 Minuten. Vor allem als Beilage zu Fisch, klassisch etwa zu Lachs, werden solche Mischungen gerne gereicht. Deutlich günstiger als der – trotz des Preisrückgangs aufgrund größerer Erntemengen durch Anbau in Kulturen – immer noch im Delikatessenbereich angesiedelte kanadische Wildreis oder gar Manomin-Wildreis liefern sie, wenn auch nicht ganz so intensiv, dennoch dessen feines Nußaroma und sorgen darüber hinaus für attraktive Farbkontraste beim Anrichten auf dem Teller.

Inhaltsstoffe und Energiewerte von kanadischem Wildreis (berechnet auf 100 g)	
Kohlenhydrate	69,5 - 75,3 g
Eiweiß	12,4 - 15,0 g
Fett	0,5 - 1,05 g
Ballaststoffe	1,1 - 3,3 g
Mineralstoffe	1,2 - 1,42 mg
kcal	339 - 355
kJ	1430 - 1625

Quelle: Ernährung-Umschau 43 (1996)

Schnellkoch-Wildreis. Etwa 15 Minuten Garzeit.

Naturreis/Wildreis-Mischung. Etwa 20 Minuten Garzeit.

Basmati/Wildreis-Mischung. Etwa 20 Minuten Garzeit.

Parboiled Reis/Wildreis-Mischung. Etwa 20 Minuten Garzeit.

飯

GEKOCHTER REIS

Gekochter Reis ist nicht irgendeine Beilage, gekochter Reis ist viel mehr. Eine einfache Schale mit dampfendem Reis besitzt, so glaubt man in China, stets auch symbolische Kraft, in ihr verbirgt sich mehr, als man auf den ersten Blick vermuten möchte. Gekochter Reis ist tägliche Nahrung für die Lebenden, aber auch Speise für die Verstorbenen, die dank des am Hausaltar dargebrachten Opferreises nicht zu ruheloser Wanderschaft als »hungrige Seelen« verdammt sind.

Vor allem in den Küchen Asiens steht gekochter Reis stets im Mittelpunkt. Ob es der indonesische »Nasi« ist oder chinesischer »Mi fan«, immer spielt er die Hauptrolle. Nicht von ungefähr ist daher auch in vielen asiatischen Sprachen der Begriff »Essen« oder »Gut essen« gleichbedeutend mit »Reis essen«. Ein Essen ohne Reis ist praktisch keine Mahlzeit, was in dem japanischen Wort »Gohan«, das »Mahlzeit«, aber auch »gekochten Reis essen« bedeutet, zum Ausdruck kommt. Die im folgenden gezeigte Vielfalt der Zubereitungs- und Verwendungsmöglichkeiten von Reis in der Küche mag manchen, der ihn bislang nur als Beilage kannte, überraschen. So bleibt nur noch zu sagen: »Mòi ong xoi com«, das ist vietnamesisch und heißt: »Guten Appetit!» oder, wörtlich übersetzt, »Lassen Sie sich den Reis schmecken«.

»Trockene« Risotti werden mit der Gabel, »suppigere« dagegen mit dem Löffel verspeist – und sei es allein, um solch einen delikaten »primo piatto« bis zum letzten Körnchen auskosten zu können.

Eine Frage der Technik

FÜR MANCHE ESSGEWOHNHEITEN BRAUCHT ES SCHON EIN WENIG »HANDWERKLICHES« GESCHICK – UND DIE RICHTIGEN REISSORTEN.

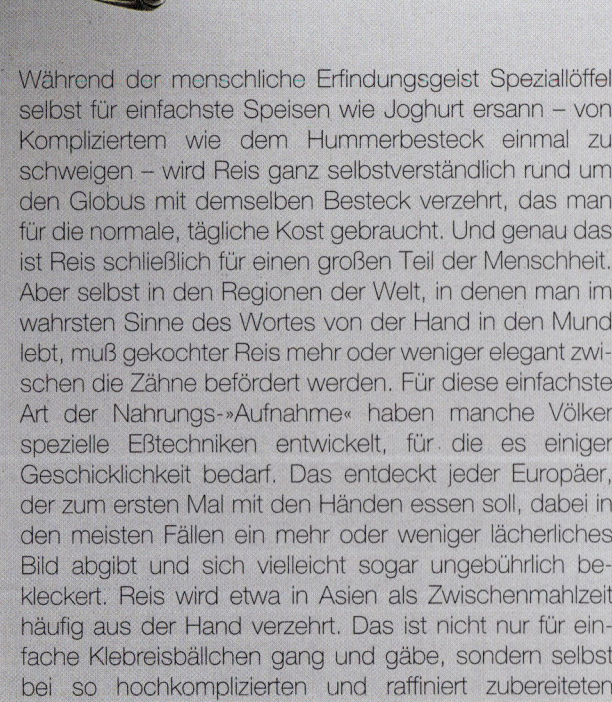

Während der menschliche Erfindungsgeist Speziallöffel selbst für einfachste Speisen wie Joghurt ersann – von Kompliziertem wie dem Hummerbesteck einmal zu schweigen – wird Reis ganz selbstverständlich rund um den Globus mit demselben Besteck verzehrt, das man für die normale, tägliche Kost gebraucht. Und genau das ist Reis schließlich für einen großen Teil der Menschheit. Aber selbst in den Regionen der Welt, in denen man im wahrsten Sinne des Wortes von der Hand in den Mund lebt, muß gekochter Reis mehr oder weniger elegant zwischen die Zähne befördert werden. Für diese einfachste Art der Nahrungs-»Aufnahme« haben manche Völker spezielle Eßtechniken entwickelt, für die es einiger Geschicklichkeit bedarf. Das entdeckt jeder Europäer, der zum ersten Mal mit den Händen essen soll, dabei in den meisten Fällen ein mehr oder weniger lächerliches Bild abgibt und sich vielleicht sogar ungebührlich bekleckert. Reis wird etwa in Asien als Zwischenmahlzeit häufig aus der Hand verzehrt. Das ist nicht nur für einfache Klebreisbällchen gang und gäbe, sondern selbst bei so hochkomplizierten und raffiniert zubereiteten

Snacks wie den japanischen Sushi keineswegs ein Stil-bruch. Auch bei so manchem Pilaw greift man, vor allem in der arabischen Welt oder in Indien, herzhaft mit der Hand zu. Reisbrei oder -suppen dagegen werden natür-lich mit dem Löffel gegessen, ganz gleich, ob es sich um eine Brühe mit Reis als Einlage handelt, wie sie in Europa häufig serviert wird, um Milchreis als Dessert von mehr oder weniger flüssiger Konsistenz, um cremig und sämig gegarte Risotti oder um Congee, den chinesischen, zuweilen recht »suppigen« Reisbrei, den man zum Früh-stück oder als Imbiß zu später Stunde reicht. Wird der Reis dagegen trocken gekocht beziehungsweise ge-dämpft, greift man im Abendland ebenso selbstverständ-lich zur Gabel wie man im Fernen Osten die Stäbchen zur Hand nimmt. Wenn Reis auch nicht die Form und Gestalt der Eßgeräte bestimmt, so haben diese doch umgekehrt Einfluß auf die Wahl der verwendeten Reissorten. Parboi-led Reis, dessen Körner nach dem Kochen nicht anein-ander kleben bleiben – die inzwischen schon klassische Fernsehwerbung zu diesem Thema mit dem berühmtem »Gabeltest« steht sicher vielen von uns noch lebhaft vor Augen –, ist aus genau diesem Grund für das Essen mit Stäbchen völlig ungeeignet, müßte man damit doch Korn für Korn einzeln verspeisen. Für »Stäbchenesser« müs-sen die Reiskörner zumindest so weit aneinander haften, daß sich eine befriedigende Portion ohne erhöhte Absturzgefahr in den Mund befördern läßt. Gleiches gilt übrigens auch für das Reisessen mit der Hand. Alle non-parboiled Lang- und Rundkorn-Reissorten sind deshalb für solche Eßgewohnheiten deutlich besser geeignet, und als geradezu ideal erweist sich in solchen Fällen der asiatische Klebreis, dessen Körner dank des überdurch-schnittlich hohen Amylopektingehalts ihrem Namen alle Ehre machen.

Mittagessen im Reisfeld: Reisbauern in Myanmar verzehren ihr »Pausenbrot«, unter anderem gedämpften Klebreis, den sie geschickt und schnell portionsweise mit den Händen zu kompak-ten Kugeln formen.

Löffel und Gabel sind als Eßbesteck eher Außenseiter, wird doch weltweit eine deutlich größere Menge Reis mit Stäbchen verzehrt.

Unterschiedlicher in der Konsistenz könnten sie fast nicht sein, der cremige Risotto, den Gabriele Ferron auf dem Bild links mit Sorgfalt kocht, und der bereits am Vortag nach der Absorptionsmethode gekochte Langkornreis auf dem Bild unten, der zum Pfannenrühren in den Wok wandert.

Reis nach der Absorptionsmethode zu kochen, wie die Birmanin auf dem Bild links, läßt sich ohne viele Utensilien bewerkstelligen. Yap Wing Sang, Chefkoch im Ritz-Carlton in Singapur, braucht dagegen eine umfangreichere, spezielle Ausstattung, wenn er Klebreis so fachgerecht dämpfen will, wie er es auf dem Bild unten demonstriert.

Rund ums Reisgaren

KOCHVERHALTEN, GARMETHODEN UND TIPS ZUM AUFBEWAHREN.

Einen ganz wesentlichen Einfluß auf die Kocheigenschaften einer Reissorte hat ihre jeweilige Stärkezusammensetzung. Dabei unterscheidet man grundsätzlich zwei Arten von Stärke: Amylopektin und Amylose. Amylose ist der wasserlösliche Teil des Mehlkörpers, während das wasserunlösliche Amylopektin zum einen für das Quellen, vor allem aber für das Aneinanderkleben der Körner verantwortlich ist. So ist es nicht weiter verwunderlich, daß die Stärke der Klebreiskörner fast vollständig aus Amylopektin besteht – und daß man Klebreis vorzugsweise im Dampf und nicht in kochendem Wasser gart. Auch bei anderen Garmethoden macht man sich die unterschiedlichen Eigenschaften der Reisstärken zunutze, so zum Beispiel beim Risottokochen. Wird das Andicken der Kochflüssigkeit nicht gewünscht, etwa bei Quellreis oder auch bei Pilaw, sollte man den Reis vor dem Garen so lange unter fließendem kaltem Wasser waschen, bis es klar abläuft, das heißt, bis die an der Außenseite der Körner haftenden, pulverfeinen Schleifreste abgespült sind. Eine Sonderbehandlung beim Garen verlangt grüner Reis. Für seine »Herstellung« werden Reiskörner noch unreif aus den Rispen gedrückt, so daß sie etwas gequetscht und unregelmäßig aussehen. Sie sind im Handumdrehen gar – kurzes Braten in Fett oder Dämpfen reichen völlig aus – und sollten auf keinen Fall in Wasser gekocht werden. Bleibt einmal gegarter »normaler« Reis übrig, ist das kein Problem: In einem gut verschlossenen Gefäß läßt er sich im Kühlschrank etwa 3 bis 4 Tage aufbewahren und entweder mit 2 EL Flüssigkeit pro Tasse Reis bei schwacher Hitze auf dem Herd oder im Ofen wieder aufwärmen. Ideal sind Reisreste auch für die Zubereitung von Pfannengerichten. In der Tiefkühltruhe hält sich gekochter Reis bis zu 6 Monaten.

Beispiele für das Garverhalten gebräuchlicher Reissorten
Ausgangsmenge jeweils 100 g

Reissorte	thailändischer Duftreis	Basmati	Parboiled Reis
Garmethode	Absorption	Absorption	Absorption
Flüssigkeitsmenge	300 ml	300 ml	250 ml
Garzeit	12 bis 15 Min.	12 bis 15 Min.	etwa 20 Min.
Endgewicht	260 g	280 g	230 g

Reissorte	Langkorn-Naturreis	italienischer Rundkornreis	Klebreis
Garmethoden	Absorption	Risotto-Art	Dämpfen
Flüssigkeitsmenge	350 ml	250 ml	nach Bedarf
Garzeit	12 bis 15 Min. 2 Std. eingew.	12 bis 15 Min.	etwa 20 Min. 2 Std. eingew.
Endgewicht	250 g	220 g	150 g

Eine der einfachsten Methoden, Reis zu kochen: Die Körner garen unter gelegentlichem Rühren in sprudelnd kochendem Salzwasser. Ist der »Wasserreis« gar, wird er abgeschüttet und dampft nach Belieben, auf einem Blech verteilt und mit Butterflöckchen besetzt, im Ofen bei 100 °C noch etwas aus.

Bei der Absorptionsmethode wird Reis mit einer entsprechenden Menge Wasser kalt aufgesetzt und zum Kochen gebracht. Dann simmert der »Quellreis« leise weiter, bis er genügend Wasser aufgenommen hat. Das Ausquellen muß nicht auf dem Herd geschehen: Es geht auch im Ofen oder in einer »Kochkiste«.

Reis für Pilaws kann auf zwei verschiedene Weisen zubereitet werden. Entweder wird er wie Risottoreis zunächst glasig gebraten, mit Flüssigkeit aufgegossen und nach der Absorptionsmethode weiter gegart, oder er kommt in die kochende Flüssigkeit und quillt bei reduzierter Hitze langsam aus.

Dämpfen ist eine relativ zeitaufwendige Garmethode, die vor allem in Asien für Reis, speziell für Klebreis, angewendet wird. Der Reis gart dabei im Dämpfeinsatz – das kann der klassische Deckelkorb aus Bambus oder auch ein ganz normaler Einsatz mit Lochboden sein – über dem kochenden Wasser.

Für Risotto wird Rundkornreis zunächst in Fett, meist in Butter, unter ständigem Rühren glasig geschwitzt. Die heiße Garflüssigkeit kommt dann nach und nach dazu – immer etwas mehr, als der Reis absorbiert. Die Amylose, die sich aus den Körnern löst, sorgt für die nötige Bindung.

Milchreis gart im Prinzip nach einer Mischung zweier Methoden: Zunächst kommt er, wie Wasserreis, in die kochende Flüssigkeit, dann quillt er bei reduzierter Hitze mehr oder weniger aus.

Frauen in Nordthailand beim Kochen von Langkornreis nach der Absorptionsmethode. Zunächst werden die Körner gewaschen, bis das Wasser klar abläuft, dann kommt der Reis – zusammen mit der entsprechenden Menge Wasser – in den Kochtopf.

Auf dem kleinen »Ofen« köchelt der Reis im offenen Topf gemächlich vor sich hin. Dabei nimmt er einen Teil des Kochwassers auf, das restliche Wasser verdampft. Und wenn man nicht nach der Uhr kocht, muß eben ab und an probiert werden, ob der Reis wohl schon gar ist.

Ist der Reis fertiggegart, wird eventuell übriggebliebenes Kochwasser abgeschüttet. Der Reis wandert dann im offenen Kochtopf noch einmal zurück auf den Ofen und dampft dort so lange aus, bis er so richtig schön trocken und körnig ist.

Die Absorptions- methode

WAS SO TECHNISCH KLINGT, IST IM PRINZIP GANZ EINFACH: REIS, DER IN HEISSER FLÜSSIGKEIT LANGSAM AUSQUILLT.

Demzufolge wird Reis, der nach dieser Methode zubereitet wird, auch ganz einfach »Quellreis« genannt. Wobei die Zubereitung selbst eigentlich überraschend wenig »Methode« hat. Grundsätzlich läßt sich jedoch sagen, daß Quellreis nur mit so viel Flüssigkeit aufgesetzt wird, wie er beim Garen absorbieren, also aufnehmen kann. Doch sowohl die benötigte Flüssigkeitsmenge als auch die Garzeiten hängen von vielen Faktoren ab: ob man den Reis eingeweicht oder uneingeweicht verwendet, wie lange er eingeweicht war, ob man den Topf während des Kochens zudeckt oder die Körner im offenen Topf gart, welche Reissorte man verwendet, wie lange der Reis gelagert und welchen Feuchtigkeitsgehalt er dadurch noch hat, und letztendlich natürlich auch vom per-

Parboiled Reis nach der Absorptionsmethode garen:

Den Reis zusammen mit der entsprechenden Menge Wasser in einen ausreichend großen Topf schütten.

Den Reis und das Wasser aufwallen lassen, die Hitze reduzieren und den Reis auf kleiner Flamme weiterköcheln.

Den fertigen Reis abgießen, falls noch Flüssigkeit übrig ist, oder nur ausdampfen lassen. Mit einer Gabel auflockern.

sönlichen Geschmack – der eine mag Reis bißfest, der andere eher weich. Ein einziges Grundrezept im engen Sinn kann es deshalb für Quellreis nicht geben; die oben gezeigte Bildfolge erläutert – am Beispiel von Parboiled Reis – lediglich das Prinzip. Einige Anhaltspunkte für Garzeiten und Flüssigkeitsmengen bietet jedoch die Tabelle auf Seite 68. Wie dem auch sei, eines kann man mit Fug und Recht behaupten: daß nämlich die überwiegende Menge Reis, die weltweit zubereitet wird, nach der Absorptionsmethode gart. Das wird dann deutlicher, wenn man sich vor Augen hält, daß nicht nur blanker

weißer Quellreis als Beilage, sondern auch Risotto-, Pilaw-, Paella- und sogar Milchreis im Grunde nach dieser Methode gekocht werden: Bei allen diesen Gerichten quillt der Reis in heißer Flüssigkeit aus, auch wenn er zuvor vielleicht noch zusätzlich in Fett angeschwitzt worden war. Selbst Wasserreis, der in einer größeren Menge sprudelnd kochenden Wassers zubereitet wird, gart letztendlich durch das Absorbieren heißer Flüssigkeit. Wer mag, kann Quellreis besonders energiesparend zubereiten, denn zum Fertiggaren muß der Reis nicht unbedingt die ganze Zeit über auf dem Herd kochen – es genügt, ihn möglichst lange heiß zu halten. Dazu stellte man noch vor wenigen Generationen, um Brennmaterial zu sparen, Reis oder anderes Getreide zum Ausquellen samt Topf in eine mit Stoff oder Decken ausgeschlagene Kochkiste aus Holz, oder man wickelte den Topf in dickes Tuch und packte ihn kurzerhand unters Federbett. Heute gibt es Spezialtöpfe, die man in eine passende Styroporbox einsetzen kann und die nach demselben Prinzip »arbeiten«.

Obwohl diese Birmanin ihren Quellreis mit einfachsten Mitteln zubereitet hat, ist er perfekt gelungen und schmeckt herrlich aromatisch.

Quellreis für Fortgeschrittene

SPEZIELLES FÜR REISLIEBHABER – VOM ELEKTRISCHEN KOCHER ÜBER DIE ALUHÜLSE
BIS HIN ZUR »SPEZIALBEHANDLUNG« VON NATURREIS.

Wer gern und viel Reis ißt, für den könnte die Anschaffung eines elektrischen Reiskochers interessant sein. Darin lassen sich nicht nur größere Mengen Reis mühelos zubereiten, wie in der Bildfolge unten links gezeigt, das Gerät schaltet sich darüber hinaus automatisch genau dann ab, wenn die Körner auf den Punkt gegart sind. Allerdings sollte der Reis darin stets in Wasser gekocht werden, da der wärmeleitende Metalleinsatz den Geschmack anderer Flüssigkeiten annehmen könnte. Möchte man seinen Quellreis also etwa mit Fond zubereiten, sollte man sich für die herkömmliche Garweise im Topf entscheiden. Dafür gelingt der Reis im Kocher garantiert, dampft zu guter Letzt wunderbar aus, und bei Bedarf kann man die Körner ohne Qualitätsverluste darin sogar einige Stunden warm halten. Und mit einem besonderen Dünsteinsatz läßt sich auch kalt gewordener Reis mit dem Kocher ohne Aufwand wieder erwärmen. Etwas mehr Aufmerksamkeit muß man dagegen dem Reiskochen in der Aluminiumhülse schenken, das die zweite Bildfolge unten demonstriert. Diese Hülsen werden in Indonesien, aber auch in anderen südostasiati-

Quellreis im elektrischen Kocher garen:

Den Reis waschen, bis das Wasser klar abläuft, abtropfen lassen und in den Topfeinsatz des Kochers füllen.

Die Garflüssigkeit – das sollte im Kocher stets Wasser sein, nie Fond, Brühe oder gar Milch – über den Reis gießen.

Mit Wasser auffüllen, bis der »Pegelstand« die der Reismenge entsprechende Markierung erreicht hat.

Den Topf in den Kocher setzen, dabei nach rechts und links drehen, bis der Einsatz ringsum fest aufsitzt.

Den Kocher verschließen und den Reis zunächst 30 Minuten weichen lassen, dann erst das Gerät einschalten.

Den fertigen Reis im geschlossenen Kocher noch 15 Minuten ausdampfen lassen, herausnehmen und den Reis anrichten.

Quellreis in der Aluminiumhülse garen:

Die Hülse höchstens zur Hälfte mit dem eingeweichten, abgetropften Reis füllen.

So viel Wasser in einen entsprechend großen Topf gießen, daß die Hülse darin frei schwimmt.

Die Hülse in das sprudelnd kochende Wasser einlegen, den Reis 12 bis 15 Minuten kochen.

Die Hülse herausnehmen, abtropfen, etwas abkühlen lassen, öffnen, den Reis herausdrücken.

schen Ländern gern zum Kochen von Kleb- oder Langkornreis benutzt. Kein Wunder, ist doch das Ergebnis, sozusagen »Reis von der Stange«, der zum Servieren einfach in Scheiben geschnitten werden kann, eine besonders dekorative Art des Anrichtens. Voraussetzung fürs Garen ist beim gezeigten Modell allerdings, den Reis zuvor etwa 2 Stunden einzuweichen – sonst entwischen die Körner beim Kochen durch die Löcher in Wand, Deckel und Boden der Hülse. Zu beachten ist außerdem, daß auch Reis in der Hülse am besten in Wasser gegart und daß sie höchstens zur Hälfte gefüllt werden sollte: Der Reis benötigt genügend Platz zum Ausquellen. Um die fertiggegarte Reisstange herauszuschieben, braucht man dann einen dem Durchmesser der Hülse entsprechenden Schöpf- oder Saucenlöffel und ein wenig Kraft. Leider ist eine solche Hülse hierzulande kaum zu bekommen; man muß entweder die Gelegenheit nutzen und sie bei einem Besuch vor Ort kaufen – oder einen freundlichen Globetrotter mit der Beschaffung beauftragen. Mit solchen Versorgungsschwierigkeiten ist selbstverständlich nicht belastet, wer einfach nur Naturreis nach der Absorptionsmethode zubereiten möchte. Beim Kochen verlangt er allerdings ein wenig mehr Zeit als der weiße Reis: Das Silberhäutchen, das beim Naturreis nicht weggeschliffen wurde, enthält nicht nur Nährstoffe und Fett, sondern schützt darüber hinaus den Mehlkörper auch eine ganze Weile vor eindringendem Kochwasser. Deshalb muß man braunem Reis, selbst wenn er zuvor eingeweicht wurde, eine 15 bis 20 Minuten längere Garzeit zugestehen als weißem. Auch was die Flüssigkeitsmenge angeht, darf's bei Naturreis ruhig etwas mehr sein, denn bei längerer Garzeit verdampft schließlich eine ganze Menge. Die Garflüssigkeit kann kräftiger gewürzt sein als bei geschliffenem Reis, denn das Silberhäutchen ist auch gegen Geschmacksstoffe ein ausgezeichneter Schutz. Am besten, man kocht Naturreis gleich in Geflügel- oder, möchte man's lieber rein vegetarisch, in Gemüsefond. Beide bringen viel Geschmack mit, dem sich auch das Naturreiskorn letzten Endes nicht verschließen kann.

Naturreis nach der Absorptionsmethode zubereiten:

Den Naturreis in ein Sieb schütten, unter fließendem kaltem Wasser mehrmals gründlich waschen.

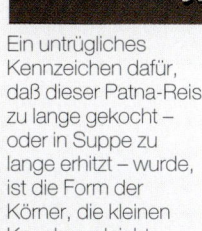

Ein untrügliches Kennzeichen dafür, daß dieser Patna-Reis zu lange gekocht – oder in Suppe zu lange erhitzt – wurde, ist die Form der Körner, die kleinen Knochen gleicht.

Den Reis in einer Schüssel, mit kaltem Wasser bedeckt, mindestens 1 Stunde, besser über Nacht, einweichen.

In einem entsprechend großen Topf 20 g Butter zerlassen. 80 g feingehackte Zwiebel darin farblos anschwitzen.

Den eingeweichten, in einem Sieb gut abgetropften Naturreis dazuschütten, dabei ständig rühren.

Den Reis unter Rühren so lange mitschwitzen, bis die Körner gleichmäßig von der Butter überzogen sind.

800 ml Garflüssigkeit zugießen, salzen. Besonders gut passen Geflügel- oder Gemüsefond.

Einmal aufkochen, die Hitze weitestmöglich reduzieren und den Reis in etwa 25 Minuten ausquellen lassen.

Ein thailändischer Bauer dämpft Klebreis, den er, sobald er fertiggegart ist, portionsweise abpacken und als Imbiß verkaufen wird. Während das Wasser im Dämpftopf zum Kochen gebracht wird, tropft der eingeweichte Reis gut ab.

Der Dämpfaufsatz ist einfach, aber effektiv. Er besteht aus einem Stück Kokospalmenstamm, der mit einem lose eingelegten Lochboden und einem Deckel versehen wird. Ein zusammengerolltes Tuch zwischen Topf und Einsatz verhindert, daß der Dampf entweicht.

Ist der Reis gar, wird er in eine große Schüssel geleert – dabei fällt auch der Boden des Einsatzes heraus –, dampft noch etwas aus und wird per Hand portionsweise in geflochtene Deckelkörbchen verteilt.

Reis dämpfen

EINE SEHR SCHONENDE ART DER ZUBEREITUNG, MIT DER SICH VOR ALLEM KLEBREIS GANZ IDEAL GAREN LÄSST.

Fisch, Gemüse, Kartoffeln – empfindliche oder besonders nährstoffreiche Lebensmittel werden in Europa gern und häufig im heißen Dampf statt in Wasser gegart. Dämpfen ist deshalb so besonders schonend, weil das Gargut nicht direkt mit der heißen Flüssigkeit in Berührung kommt, die beim »normalen« Kochen einen beträchtlichen Teil der wasserlöslichen Vitamine und Nährstoffe regelrecht ausschwemmt. Daß man auch Reis hervorragend im Dampf garen kann, hat sich vielleicht in der Alten Welt noch nicht so weit herumgesprochen – in Asien dagegen ist es gang und gäbe. Gebräuchlich ist diese Garmethode sowohl für nicht kle-

Gegen Ende der Garzeit wird probiert, ob der Reis schon fertig ist. Der thailändische Bauer auf dem Bild rechts scheint recht hitzeunempfindlich zu sein, entnimmt er doch eine Probe mit bloßen Händen.

bende als auch für Klebreissorten. Nicht klebender Reis gerät beim Dämpfen im Bambuskorb deutlich trockener, als wenn er nach der Absorptionsmethode gekocht wird – braucht aber unter Umständen mehr als doppelt so lange, bis er endlich gar ist. Bei Klebreis dagegen hängt die Garmethode eindeutig vom Verwendungszweck ab: Will man ihn mit Stäbchen als Beilage oder mit der Hand als Snack verzehren, muß er gedämpft werden. Gekocht macht er nämlich, dank dem extrem hohen Gehalt an Amylopektin, seinem Namen alle Ehre und klebt zuweilen so fest zusammen, daß man ihn in Scheiben schneiden kann. Gekochter Klebreis findet vor allem für Süßspeisen Verwendung; besonders ungewöhnlich und attraktiv wirken diese übrigens, wenn sie aus schwarzem oder aus einem Gemisch von schwarzem und weißem Klebreis zubereitet werden. In Thailand, das einige der köstlichsten Langkornreissorten hervorbringt, wird in den nördlichen Regionen auch gern gedämpfter Klebreis verzehrt, ebenso wie im benachbarten Myanmar. Man verspeist

ihn in beiden Ländern nicht nur warm – er ist auch kalt, in geflochtene Körbchen »abgepackt«, ein beliebter Imbiß für die Mittagspause. Er wird von Hand zu Kugeln gerollt und pur gegessen oder in würzige Saucen gedippt. Aber auch gehobenere kulinarische Ansprüche lassen sich mit gedämpftem Klebreis zufriedenstellen: etwa mit Röllchen, zubereitet aus gewürztem, mit gebratenen Hühnerfleischstreifen, Pilzen, Gemüse oder Kokosmilch gemischtem Klebreis. In Bananen- oder andere große Blätter gehüllt, werden diese Röllchen dann noch einmal gedämpft. Auch die »Lotus dumplings« der chinesischen Küche werden auf diese Weise zubereitet. Außer als Speise für die Menschen werden Kuchen aus gedämpftem Klebreis als Opfergabe für Götter und ehrwürdige Ahnen zubereitet und etwa in Vietnam traditionell zum Neujahrsfest am Hausaltar dargebracht. Und auch in China reicht man seit alters her zu Neujahr mit Zucker, manchmal zusätzlich mit getrocknetem Obst gesüßte oder salzige gedämpfte Klebreiskuchen.

Echt asiatisch

IM OSTEN MACHT MAN DEM REIS DAMPF –
IM BAMBUSKORB ODER IM TOPF.

Asiatische Küchen haben die unterschiedlichsten Verfahren entwickelt, Reis im Dampf zu garen. Allerdings
genügt ein Dampfbad allein nicht. Die Körner brauchen
eine »Vorbehandlung« – sie werden entweder in kaltem
Wasser eingeweicht oder vor dem Dämpfen kurz
gekocht. Klassisch ist die unten gezeigte Methode, die
hier nur der Kürze halber »vietnamesisch« genannt wird:
Auf diese Weise bereitet man in Vietnam den Frühstücks-
klebreis zu. Während des Dämpfens sollte stets so viel
kochendes Wasser im Wok sein, daß es an der Außenseite des Korbes etwa 1 cm hoch steht. Bevor es völlig
verdampft ist, mit heißem Wasser wieder auffüllen!
Während des Dämpfens sollte man immer wieder einmal
in den Bambuskorb schauen; droht der Reis zu trocken
zu werden, wird er mit etwas Wasser besprengt. Speziel-

**Die »vietnamesische«
Methode:**

Einen Dämpfkorb aus Bambus
und Bast mit einer Hälfte eines
angefeuchteten Dämpftuchs
oder einer Windel auslegen.

300 g mindestens 2 Stunden
oder über Nacht in kaltem Wasser eingeweichten, abgetropften
Klebreis in das Tuch verteilen.

Nach Belieben die andere Hälfte
des Tuchs über die Öffnung des
Dämpfkorbs legen und den
Deckel des Korbes aufsetzen.

Die acht Tuchecken über den
Deckel schlagen und den
Dämpfkorb in einen Wok mit
kochendem Wasser setzen.

Nach etwa 30 Minuten Garzeit
den Deckel und die obere
Tuchhälfte abnehmen. Den Reis
herausnehmen und anrichten.

Reis, der in den
Dampf kommt,
wird auf jeden
Fall zuvor gewa-
schen, um die
anhaftende Stär-
ke zu entfernen.

le Dämpftücher gibt es übrigens zum Beispiel in Japanläden zu kaufen. Die japanische und die iranische Methode sind dagegen eher Mischformen zwischen Absorption und dem Garen im Dampf. Denn zunächst wird der Reis in beiden Fällen kurz gekocht, dann erst gart er im Wasserdampf weiter. Der Dampf entwickelt sich aus dem Kochwasser. Er darf auf keinen Fall entweichen. Deshalb muß der Topf unbedingt verschlossen bleiben, solange der Dampf zirkuliert – ein grundlegender Unterschied zur Absorptionsmethode. Da sich während des Dämpfens am Topfdeckel Kondenswasser niederschlagen und in den Reis zurücktropfen könnte, wird außerdem ein Tuch zwischen Topf und Deckel gelegt. In einem Punkt allerdings sind japanisches und iranisches Dämpfen ver-

schieden: Durch die »Butterbasis« bildet sich bei der iranischen Methode eine »Tahdig« genannte Kruste, die sich niemand entgehen läßt, der sie einmal gekostet hat. Wer nicht an den herrlich aromatischen iranischen Langkornreis kommt – er ist außerhalb des Landes so gut wie nicht erhältlich –, verwendet statt dessen Basmati.

Die iranische Methode:

400 g iranischen Langkornreis waschen. In ausreichend Salzwasser unter Rühren 5 bis 10 Minuten kochen, abgießen.

Die japanische Methode:

425 g Nishiki-Reis in einer Schüssel mit kaltem Wasser bedecken und den Reis mit dem Handballen vorsichtig kneten.

In der Zwischenzeit in einem entsprechend großen, schweren Topf 50 g Butter schmelzen lassen.

Das trübe Wasser abgießen, den Reis mit frischem Wasser bedecken, kräftig durchrühren und nochmals kneten.

Den abgetropften Reis eßlöffelweise in den Topf füllen. Dabei darauf achten, daß die Topfwände möglichst frei bleiben.

Den Vorgang wiederholen, bis das Wasser klar bleibt. Den Reis in ein Sieb schütten und 30 bis 60 Minuten abtropfen lassen.

Mit einem Kochlöffelstiel Löcher in die Reismasse stechen, damit der Dampf später besser zirkulieren kann.

Den Reis und 850 ml Wasser in einen Topf schütten. Den Topf zudecken und den Reis zum Kochen bringen.

Den Topfdeckel mit einem Tuch umwickeln, den Topf damit zudecken. Den Reis 20 Minuten bei mittlerer Hitze dämpfen.

Hitze reduzieren. Ein Küchentuch zwischen Topf und Deckel legen, den Reis 12 Minuten bei schwacher Hitze dämpfen.

30 Minuten bei kleinster Hitze weiterdämpfen. Den Topf mit dem fertigen Reis in eine Schüssel mit Eiswasser tauchen.

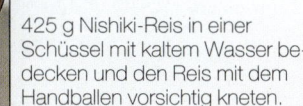

Den Reis vom Herd nehmen, etwa 15 Minuten ruhen lassen. Dann ist er trocken, klebt aber noch leicht: ideal für Stäbchen.

Den Reis mit der goldbraunen Kruste, die sich durch das Eintauchen gelöst hat, in eine Schüssel stürzen und servieren.

Als Form und Trans-
portbehältnis gleich-
zeitig dienen in Thai-
land solche geteilten
Bambusstäbe, in
denen der schwarze,
süße Klebreis zuvor
gegart wurde.

Reis formen

KAUM EINE ANDERE BEILAGE LÄSST SICH SO PHANTASIE-
VOLL UND DEKORATIV ANRICHTEN WIE REIS.

Mit Eßlöffeln geformte Nocken oder aus Tassen gestürz-
ter Reis, wie in den beiden Bildfolgen rechts gezeigt, sind
Beispiele dafür, wie Reis mit einfachsten Mitteln dekorativ
angerichtet werden kann. Zum Stürzen lassen sich
selbstverständlich auch Timbal-, Savarin-, Ring- und
ovale Förmchen oder größere Kranzformen verwenden,
nur gut geölt müssen sie sein, damit sich der Reis ohne
Mühe wieder herauslöst. Oder man setzt zum Formen
einen Ausstechring auf ein angefeuchtetes oder mit Pergamentpapier belegtes Brett, füllt die Reismasse in den
Ring, streicht sie glatt und entfernt das Förmchen. Wird
bei diesen europäischen Methoden der Reis zuerst
gekocht und dann in Form gebracht, gart er in Asien
dagegen häufig gleich in der »Form« – und meist im
Dampf. Die Bildfolge unten zeigt, wie Klebreis im Bananenblatt »zu einer Rolle gedämpft« wird.

Vor dem Anrichten in Förmchen gedrückt und gestürzt,
werden gewürzter und
gefärbter Reis ebenso wie
Reissalate zum Blickfang.

Reisrollen dämpfen:

300 g Klebreis über Nacht einweichen, abtropfen lassen, mit
100 ml Kokosmilch und 1/2 TL
Salz mischen. In 4 zusammen-
gerollte Bananenblätter füllen.

Jede der 4 Rollen – sie sollten
nicht zu prall gefüllt sein, da sich
die Füllung beim Garen noch
ausdehnt – an beiden Enden mit
starkem Küchengarn abbinden.

Die gefüllten Bananenblatt-
Rollen in einen asiatischen
Dämpfkorb aus Bambus
und Bast legen und 1 Stunde
im Wok dämpfen.

Zum Anrichten die Bananen-
blatt-Rollen aus dem Dämpfkorb nehmen, in Scheiben
schneiden, die Blätter entfernen
und den Klebreis servieren.

Reisnocken formen:

300 g Langkornreis mit 125 g Tomatenwürfeln garen, mit Thymian
würzen. Weitere 125 g Tomatenwürfel unterheben. Mit einem
Eßlöffel Nocken abstechen.

Mit einem zweiten Löffel jeweils die Oberseiten der
Nocken abrunden. Dann
den Reis mit dem zweiten
Löffel vom ersten abnehmen.

Die fertiggeformten Tomaten-
Reisnocken vom Löffel
heruntergleiten lassen
und jeweils 2 Nocken
nebeneinander setzen.

Auf einem Teller ange-
richtet, wirkt der Kontrast
von gelblichem Reis und
rotem Tomatenfruchtfleisch
besonders attraktiv.

Reis stürzen:

Die Förmchen – Tassen, Timbal- oder Ringförmchen – mit Öl auspinseln.

Die Reismasse in die gefetteten Förmchen füllen und gut festdrücken.

Die Portionen auf Teller stürzen und möglichst sofort servieren, damit heißer Reis nicht auskühlt.

WÜRZEN & FÄRBEN

Wer sagt, daß Reis immer weiß sein muß? Schließlich können die Körner, abgesehen vom nötigen Wasser, während des Garvorgangs eine ganze Menge an Farbstoffen und Aromen aufnehmen. Und so lassen sich mit gewürztem und gefärbtem Reis – der meist ohne viel Aufwand zubereitet werden kann – ganz besondere kulinarische Akzente setzen.

Ob er nun mit Gewürzen, Kräutern, Früchten, Gemüse, Pilzen, Würzsaucen, Kokosmilch oder Fonds gekocht wird: Der Kreativität sind kaum Grenzen gesetzt, wenn es darum geht, den Reis optisch und geschmacklich noch etwas »aufzuwerten«. Gerade dort, wo Reis als alltägliches Nahrungsmittel dient, sind solche zusätzlichen Zutaten dazu gedacht, aus einfachem Getreide eine schmackhafte ganze Mahlzeit zu machen.

Reis mit dem gewissen Etwas

So ist es kein Wunder, daß vor allem die asiatischen Küchen eine schier unglaubliche Vielfalt von Rezepten für gewürzten und gefärbten Reis kennen und daß man hier besondere Sorgfalt auf dekoratives Anrichten und Garnieren verwendet. Die festliche indonesische Reistafel bietet die wohl beeindruckendsten Beispiele für diese Küchentradition.

In Europa dagegen kommt auch gewürztem und gefärbtem Reis eher die klassische Beilagen- oder Vorspeisenrolle zu. Soll er besonders ansprechend serviert werden, wird er in Förmchen gedrückt und dann portionsweise gestürzt auf den Tellern angerichtet.

Südasien ist die Heimat der Gelbwurz (*Curcuma longa)*, deren Wurzelstock zur Kurkumagewinnung zunächst gebrüht und dann getrocknet wird. Für die Gelbfärbung zeichnet das Curcumin verantwortlich, das sich jedoch unter Lichteinfluß rasch zersetzt. Damit die Farbintensität erhalten bleibt, sollte Kurkuma deshalb lichtgeschützt aufbewahrt werden.

Der Name verrät bereits das Geheimnis des teuersten Gewürzes der Welt: »Safran« ist vom arabischen Wort für »gelb«, *za'fran*, abgeleitet. Und tatsächlich bewirkt der Farbstoff Crocin selbst bei starker Verdünnung mit Wasser eine intensive Gelbtönung. Für hochwertigsten Safran finden ausschließlich die Narbenfäden der Blüte des *Crocus sativus* Verwendung, die in Handarbeit aus den Krokuskelchen gezupft werden. Das geschätzte Safranaroma entwickelt sich übrigens erst während des Trocknungsprozesses.

Gelb, orange und aromatisch

MIT GEWÜRZEN, DIE FARBSTOFFE ENTHALTEN, WERDEN REISGERICHTE IM HANDUMDREHEN ZUM GENUSS FÜR GAUMEN UND AUGE ZUGLEICH.

Viermal Reis in Gelb – und jedesmal ein anderer Farbton: Reis mit Kurkuma (Rezept Seite 98), Safran (Rezept Seite 134), Anatto (Rezept Seite 98) und Löwenzahnblüten (Rezept Seite 130) zeigen die unterschiedliche Färbekraft der Gewürze. Auch in der geschmacklichen Wirkung sind sie verschieden: Während Kurkuma für brennende Schärfe sorgt, würzt Safran dezent zartbitter. Je länger die Löwenzahnblüten mitkochen, desto stärker teilt sich ihr typischer, kräftig bitterer Geschmack dem Reis mit. Anattoöl, das im Rezept für Anattoreis zusammen mit den Samen verwendet wird, schmeckt je nach Bratdauer der Samen ebenfalls mehr oder weniger bitter. Es läßt sich leicht herstellen: 1/8 l Pflanzenöl bei mittlerer Temperatur erhitzen, 50 g Anattosamen einrühren und etwa 1 Minute braten. Abkühlen lassen, durch ein feines Sieb abseihen.

Anattosamen sorgen für gelb- bis rotorange Farbtöne. Lieferant ist der Orleansstrauch (*Bixa orellana*), der ursprünglich aus dem Amazonasgebiet stammt, mittlerweile jedoch fast überall in Südamerika, auf Jamaika, in Ostafrika und Indien angepflanzt wird. Der eigentliche Farbstoff, das Bixin, wird aus den Samenmänteln der Fruchtkapseln gewonnen und gelangt meist in Form einer getrockneten Paste in den Handel. In Europa findet Anatto vor allem in der Käseherstellung Verwendung; manche Cheddarsorten etwa verdanken dem Bixin ihre appetitlich gelborange Farbe.

Neben den zarten Blättern des Löwenzahns sind auch die gelben Blütenblätter eßbar. Und das nicht nur als Salat – einem Risotto etwa verleihen die in ihnen enthaltenen Flavonoide eine zartgelbe Tönung. Auch wenn sie nicht sehr kräftig färben, hinterlassen die Blättchen auf der Haut doch hartnäckige Flecken; beim Abzupfen sollte man deshalb Handschuhe tragen. Abgesehen von der Farbe, liefern die Blüten ein ungewöhnliches Aroma, das sich um so stärker entfaltet, je länger sie mitgekocht werden.

Peperoni, Pilze und Oliven

AROMATISCHE REISBEILAGEN, KLASSISCH ITALIENISCH GEWÜRZT.

NATURREIS MIT PEPERONI

Natürlich: Ungeschliffener Reis braucht eine deutlich längere Garzeit als geschliffener. Diesen scheinbaren Nachteil kann man jedoch dadurch ausgleichen, daß man Naturreis vor der Verwendung längere Zeit einweicht. Darüber hinaus verträgt Naturreis ohne weiteres eine Portion Würze, die getrost über das Maß hinausgehen darf, das man weißem Reis »zumuten« kann.

300 g Naturreis
3 Knoblauchzehen
4 grüne Peperoni (insgesamt etwa 70 g)
60 g Frühlingszwiebeln
2 EL Olivenöl
500 bis 600 ml Gemüsefond
Salz, frisch gemahlener Pfeffer
300 g Tomaten
1 EL gehackte Kräuter (Basilikum, Thymian, Oregano)

Den Naturreis über Nacht in kaltem Wasser einweichen. In ein Sieb schütten und gut abtropfen lassen. Die Knoblauchzehen schälen und fein hacken. Die Peperoni halbieren, Samen und Scheidewände entfernen und das Fruchtfleisch in feine Streifen schneiden. Die Frühlingszwiebeln putzen und in feine Ringe schneiden. Das Öl in einem Topf erhitzen, den Knoblauch und die Frühlingszwiebeln darin anschwitzen. Die Peperonistreifen 2 Minuten mitbraten. Den Reis einrühren und 2 bis 3 Minuten braten. Mit der Hälfte des Gemüsefonds aufgießen, einmal aufkochen, salzen und pfeffern. Die Hitze reduzieren und den Reis etwa 30 Minuten köcheln lassen, dabei den restlichen Fond nach Bedarf zugießen. In der Zwischenzeit die Tomaten blanchieren, häuten, die Samen entfernen und das Fruchtfleisch würfeln. 10 Minuten vor Ende der Garzeit die Tomatenwürfel unter den Reis mischen. Den fertiggegarten Reis abschmecken und die gehackten Kräuter unterheben.

REIS MIT PILZEN

Von Spätsommer bis -herbst, wenn frische Waldpilze zu finden sind, hat dieser Reis Saison. Die hier vorgeschlagenen, gelblich bis grau gefärbten Trompetenpfifferlinge sehen zwar eher unscheinbar aus, geben Mischpilzgerichten oder Saucen jedoch ein besonderes Aroma.

Salz
300 g Langkornreis
5 g getrocknete Steinpilze

300 g gemischte frische Pilze	Salz, 300 g Rundkornreis (etwa Lido)
50 g weiße Zwiebel	80 g schwarze Oliven
40 g Butter	80 g grüne Oliven
frisch gemahlener weißer Pfeffer	2 Knoblauchzehen
1 EL gehackte Petersilie	1 kleine grüne Peperoni
	3 EL Olivenöl
	frisch gemahlener weißer Pfeffer

Salzwasser in einem entsprechend großen Topf zum Kochen bringen. Die Hitze reduzieren, den Langkornreis einrühren und 15 Minuten köcheln lassen. In ein Sieb schütten und gut abtropfen lassen. In der Zwischenzeit die Steinpilze mit lauwarmem Wasser übergießen und 10 Minuten quellen lassen. Abseihen, gut ausdrücken und fein hacken. Die gemischten Pilze, etwa Steinchampignons, Pfifferlinge und Trompetenpfifferlinge, gründlich putzen und vorbereiten: die Steinchampignons in Scheiben schneiden, die Pfifferlinge je nach Größe ganz lassen oder halbieren. Die Zwiebel schälen und fein hacken. Die Butter in einer Pfanne zerlassen und die Zwiebel darin glasig anschwitzen. Die Pilze 3 bis 4 Minuten mitbraten. Den gegarten Reis unter die Pilze mischen, salzen, pfeffern und die Petersilie einstreuen. Weitere 2 bis 3 Minuten braten, auf vorgewärmten Tellern anrichten.

In einem ausreichend großen Topf Salzwasser zum Kochen bringen. Den Reis darin 10 Minuten kochen, anschließend abseihen. Jeweils die Hälfte der schwarzen und der grünen Oliven entsteinen. Die Knoblauchzehen schälen. Die Peperoni halbieren, Samen und Scheidewände entfernen. Die entsteinten Oliven, den Knoblauch und die Peperoni fein hacken. Das Olivenöl in einer Pfanne erhitzen, die gehackten Zutaten darin 2 bis 3 Minuten anschwitzen. Den Reis zugeben, alles gut vermischen, mit Salz und Pfeffer würzen und noch einmal erhitzen. Den Reis entweder mit den restlichen Oliven auf vorgewärmten Tellern anrichten oder in geölte Timbalförmchen drücken, auf Teller stürzen und mit den Oliven garnieren.

RISOTTO TUTT'OLIVE

Daß dieses Gericht als »Risotto« bezeichnet wird, ist ein wenig irreführend: Strenggenommen handelt es sich hier nicht um einen klassischen Risotto, sondern um einen mit Oliven und Peperoni gewürzten Reis. Er wird nämlich nicht zunächst in Fett angebraten und dann unter Rühren in Flüssigkeit gegart, sondern einfach in Salzwasser gekocht. Deshalb fehlt diesem »Risotto« die typische, sämige Konsistenz. Dafür überzeugt er durch sein kräftiges Olivenaroma!

Mit Paprika und Chili

MILDE UND SCHARFE SCHOTEN:
DIE KLASSISCHE ERGÄNZUNG ZUM REIS.

ARROZ VERDE

Ungezählte Variationen existieren für diesen »grünen Reis« in allen spanischsprachigen Ländern. Grundzutaten sind jedoch immer Reis – und selbstverständlich grüne Paprikaschoten sowie Chillies in derselben Farbe. »Arroz verde« sollte nach dem Kochen von sämiger Konsistenz sein, dem Risotto vergleichbar. Im folgenden Rezept sind die Zutaten für »Arroz verde« als Beilage angegeben. Soll er als Hauptgericht dienen, können die genannten Mengen einfach verdoppelt und der »Arroz verde« zusätzlich mit geriebenem Manchego bestreut werden. Auch schwarze Oliven passen sehr gut dazu.

200 g Langkornreis
2 grüne Chile poblano (je 15 g), 150 g grüne Paprikaschoten
3 Knoblauchzehen
2 EL gehacktes Koriandergrün
3 EL gehackte glatte Petersilie
100 g Zwiebeln, 4 EL Pflanzenöl
400 ml Geflügelfond, Salz
Außerdem:
Koriandergrün zum Garnieren

Den Langkornreis in einem Sieb unter fließendem kaltem Wasser gründlich waschen und gut abtropfen lassen. Die Chile poblano halbieren, die Paprikaschoten vierteln und bei beiden Arten Stielansatz, Samen und Scheidewände entfernen. Paprika- und Chilifruchtfleisch fein würfeln. Die Knoblauchzehen schälen und fein hacken. Paprika- und Chiliwürfel sowie Knoblauch, Koriandergrün und Petersilie in einem Mörser oder Mixer zu einer glatten Paste verarbeiten. Die Zwiebeln schälen und fein hacken. Das Pflanzenöl in einem Topf erhitzen, die Zwiebeln darin farblos anschwitzen. Den Langkornreis hinzufügen und unter Rühren 2 Minuten mitschwitzen. Die Chili-Paprika-Würzpaste untermischen und weitere 2 Minuten mitbraten. Mit dem Geflügelfond aufgießen und salzen. Alles zum Kochen bringen, die Hitze reduzieren und den Reis 18 bis 20 Minuten köcheln lassen; dabei öfters umrühren. Vom Herd nehmen und 5 Minuten ruhen lassen. Den Reis mit einer Gabel lockern, mit dem Koriandergrün garnieren und servieren. Ist das Gericht als Beilage gedacht, den heißen Reis in geölte Timbalförmchen drücken und auf Teller stürzen.

GEWÜRZTER REIS MIT GEGRILLTEM GEMÜSE

Die scharf-süße Kombination von Chilipulver und Kurkuma einerseits sowie Zimt und getrockneten Aprikosen andererseits verleiht diesem Reisgericht eine ungewöhnliche, von orientalischen Würztraditionen inspirierte Note. Die Paprikaschoten garen hier jedoch nicht gemeinsam mit dem Reis: Sie werden vielmehr, ebenso wie die Auberginenscheiben, auf typisch mediterrane Art gegrillt und separat zum Reis gereicht.

Für den Reis:
300 g Langkorn-Naturreis
2 Knoblauchzehen
100 g Zwiebeln
60 g getrocknete Aprikosen
1 EL Olivenöl
1/2 TL Chilipulver
1/4 TL gemahlene Kurkuma
1 TL gemahlener Zimt
Salz, 800 ml Gemüsefond
50 g Pinienkerne
Für das Gemüse:
400 g rote Paprikaschoten
250 g Auberginen
Salz, frisch gemahlener schwarzer Pfeffer
3 EL Olivenöl
Außerdem:
1 EL gehackte Pfefferminze

Den Reis in einem Sieb unter fließendem kaltem Wasser gründlich waschen. In einer Schüssel, mit kaltem Wasser bedeckt, über Nacht stehen lassen. Am nächsten Tag das Wasser abschütten und den Reis gut abtropfen lassen. Die Knoblauchzehen und die Zwiebeln schälen. Den Knoblauch fein hacken, die Zwiebeln in dünne Ringe schneiden. Die Aprikosen klein würfeln. Das Öl in einem Topf erhitzen, Knoblauch und Zwiebeln darin hell anschwitzen. Die Gewürze einstreuen und kurz mitschwitzen. Den Reis dazuschütten und kräftig rühren. Den leicht gesalzenen Gemüsefond angießen und alles zum Kochen bringen. Die Aprikosen unterrühren und den Reis 20 bis 25 Minuten köcheln lassen. In der Zwischenzeit die Paprikaschoten vierteln, Stielansätze, Samen und Scheidewände entfernen und das Fruchtfleisch in 3 cm breite Streifen schneiden. Die Auberginen vom Blütenansatz befreien und der Länge nach in 1 cm dicke Scheiben schneiden. Paprikastreifen und Auberginen salzen und pfeffern, mit dem Olivenöl bepinseln. Das Gemüse auf dem Rost bei ausreichender Hitze von jeder Seite 4 bis 5 Minuten grillen. Alternativ dazu läßt sich das Gemüse auch im Ofen garen: Paprika und Auberginen wie beschrieben vorbereiten, auf ein mit Backpapier ausgelegtes Blech legen und bei 220 °C im vorgeheizten Ofen 15 Minuten backen; nach der Hälfte der Garzeit einmal wenden. Die Pinienkerne in einer beschichteten Pfanne ohne Zugabe von Fett goldgelb rösten, unter den fertiggegarten Reis mischen und abschmecken. Das gegrillte Gemüse auf Teller verteilen, den Reis darauf anrichten, mit gehackter Minze bestreuen und servieren.

Von grün bis rot

BUNT GEWÜRZTER REIS – AUF DER GANZEN
WELT ZU HAUSE.

KRÄUTERREIS

50 g weiße Zwiebel, 1 Knoblauchzehe
1 EL Olivenöl, 250 g Langkornreis
1/2 l Gemüsefond, Salz
2 EL gehackte Petersilie, 1 EL gehackter Kerbel
2 EL Schnittlauchröllchen, 1 EL gehackter Estragon
1 EL geschnittenes Basilikum
frisch gemahlener Pfeffer

Die Zwiebel und die Knoblauchzehe schälen und fein
hacken. Das Öl in einem Topf erhitzen, die Zwiebel und
den Knoblauch darin hell anschwitzen. Den Reis 2 bis
3 Minuten mitschwitzen. Den Gemüsefond angießen,
salzen, aufkochen und zugedeckt 20 Minuten köcheln
lassen. 5 Minuten vor Ende der Garzeit die gehackten
Kräuter unterrühren und abschmecken.

Fast violett färben Preiselbeeren eine
herb-fruchtige Reisvariante aus Schwe-
den. Kardamom, Zimt und Piment im
»Gesmoorde rys« lassen den indischen
Einfluß auf die Küche Südafrikas erkennen, während beim Pistazienreis die
Kombination von honigsüß und chili-
scharf dessen arabische Herkunft verrät.

PISTAZIENREIS

250 g Langkornreis, 1/2 l Wasser, Salz

40 g helle, kernlose Rosinen, 1 rote Chilischote

80 g gehackte Pistazienkerne

frisch gemahlener schwarzer Pfeffer

1/4 TL gemahlener Zimt, 20 g Butter

Außerdem:

1 EL Honig

Den Reis in das kochende Wasser einstreuen, salzen und zugedeckt 10 Minuten köcheln lassen. Die Rosinen waschen und abtropfen lassen. Die Chilischote von Stielansatz, Samen und Scheidewänden befreien, in feine Ringe schneiden. Rosinen, Chilischoten, Pistazienkerne, Pfeffer und Zimt mit dem Reis vermischen und diesen in weiteren 10 Minuten unter Rühren fertiggaren. Die Butter unterrühren. Den Reis in halbrunde, geölte Förmchen drücken, auf Teller stürzen und mit dem Honig beträufeln.

GESMOORDE RYS

2 Knoblauchzehen, 80 g Zwiebeln, 3 EL Pflanzenöl

1 TL Kreuzkümmel, 2 Kardamomkapseln

5 cm Cassia-Rinde (ersatzweise Zimtstange)

4 Pimentkörner

400 g Langkornreis, Salz, 900 ml Wasser, 20 g Butter

Außerdem:

Koriandergrün zum Garnieren

Den Knoblauch und die Zwiebeln schälen. Die Knoblauchzehen halbieren, die Zwiebeln fein hacken. Das Öl in einem Topf erhitzen, Knoblauch und Zwiebelwürfel darin in 4 bis 5 Minuten goldgelb anschwitzen. Die Gewürze 2 Minuten mitschwitzen. Den Reis dazuschütten und weitere 2 Minuten rühren. Salzen, das Wasser zugießen und aufkochen. Den Reis 20 Minuten köcheln lassen. Vom Herd nehmen und die Butter unterrühren. Anrichten und mit Koriandergrün bestreuen.

PREISELBEERREIS

1/2 l Geflügelfond, 250 g Langkornreis, Salz

120 g Preiselbeeren, 100 ml Orangensaft

abgeriebene Schale von 1/2 unbehandelten Orange

1 TL scharfer Senf, 1 Messerspitze gemahlene Nelken

Außerdem:

Orangenzesten und Preiselbeeren zum Garnieren

In einem Topf den Geflügelfond zum Kochen bringen, den Reis einstreuen, salzen und zugedeckt 20 Minuten köcheln lassen, bis der Reis die gesamte Flüssigkeit aufgenommen hat. Die Preiselbeeren waschen und verlesen. Orangensaft und -schale mit Senf und Nelkenpulver in einer Kasserolle aufkochen. Die Beeren darin 3 Minuten köcheln lassen, unter den fast garen Reis mischen und alles noch weitere 3 Minuten leise köcheln. Den Reis in gut geölte Timbalformchen füllen, festdrücken, auf vorgewärmte Teller stürzen und mit Orangenzesten und Preiselbeeren garnieren.

Die Würzkunst Südostasiens

REIS MIT ZIMT UND NELKEN, ZITRONE, DILL, INGWER UND CURRY.

GEBRATENER BRAUNER REIS

300 g thailändischer Langkornreis

80 g Zwiebeln, 3 EL Pflanzenöl

1 Zimtstange von 3 cm Länge

1 Lorbeerblatt, 3 Nelken, 1/2 Muskatblüte

20 g brauner Zucker, Salz, 1/2 l Wasser

Den Reis in einem Sieb unter fließendem kaltem Wasser gründlich waschen. In einer Schüssel, mit kaltem Wasser bedeckt, 20 Minuten einweichen, abseihen und gut abtropfen lassen. Die Zwiebeln schälen und in dünne Ringe schneiden. Das Öl in einem Topf erhitzen, die Zwiebelringe darin goldbraun anschwitzen. Die Gewürze weitere 3 Minuten mitbraten. Den Zucker darüberstreuen und unter Rühren karamelisieren lassen. Den Reis dazuschütten und weitere 3 Minuten rühren, salzen. Das Wasser zugießen, aufkochen lassen, die Hitze reduzieren und den Reis in 10 bis 15 Minuten fertiggaren.

ZITRONENREIS

200 g Basmati-Reis

20 g Cashewnüsse, 3 g frische Kurkuma

300 ml Wasser, Salz, 1 grüne Chilischote

2 EL Pflanzenöl, 1/4 TL Senfkörner

8 frische Curryblätter, Saft von 1/2 Zitrone

Den Reis unter fließendem kaltem Wasser gründlich waschen. In einer Schüssel, mit kaltem Wasser bedeckt, 30 Minuten stehen lassen, dann abseihen. Die Cashewnüsse in kaltem Wasser einweichen. Die Kurkuma schälen und fein reiben. Das Wasser mit Salz in einem Topf zum Kochen bringen. Reis und Kurkuma darin 10 Minuten köcheln lassen; der Reis soll die gesamte Flüssigkeit absorbieren (darauf achten, daß er dabei nicht zu weich wird). Den Reis in eine Schüssel umfüllen und abkühlen lassen. Inzwischen die Chilischote vom Stielansatz befreien, in Ringe schneiden, die Samen dabei entfernen. Das Öl in einem Wok erhitzen und die Chiliringe darin kurz braten. Die Senfkörner, die gut abgetropften Cashewnüsse und die Curryblätter untermischen und 1/2 Minute mitbraten. Den Zitronensaft einrühren. Den Reis im gewürzten Öl kurz erwärmen und servieren.

DILLREIS

200 g thailändischer Langkornreis

1 grüne Chilischote, 2 EL Pflanzenöl

2 grüne Kardamomkapseln, 4 EL gehackter Dill

Salz, 350 ml Wasser

Außerdem:

Dillzweige zum Garnieren

Den Reis unter fließendem kaltem Wasser waschen, bis das Wasser klar abläuft. In einer Schüssel, bedeckt mit kaltem Wasser, 15 Minuten einweichen, abseihen und gut abtropfen lassen. Die Chilischote halbieren, Samen sowie Scheidewände entfernen und das Fruchtfleisch in kleine Würfel schneiden. Das Öl in einem Topf erhitzen, die Kardamomkapseln darin 1 Minute braten und die Chiliwürfel kurz mitbraten. Den Dill und das Salz unterrühren und alles bei reduzierter Hitze weitere 2 bis 3 Minuten braten. Den Reis einstreuen und 2 Minuten mitbraten. Das Wasser zugießen, aufkochen und den Reis 10 bis 12 Minuten köcheln lassen, abschmecken. In Portionsschälchen anrichten, mit Dillzweigen garnieren.

INGWERREIS

300 g thailändischer Langkornreis

40 g frische Ingwerwurzel

10 g Zitronengras

30 g Frühlingszwiebeln, 1 rote Chilischote

2 EL Pflanzenöl, 1 Prise brauner Zucker, Salz

Saft von 1/2 Kaffir-Limette, 600 ml Wasser

Außerdem:

4 Frühlingszwiebeln zum Garnieren

Den Reis in einem Sieb unter fließendem kaltem Wasser gründlich waschen. Den Ingwer schälen und in hauchdünne Scheiben, das Zitronengras und die geputzten Frühlingszwiebeln in Ringe schneiden. Die Chilischote halbieren, Samen und Scheidewände entfernen und das Fruchtfleisch fein hacken. Das Öl in einem Topf erhitzen. Ingwer, Zitronengras, Frühlingszwiebeln und Chilischote darin 2 bis 3 Minuten anschwitzen. Den Reis zufügen und mitschwitzen. Mit Zucker, Salz und Limettensaft

würzen. Das Wasser zugießen, einmal aufkochen, die Hitze reduzieren und den Reis 15 Minuten köcheln lassen. In der Zwischenzeit die Frühlingszwiebeln für die Garnitur putzen. Das Grün so weit stutzen, daß Zwiebelchen von 6 cm Länge übrigbleiben. Diese im oberen Teil mehrfach der Länge nach bis 2 cm vor den Wurzelansatz einschneiden und kurz in Eiswasser legen, damit sich die Streifen dekorativ einrollen. Den Reis in Schälchen anrichten und mit den Frühlingszwiebeln garnieren.

CURRYREIS

300 g Basmati-Reis, 50 g weiße Zwiebel

2 EL Pflanzenöl, 5 g Currypulver

600 ml Gemüsefond, Salz

40 g Sultaninen, 2 TL Mango-Chutney

Außerdem:

Pfefferminzblättchen zum Garnieren

Den Reis in einem Sieb unter fließendem Wasser gründlich waschen und in einer Schüssel, mit kaltem Wasser bedeckt, 15 Minuten einweichen. Abseihen, gut abtropfen lassen. Die Zwiebel schälen und sehr fein hacken. Das Öl in einem Topf erhitzen, die Zwiebel darin anschwitzen, ohne daß sie Farbe nimmt. Den Reis 2 Minuten mitschwitzen. Das Currypulver darüberstreuen und alles 1 weitere Minute rühren. Mit dem Gemüsefond aufgießen und salzen. Aufkochen lassen, dann die Hitze reduzieren und den Reis 15 bis 20 Minuten köcheln lassen; dabei mehrmals umrühren. Die Sultaninen waschen und abtropfen lassen. Zusammen mit dem Mango-Chutney 5 Minuten vor Ende der Garzeit unter den Reis mischen. Den Curryreis in Portionsschälchen verteilen, mit den Pfefferminzblättchen garnieren und servieren.

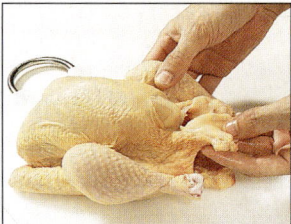

Alles sichtbare Fett entfernen und beiseite stellen. Die Poularde innen und außen salzen.

Den Knoblauch, die Hälfte des Ingwers und 1 Pandanblatt in die Bauchhöhle der Poularde füllen.

1,5 l Salzwasser mit dem restlichen Ingwer, dem Pandanblatt und der Poularde zum Kochen bringen.

Die Brühe durch ein feines Sieb passieren, auffangen und für die spätere Verwendung beiseite stellen.

Öl und Hühnerfett erhitzen, den Knoblauch darin anschwitzen, den Reis dazuschütten und leicht salzen.

Hainan chicken rice

AROMATISIERTER REIS ZU ZARTER POULARDE, DREIMAL UNTERSCHIEDLICH GEWÜRZT.

Für die Poularde:
2 Knoblauchzehen, geschält, 2 Pandanblätter
1 küchenfertige Poularde (etwa 1,5 kg), Salz
80 g frische Ingwerwurzel, geschält und in Scheiben
Für die Chicken-rice-Sauce:
4 EL dunkle Sojasauce, 6 EL Austernsauce, 2 EL Sesamöl
100 ml Hühnerbrühe
Für das Chicken-rice-Chili:
100 g frische rote Chilischoten

50 ml Hühnerbrühe, Salz, Saft von 1 Limette

Für die Chicken-rice-Ingwerpaste:

100 g frische Ingwerwurzel, Salz

20 g Zucker, 50 ml Hühnerbrühe

Für den Reis:

600 g asiatischer Langkornreis, 3 EL Öl

3 Knoblauchzehen, geschält, in dünnen Scheiben

Salz, 1 Pandanblatt, 1 l heiße Hühnerbrühe

Außerdem:

Koriandergrün und rote Chiliringe zum Garnieren

Knoblauchzehen halbieren, Pandanblätter waschen, zu kleinen Päckchen zusammenwickeln. Die Poularde waschen, trockentupfen und weiterverfahren, wie in den ersten 3 Bildern links gezeigt. Die Hitze reduzieren und die Poularde 25 bis 30 Minuten simmern lassen. Die Poularde in Eiswasser tauchen, um den Garprozeß zu stoppen, herausnehmen und beiseite stellen. Die Brühe passieren, wie im 4. Bild links gezeigt. Für die Chicken-rice-Sauce alle Zutaten miteinander verrühren. Für das Chili die Schoten halbieren, Samen und Scheidewände entfernen. Die Hühnerbrühe aufkochen, Chillies darin 10 Minuten köcheln. Mit Salz und Limettensaft würzen, alles im Mixer zu einer feinen Paste pürieren. Für die Ingwerpaste den Ingwer schälen und grob hacken, mit Salz, Zucker und Hühnerbrühe im Mixer pürieren. Für den Reis diesen zunächst waschen, bis das Wasser klar abläuft. Das Hühnerfett fein hacken und weiterverfahren, wie im letzten Bild links gezeigt. Das zusammengewickelte Pandanblatt einlegen, alles unter Rühren einige Minuten anbraten. Hühnerbrühe zugießen, zum Kochen bringen, die Hitze reduzieren und den Reis köcheln, bis er nur noch knapp mit Flüssigkeit bedeckt ist. Vom Herd nehmen und den Reis bei 150 °C im vorgeheizten Ofen in 20 Minuten fertiggaren. Inzwischen die Poularde entbeinen und enthäuten, in mundgerechte Stücke schneiden und 5 Minuten vor Ende der Garzeit des Reises in der restlichen Hühnerbrühe kurz erwärmen.

▲ Hainan, die große Insel im südchinesischen Meer, ist für ihre Kochkunst berühmt. Dieses Gericht – gedacht für 4 bis 6 Portionen – bestätigt einmal mehr ihren Ruf. Zum Servieren wird der Reis mit dem Poulardenfleisch, den Würzsaucen und -pasten angerichtet, mit Koriandergrün und Chiliringen garniert.

Mit Kokosmilch und Garnelen

KULINARISCHE AUSFLÜGE IN DIE KARIBIK
UND NACH ASIEN.

In den ersten beiden Rezepten auf dieser Seite bestimmt Kokosmilch das Aroma der Reisgerichte. Sie läßt sich zwar fertig zubereitet in Dosen kaufen, doch kommt die einzigartige Geschmackskombination aus dem süß-säuerlichen Kokoswasser und dem nußartigen Fruchtfleisch bei frisch zubereiteter Kokosmilch deutlich stärker zum Tragen. Und so wird sie hergestellt: Zunächst zwei der drei Keimporen oder »Augen« der Kokosnuß mit einem Hammer und einem Nagel öffnen und das Kokoswasser in einer Schüssel auffangen. Die Nuß mit einer scharfen Säge zur Hälfte aufsägen, anschließend mit einem Hammer aufschlagen. Die harte Schale stückweise abbrechen, eventuell mit dem Hammer nachhelfen. Mit einem Messer oder Sparschäler die braune Haut vom Fruchtfleisch lösen, dieses kurz abwaschen. Das Fruchtfleisch dann auf einer feinen Reibe in die Schüssel mit dem Kokoswasser reiben, oder würfeln und mit dem Kokoswasser im Mixer zerkleinern (siehe auch Seite 227).

KOKOSREIS

Ein sehr milder Reis, der hervorragend zu Fischgerichten paßt. Serviert zu pikanten Fleischcurries, neutralisiert er deren Schärfe ein wenig. Bei einer

richtig frischen Kokosnuß muß übrigens das im Innern enthaltene Kokoswasser deutlich hörbar gluckern, wenn man die Frucht schüttelt.

1 frische Kokosnuß (etwa 550 g), 400 ml heißes Wasser
50 g weiße Zwiebel, 2 EL Kokosöl
250 g Langkornreis, 300 ml kaltes Wasser, Salz

Zunächst die Kokosnuß öffnen, wie oben beschrieben. 200 g Fruchtfleisch in Stücke schneiden und mit dem aufgefangenen Kokoswasser im Mixer pürieren. Nach und nach das heiße Wasser zugießen und alles kräftig durchmixen. Die Kokosmilch durch ein Sieb abseihen. Die Zwiebel schälen und fein hacken. Das Öl in einem Topf erhitzen und die Zwiebel darin hell anschwitzen. Den Reis dazuschütten und unter Rühren 5 Minuten mitschwitzen. Das kalte Wasser zugießen und unter Rühren aufkochen. Die Kokosmilch zufügen, salzen und einmal aufwallen lassen. Die Hitze sofort weitestmöglich reduzieren. Den Topf mit Alufolie bedecken und an den Rändern fest andrücken. Den Deckel auflegen und den Reis köcheln lassen, bis er weich und die gesamte Flüssigkeit aufgesogen ist – das dauert etwa 20 bis 25 Minuten. In der Zwischenzeit das restliche Kokosfleisch in feine Streifen hobeln. Auf einem Backblech bei 200 °C im vorgeheizten Ofen rösten und auf dem Reis anrichten.

JAMAICAN COAT OF ARMS

Woher der »Wappenschild« aus Jamaica seinen Namen hat, bleibt vermutlich im dunkeln. Möglicherweise erklärt er sich daher, daß »Rice and Peas«, wie das Rezept auch genannt wird, als ein kulinarisches Wahrzeichen der Insel bezeichnet werden könnte – ist die Kombination doch in ihrer Heimat eines der beliebtesten Gerichte überhaupt. Auf Jamaica wird »Coat of Arms« mit »Gungo peas« zubereitet, einer weißlich-braun gesprenkelten, einheimischen Hülsenfrucht, die zwar wegen ihrer runden Form »Erbse« heißt, aber botanisch gesehen eine Bohnensorte ist. Sie wird normalerweise nicht exportiert und ist demgemäß schwer zu bekommen. Ersatzweise kann man jedoch zu den etwas größeren, ebenfalls gesprenkelten Borlotto- oder zu Wachtelbohnen greifen.

1 frische Kokosnuß, Wasser nach Bedarf
30 g Schalotten, 150 g Gungo peas
400 g Langkornreis, Salz, 3 Thymianzweige

Zunächst die Kokosnuß öffnen, wie oben beschrieben. Fruchtfleisch und Kokoswasser im Mixer sehr fein pürieren, die Flüssigkeit mit heißem Wasser nach und nach auf insgesamt 1 l auffüllen und die Kokosmilch durch ein Sieb abseihen. Die Schalotten schälen und sehr fein hacken. Die Kokosmilch in einem entsprechend großen Topf aufkochen lassen, die Gungo peas einstreuen, den Topf vom Herd nehmen und die Hülsenfrüchte 20 Minuten quellen lassen. Den Reis unterrühren, salzen und die Thymianzweige einlegen. Alles zugedeckt bei geringer Hitze 30 Minuten köcheln lassen. Bei Bedarf noch etwas Kokosmilch oder Wasser unterrühren.

GARNELENREIS

Dried Shrimps, getrocknete Garnelen, werden in vielen asiatischen Küchen verwendet – in erster Linie als geschmacksintensives, unverwechselbares Gewürz. Zusammen mit der Fischsauce verleihen sie diesem Reisgericht aus Myanmar, das in seiner Heimat »Htamin« genannt wird, maritimes Flair. Mit dem Fischgeschmack harmoniert das frische Aroma von Zitronengras und Limette exzellent.

375 g thailändischer Langkornreis
1 Stengel Zitronengras (etwa 15 g)
900 ml Wasser
Für die Würzpaste:
70 g getrocknete Garnelen
100 g Zwiebeln
2 Knoblauchzehen
2 rote Chilischoten
5 EL Erdnußöl
4 EL Fischsauce
Saft von 1/2 Limette
Salz
Außerdem:
80 g Schalotten
3 EL Erdnußöl
4 rote Chilischoten zum Garnieren

Zunächst für die Würzpaste die Garnelen etwa 10 Minuten in kaltem Wasser einweichen, in ein Sieb schütten und die Garnelen gut abtropfen lassen. Die Zwiebeln und die Knoblauchzehen schälen und fein hacken. Die Chillies halbieren, Samen und Scheidewände entfernen und das Fruchtfleisch hacken. Die Garnelen, die Zwiebeln, den Knoblauch und die Chillies im Mixer zu einer glatten Paste verarbeiten. Das Öl in einer Pfanne erhitzen, die Paste unter Rühren darin 3 bis 4 Minuten anschwitzen. Mit Fischsauce, Limettensaft und Salz würzen. Den Reis in einen entsprechend großen Topf schütten. Das obere Drittel des Zitronengrasstengels entfernen, den unteren Teil längs halbieren und mit einem großen Küchenmesser etwas zerdrücken. Das Zitronengras auf den Reis legen und das Wasser zugießen. Zum Kochen bringen, die Hitze reduzieren und den Reis zugedeckt 15 bis 20 Minuten köcheln lassen; dabei ab und zu umrühren. 5 Minuten vor Ende der Garzeit das Zitronengras entfernen und die Würzpaste unter den Reis rühren. Den Topf vom Herd nehmen und den Reis 5 Minuten ruhen lassen. Die Schalotten schälen und in Ringe schneiden. Das Erdnußöl in einer Pfanne erhitzen und die Schalotten darin goldgelb und knusprig braten. Für die »Chilipalmen«-Garnitur die Chilischoten von der Spitze her bis etwa 1/2 cm vor dem Stielansatz halbieren. Mit einem kleinen, spitzen Messer die Samen entfernen, das Fruchtfleisch so in feine Streifen schneiden, daß die Streifen vom Stielansatz zusammengehalten werden. Die »Palmen« kurz in Eiswasser legen – nur dann biegen sich die Streifen dekorativ nach außen –, herausnehmen und gut abtropfen lassen. Den Reis in Schalen anrichten, mit den krossen Schalottenringen und den Chilipalmen garnieren.

»Duft«-Reis

REIS VON EXOTISCHEM WOHLGERUCH UND WÜRZIGEM GESCHMACK.

Die Rezepte auf dieser Seite sind Duftreisgerichte in doppeltem Sinn: Sie sind einerseits zubereitet aus thailändischem Duftreis – eine dieser Duftreissorten besticht so durch ihr feines Aroma, daß sie, ganz poetisch, »Jasminreis« genannt wird –, andererseits steuern in beiden Varianten ausgewogene Gewürzmischungen sowie Kaffir-Limetten zusätzliche Duftnuancen bei. Von Kaffir-Limetten kann übrigens fast alles, Saft, Blätter und Zesten, zum Aromatisieren verwendet werden.

BROWN FRAGRANT RICE

Auch ungeschliffen entfaltet thailändischer Duftreis sein volles Aroma; er muß nur ein wenig länger kochen.

60 g Stangensellerie, 50 g Frühlingszwiebeln
60 g Möhren, 2 Knoblauchzehen
15 g frische Ingwerwurzel
2 rote Chilischoten
2 EL Erdnußöl
300 g ungeschliffener thailändischer Duftreis
1 bis 1,2 l Geflügelfond
1 Kaffir-Limettenblatt, 1 EL Limettensaft
Salz, frisch gemahlener Pfeffer
Außerdem:
Limettenscheiben zum Garnieren

In Südostasien präsentiert man nicht nur Obst und Gemüse auf dem Markt in Körben oder auf geflochtenen Platten. Auch fertig gekochte Gerichte können darin gereicht werden, wie hier der Brown fragrant rice. Oft legt man solche Körbchen vor dem Anrichten dekorativ mit Bananen- oder Salatblättern aus.

Den Stangensellerie und die Frühlingszwiebeln putzen, in Scheibchen beziehungsweise in Ringe schneiden. Die Möhren schälen und in kleine Würfel schneiden. Knoblauch und Ingwer schälen und fein hacken. Die Chilischoten halbieren, Samen und Scheidewände entfernen und das Fruchtfleisch fein hacken. Das Öl in einem entsprechend großen Topf erhitzen und die Frühlingszwiebeln und den Knoblauch darin anschwitzen, ohne sie Farbe nehmen zu lassen. Chillies, Ingwer, Stangensellerie und Möhren 2 Minuten mitschwitzen. Den Duftreis unter kräftigem Rühren dazuschütten. Die Hälfte des Geflügelfonds zugießen. Das Limettenblatt und den Limettensaft untermischen, salzen und pfeffern. Alles einmal aufkochen lassen, die Hitze reduzieren und den Reis 45 bis 50 Minuten köcheln lassen, dabei nach und nach den restlichen Geflügelfond zugießen. Anrichten und mit Limettenscheiben garnieren.

FRAGRANT RICE

Für diesen höchst aromatischen Reis müssen es unbedingt frische Curry leaves sein: Getrocknete Curryblätter lassen sich nicht in heißem Öl anbraten – und genau das trägt ebenso zum unverwechselbaren Duft dieses Gerichtes bei wie das Aroma von Kaffir-Limetten und Macis.

Für 4 bis 6 Portionen
1 Stengel Zitronengras (10 g)
2 EL Erdnußöl
10 frische Curryblätter
Zesten von 1/2 Kaffir-Limette
2 Muskatblüten (Macis)
6 Nelken
500 g Jasminreis
400 ml Wasser
Salz, frisch gemahlener Pfeffer
300 ml Kokosmilch

Das Zitronengras in feine Ringe schneiden. Das Erdnußöl in einem entsprechend großen Topf erhitzen und die Curryblätter darin braten, bis sie zu duften beginnen. Zitronengras, Limettenzesten, Muskatblüten und Nelken 2 bis 3 Minuten mitbraten. Den Reis unter kräftigem Rühren dazuschütten. Mit dem Wasser aufgießen, einmal aufkochen lassen. Die Hitze reduzieren, mit Salz und Pfeffer würzen und die Kokosmilch (Zubereitung siehe Seite 227) gründlich untermischen. Den Topf zudecken und den Reis bei 150 bis 160 °C im vorgeheizten Ofen in 20 bis 30 Minuten ausquellen lassen.

Mit Kurkuma und Anatto

VIER REIS-VARIATIONEN IN GELB – VON EINFACHEN, ABER ATTRAKTIVEN
BEILAGEN BIS HIN ZUM RAFFINIERTEN BLICKFANG DER REISTAFEL.

NASI KUNYIT

8 g frische Kurkuma, 2 EL Pflanzenöl

200 g thailändischer Duftreis

200 ml Wasser, 300 ml Kokosmilch, Salz

Kurkuma schälen und fein reiben. Weiterverfahren, wie in
der Bildfolge rechts gezeigt. Zugedeckt bei 200 °C im
vorgeheizten Ofen in 20 bis 25 Minuten fertiggaren.

KURKUMAREIS

30 g Frühlingszwiebeln, 20 g frische Kurkuma, 2 EL Erdnußöl

250 g thailändischer Duftreis, 1/2 l Geflügelfond, Salz

Die Frühlingszwiebeln putzen, in feine Scheiben schneiden. Kurkuma schälen und fein reiben. Das Erdnußöl
erhitzen, die Frühlingszwiebeln darin hell anschwitzen.
Kurkuma und Reis kurz mitschwitzen. Den Geflügelfond
zugießen, salzen, einmal aufkochen lassen. Die Hitze
reduzieren und den Reis 15 Minuten köcheln lassen,
dabei mehrmals umrühren. (Abbildung siehe Seite 82)

ANATTOREIS

30 g Zwiebel, 1 Knoblauchzehe, 2 EL Anattoöl

250 g Langkornreis, 6 g Anattosamen, gemahlen

700 ml Gemüsefond, Salz

Zwiebel und Knoblauch schälen, fein hacken. Anattoöl in
einem Topf erhitzen, Zwiebel und Knoblauch darin
anschwitzen. Den Reis unter Rühren kurz mitschwitzen.
Anattosamen unterrühren, mit Fond aufgießen, salzen
und aufkochen lassen. Die Hitze reduzieren, den Reis
in 20 bis 25 Minuten garen. (Abbildung siehe Seite 83)

Der milde, in Kokos-
milch gekochte Nasi
Kunyit eignet sich her-
vorragend als Beilage
zu Fisch- und Geflü-
gelgerichten.

Das Öl in einem feuerfesten
Topf erhitzen, die Kurkuma 1 bis
2 Minuten darin anschwitzen.

Den Reis dazuschütten, unter
Rühren kurz mitschwitzen. Das
Wasser zugießen, aufkochen.

Die Hitze reduzieren, Kokosmilch
einrühren, den Reis nach Bedarf
salzen und im Ofen fertiggaren.

NASI KUNCI

500 g thailändischer Langkornreis

1/2 l Kokosmilch, 400 ml Geflügelfond

je 15 g Zitronengras, Galgant und Kurkuma, frisch

Salz, 1 Pandanblatt, 1 Kaffir-Limettenblatt

Für das Gemüse:

300 g Brokkoliröschen

80 g Zuckerschoten

100 g Möhren, 50 g Frühlingszwiebeln, 80 g Shiitake-Pilze

1 Knoblauchzehe, 10 g frische Ingwerwurzel

80 ml Geflügelfond, 4 bis 5 EL helle Sojasauce

1/4 TL Speisestärke, 2 EL Pflanzenöl

Salz, frisch gemahlener Pfeffer

Für die Garnelen:

40 g Zwiebel, 1 Knoblauchzehe

1 rote Chilischote, 2 EL Pflanzenöl

12 rohe mittelgroße Garnelen ohne Schale, 2 EL Fischsauce

Außerdem:

eine spitze Tüte aus fester, durchsichtiger Folie (2 l Inhalt)

1 Stück Bananenblatt, 1 EL Pflanzenöl

Koriandergrün zum Garnieren

Den Reis gründlich waschen und abtropfen lassen.
Kokosmilch (Zubereitung siehe Seite 227) und Geflügelfond in einem Topf langsam zum Kochen bringen. Das

Zitronengras fein hacken. Galgant und Kurkuma schälen, den Galgant fein hacken und die Kurkuma fein reiben. Zitronengras, Galgant, Kurkuma, Salz und Reis in die kochende Flüssigkeit rühren. Pandan- und Limettenblatt einlegen, die Hitze reduzieren, den Reis 20 Minuten köcheln lassen, warm stellen. Die Brokkoliröschen putzen, blanchieren, gut abtropfen lassen. Die Zuckerschoten putzen und in 1,5 cm lange Rauten schneiden. Möhren schälen und mit dem Buntmesser in Scheiben schneiden. Die Frühlingszwiebeln putzen, das Grün in etwa 4 cm lange Stücke schneiden, die Zwiebelchen halbieren. Von den Shiitake-Pilzen die Stiele entfernen. Knoblauch und Ingwer schälen, den Knoblauch in dünne Scheibchen und den Ingwer in feine Stifte schneiden. Geflügelfond, Sojasauce und Speisestärke verrühren. Alle Zutaten zugedeckt beiseite stellen. Den Reiskegel herstellen, wie auf den ersten drei Bildern unten gezeigt. Das Öl im Wok erhitzen. Knoblauch und Ingwer darin kurz anbraten. Gemüse und Pilze 8 Minuten unter ständigem Rühren mitbraten. Die Sauce einrühren, aufkochen lassen, salzen und pfeffern. Herausnehmen und warm stellen. Für die Garnelen Zwiebel und Knoblauch schälen und sehr fein hacken. Die vom Stielansatz befreite Chilischote in Ringe schneiden, die Samen dabei entfernen. Den Wok säubern, das Öl erhitzen und Zwiebel, Knoblauch und Chiliringe darin kurz anbraten. Garnelen 2 bis 3 Minuten mitbraten, die Fischsauce einrühren, alles gut vermengen. Den Reis anrichten, wie im letzten Bild unten gezeigt. Mit Koriandergrün garnieren.

Das Bananenblatt so in die Spitze der Folie legen, daß es etwa 1/3 der Tüte ausfüllt; die restlichen 2/3 mit Öl auspinseln.

Limetten- und Pandanblatt aus dem gekochten Reis entfernen. Den Reis in die vorbereitete Tüte füllen.

Den gekochten Reis mit einem Stampfer fest in die Tüte drücken und dabei die Oberfläche glattstreichen.

Den Reis auf einen Teller stürzen und die Folie entfernen. Mit dem Gemüse und den Garnelen umlegen.

Claypot rice

REIS, IM VERSCHLOSSENEN TONTOPF SANFT
GEGART: EINE SPEZIALITÄT DER NONYA-KÜCHE.

Als »Nonyas« wurden ursprünglich die Nachkommen der chinesischen Händler bezeichnet, die sich an der Straße von Malakka niedergelassen hatten. So ist es nicht weiter verwunderlich, daß die Nonya-Küche chinesische und malaiische Zutaten wie Zubereitungsmethoden auf harmonischste Weise zu kombinieren weiß. Impulse aus Indonesien und Thailand kamen hinzu und trugen sicherlich das Ihre dazu bei, die Nonya-Küche zu einer der kreativsten im kulinarischen Schmelztiegel Singapur werden zu lassen. Auf Nonya-Art zubereitete Köstlichkeiten findet man übrigens in den Straßenrestaurants der Metropole, den »food stalls«.

SINGAPORE CLAYPOT RICE

200 g thailändischer Langkornreis
40 g Shiitake-Pilze
3 Knoblauchzehen
20 g gesalzener Trockenfisch
50 g luftgetrocknete chinesische Hartwurst
100 g Hähnchenfleisch aus dem Schenkel
3 EL Pflanzenöl
2 EL Austernsauce
1 1/2 EL dunkle Sojasauce
400 ml Geflügelfond
2 EL Sesamöl
Salz, frisch gemahlener weißer Pfeffer
Außerdem:
60 g Schalotten
2 EL Pflanzenöl
glatte Petersilie
Koriandergrün

Den Langkornreis so lange in einem Sieb unter fließendem kaltem Wasser waschen, bis das Wasser klar abfließt. Den Reis gut abtropfen lassen. Die Shiitake-Pilze 1/2 Stunde in lauwarmem Wasser einweichen, die harten Stiele entfernen und die Pilze gut ausdrücken. Die Knoblauchzehen schälen und würfeln. Den gesalzenen Fisch und die chinesische Wurst in Scheiben, das Hähnchenfleisch in Würfel schneiden. Das Öl in einem Claypot oder in einem anderen Tontopf mit Deckel erhitzen, die

Die chinesische Wurst, die Hähnchenfleischwürfel und die Pilze unter Rühren mitbraten.

Den gut abgetropften Reis hinzufügen und alles einige Minuten unter weiterem Rühren braten.

Die Saucen einrühren, mit Geflügelfond aufgießen und alles einmal aufkochen lassen.

Die Schalotten gleichmäßig mitsamt dem Öl auf der Reis-Fleisch-Pilze-Mischung verteilen.

gehackten Knoblauchzehen und den Fisch darin kurz anbraten. Weiterverfahren, wie auf den ersten drei Bildern unten links gezeigt. Dann den Deckel des Topfes auflegen und alles im vorgeheizten Ofen bei 150 °C in 20 bis 25 Minuten fertiggaren. In der Zwischenzeit die Schalotten in Ringe schneiden und im Pflanzenöl goldbraun braten. Den Tontopf aus dem Ofen nehmen und den Deckel abheben. Den Reis mit Sesamöl beträufeln und mit Salz und Pfeffer würzen. Weiterverfahren, wie auf dem letzten Bild gezeigt. Mit der Petersilie und dem Koriandergrün garnieren und den Reis im Topf servieren.

CLAYPOT RICE MIT GEMÜSE

200 g thailändischer Langkornreis
40 g getrocknete Mu-err-Pilze
50 g Maiskölbchen, Salz, 100 g Choisum
80 g kleine runde Auberginen
2 Knoblauchzehen
3 EL Pflanzenöl, 1 TL Shrimpspaste
2 EL vegetarische Austernsauce
1 1/2 EL dunkle Sojasauce
frisch gemahlener weißer Pfeffer
400 ml Gemüsefond

Außerdem:
1 EL Sesamöl

Den Langkornreis in einem Sieb unter fließendem Wasser waschen, bis das Wasser klar abläuft. Den Reis gut abtropfen lassen. Getrocknete Mu-err-Pilze 1/2 Stunde in lauwarmem Wasser einweichen, abtropfen lassen und die Pilze in Streifen schneiden. Die Maiskölbchen in Salzwasser blanchieren, kalt abschrecken und in 3 cm lange Stücke schneiden. Den Choisum waschen, die harten unteren Enden entfernen und das Gemüse in 5 cm lange Stücke teilen. Die Auberginen waschen, vom Stielansatz befreien und vierteln. Die Knoblauchzehen schälen und hacken. Das Pflanzenöl in einem Claypot oder einem anderen Tontopf mit Deckel erhitzen, den Knoblauch darin glasig anschwitzen und die Shrimpspaste einrühren. Den Reis, das Gemüse und die Pilze kurz mitschwitzen. Mit der vegetarischen Austernsauce, der Sojasauce, Salz und Pfeffer würzen und mit dem Gemüsefond aufgießen. Alles einmal aufkochen lassen, den Tontopf mit dem Deckel verschließen und die Reis-Gemüse-Mischung 20 bis 25 Minuten bei 150 °C im vorgeheizten Ofen garen. Das Tongefäß aus dem Ofen nehmen, den Deckel abheben, das fertige Gericht mit Sesamöl beträufeln und im Claypot servieren.

Eintopf auf südostasiatische Art: Durch das Garen im geschlossenen Claypot können die Aromen von Geflügel, Pilzen, gesalzenem Fisch, Wurst, Saucen und Gewürzen den Reis so richtig durchdringen. Auch rein vegetarische Gerichte werden mit dieser Garmethode zu kulinarischen Überraschungen.

Bryani rice mit Lamm

EIN BERÜHMTES GERICHT DER MALAIISCHEN KÜCHE, DAS DIE AROMEN SÜDOSTASIENS IN SICH VEREINIGT.

Die malaiische Küche liebt Gewürze, die im dortigen feucht-heißen Klima auch prächtig gedeihen. Sie werden mit Vorliebe frisch verwendet, beispielsweise aromatisch-scharfer Ingwer, Zitronengras oder feurige Chilischoten. Vielfältig eingesetzt und in der Kombination auf die jeweiligen Zutaten abgestimmt, machen sie den besonderen Charakter vieler einheimischer Spezialitäten aus. Auch für dieses außergewöhnliche Reisgericht ist zum einen die spezielle Würzmischung kennzeichnend, die sich hinter dem Namen »Bryani« verbirgt und die nach Zimt, Kardamom und Nelken schmeckt. Zum andern ist aber auch die Zubereitungsart hier von Bedeutung. In heißem, aber nicht zu heißem Ghee (Butterschmalz) brät man zuerst die Gewürze so lange an, bis sie beginnen, einen angenehmen Duft zu verströmen. Später kommt der Reis hinzu, der geraume Zeit auf dem Herd köchelt, bevor er schonend bei geringer Temperatur im Ofen fertiggart und mit darübergeträufeltem Safran-Rosenwasser optisch wie geschmacklich abgerundet wird.

Für 4 bis 6 Portionen
Für das Lammragout:
30 g frische Ingwerwurzel, 30 g Zitronengras
80 g Schalotten, 2 Knoblauchzehen
1 EL Minzeblättchen, 2 EL Koriandergrün
100 g Tomate, 2 rote Chilischoten
500 g Lammkeule ohne Knochen
3 EL Pflanzenöl
1 TL Currypulver, 1/4 TL Chilipaste
1 EL Garam Masala
100 ml Sahne, 300 ml Lammfond
Saft von 1/2 Zitrone, Salz
Für den Reis:
600 g Basmati-Reis
15 g frische Ingwerwurzel
2 Knoblauchzehen, 30 g Schalotten
50 g Ghee (oder Butterschmalz)
10 g Zimtstange
8 Kardamomsamen, 6 Nelken
1 l Wasser, Salz, 40 ml Rosenwasser
1 Messerspitze Safranfäden
Außerdem:
40 g Cashewkerne, halbiert und geröstet

Den Ingwer schälen und fein hacken. Das Zitronengras waschen, in dünne Ringe schneiden. Die Schalotten sowie die Knoblauchzehen schälen, die Schalotten in Scheiben, den Knoblauch in kleine Würfel schneiden. Die Minzeblättchen und das Koriandergrün waschen,

Die Zimtstange, Kardamomsamen und Nelken im heißen Fett unter Rühren anbraten, bis sie zu duften beginnen.

Ingwer-, Knoblauch- und Schalottenwürfel unter ständigem Rühren mitbraten, dabei leicht Farbe nehmen lassen.

Den gewaschenen Reis auf einmal zu den Gewürzen schütten und 3 bis 4 Minuten unter ständigem Rühren mitbraten.

Das Wasser zugießen, salzen, aufkochen und simmern lassen, bis der Reis nur noch knapp mit Wasser bedeckt ist.

Nach 15 Minuten der Garzeit den Reis aus dem Ofen nehmen und mit einem Löffel das Safran-Rosenwasser darüberträufeln.

trockentupfen und fein hacken. Die Tomate blanchieren, häuten, Stielansatz und Samen entfernen und das Fruchtfleisch würfeln. Die Chilischoten halbieren, Samen und Scheidewände entfernen und fein hacken. Das Lammfleisch in etwa 2 cm große Würfel schneiden. In einem Wok das Öl erhitzen und darin die Lammwürfel rundum scharf anbraten. Die Schalottenscheiben 1 Minute mitbraten, bis sie leicht gebräunt sind. Das Fleisch und die Schalotten mit dem Schaumlöffel herausnehmen und beiseite stellen. Im verbleibenden Öl die Ingwerwürfel, das Zitronengras, den Knoblauch, die Chiliwürfel sowie das Currypulver anbraten, bis die Ingredienzien zu duften beginnen. Die Kräuter sowie die Tomatenwürfel einrühren und 5 Minuten mitschwitzen. Anschließend die Chilipaste, das Garam Masala und die Sahne einrühren. Den Lammfond zugießen und die gebräunten Schalottenringe sowie die Lammfleischwürfel wieder zufügen. Alles gut vermischen und 10 Minuten bei starker Hitze kochen, dann die Hitze reduzieren und etwa 45 Minuten unter mehrmaligem Rühren simmern lassen. In der Zwischenzeit den gewürzten Reis zubereiten. Dafür den Reis waschen, bis das Wasser klar abläuft, und gut abtropfen lassen. Die Ingwerwurzel, den Knoblauch und die Schalotten schälen und alles fein hacken. In einem feuerfesten Topf das Fett erhitzen und weiterverfahren, wie in den ersten 4 Steps der Bildfolge links gezeigt. Wenn der Reis nur noch knapp mit Wasser bedeckt ist, vom Herd nehmen und zugedeckt bei 150 °C im vorgeheizten Ofen in 15 Minuten fertiggaren. In einem kleinen Topf das Rosenwasser mit den eingerührten Safranfäden aufkochen, etwa 1 Minute köcheln lassen, vom Herd nehmen und beiseite stellen. Weiterverfahren, wie im letzten Bild links gezeigt. Den Reis noch weitere 5 Minuten in den Ofen stellen. Nach Ende der Garzeit das Lammragout vom Herd nehmen, den Zitronensaft unterrühren und nach Belieben salzen. Den Reis aus dem Ofen nehmen, in Schalen anrichten, einige Würfel des Lammragouts darüber verteilen, mit den gerösteten Cashewkernen bestreuen und servieren.

PILAW oder: erlaubt ist, was schmeckt

Ganz gleich, ob man das entsprechende Reisgericht nun Pilaw, Pilafi, Pilav, Pulao, Pillau oder wie auch immer nennt: Grundvoraussetzung ist exakt auf den Punkt gekochter, körniger, lockerer Reis. Und auf diese hohe Kunst sind Reisköche im klassischen »Verbreitungsgebiet« des Pilaw von Griechenland bis Indien zu Recht stolz.

So stolz, daß sich bereits der blanke Reis, der fast ohne weitere Zutaten gart – geschmacklich eventuell unterstützt von Butter oder Ghee, ein paar Zwiebelchen, Salz und Gewürzen –, Pilaw nennen darf. Soll er besonders kräftig sein, wird er darüber hinaus in Brühe oder Fond gekocht.

Zuweilen verbirgt sich ein Pilaw auch unter anderem Namen, denn nicht nur Osteuropa und Vorderasien kennen Reisgerichte, die nach Pilaw-Art zubereitet werden. So kann beispielsweise auch ohne weiteres ein portugiesisch »Arroz«, also schlicht Reis, genanntes Gericht zum großen Pilaw-Stammbaum mit seinen unzähligen Seitenästen gehören.

Daß solch ein Pilaw übrigens ideal ist für einen kulinarischen west-östlichen Dialog und daß sich auch die Haute Cuisine seiner nicht zu schämen braucht, zeigen Eckart Witzigmanns Pilaw-Kreationen am Ende dieses Kapitels.

Pilaw-Grundrezepte

ZWEI UNTERSCHIEDLICHE GARMETHODEN UND EIN ERSTES, MEERESFRISCHES REZEPTBEISPIEL.

Ähnlich wie bei der Zubereitung von Risotto ließe sich auch über die »richtige« Garmethode von Pilaw vermutlich trefflich streiten. Und welcher Landesküche die Erfindung welcher Garmethode zugesprochen werden kann, ist ebenso unsicher. Wie dem auch sei: Zwei Grundrezepte kristallisieren sich ganz klar heraus, die hier einmal der Einfachheit halber »türkische« und »griechische« Methode genannt werden – auch wenn manches Pilafi in Griechenland nach der »türkischen« und der eine oder andere Pilav in der Türkei nach der »griechischen« Methode gekocht wird. Der wichtigste Unterschied besteht in der Art, wie und wann der Reis zugegeben wird. Bei der »türkischen« Methode darf der Langkornreis ohne weitere Vorbereitung zunächst in Fett unter Rühren glasig braten, bevor er mit Flüssigkeit aufgegossen und im offenen Topf gegart wird – die Verwandtschaft mit der klassischen Risotto-Zubereitung läßt sich hier also nicht leugnen. Bei der »griechischen« Methode dagegen wird der Reis zunächst gewaschen, bis das Wasser klar abläuft, erst dann in die bereits kochende Garflüssigkeit geschüttet und ganz ohne Rühren fertiggekocht.

Der Trick, mit dem die Reiskörner eines Pilaw so richtig locker und körnig geraten, ist bei beiden Methoden der gleiche: Nach Ende der Garzeit wird der Reis vom Herd genommen, und während einer kurzen Ruhezeit von 5 bis 10 Minuten werden zwei Lagen Küchenpapier zwischen Topf und Deckel geklemmt. Der Topfdeckel kann auch in ein Tuch gewickelt und wieder aufgesetzt werden; dann sollte man jedoch darauf achten, daß das Tuch nicht mit parfümiertem Waschmittel gewaschen wurde. Ganz gleich, ob Tuch oder Küchenpapier: Beide bewirken, daß das Kondenswasser aufgesogen wird und der Reis in aller Ruhe ausdampfen kann, ohne daß der Pilaw vorzeitig abkühlt.

Die »türkische« Methode:

40 g Butter in einem entsprechend großen Topf zerlassen. 300 g Langkornreis darin unter Rühren glasig anschwitzen.

600 ml heißen Rinderfond zugießen, salzen, aufkochen lassen. Hitze reduzieren und den Reis 20 bis 25 Minuten garen.

Die Hitzequelle ausschalten. 20 g Butter in einer Kasserolle schmelzen und leicht braun werden lassen.

Butter unterrühren, pfeffern. Den Reis mit 2 Lagen Küchenpapier zwischen Topf und Deckel 5 bis 10 Minuten ausdampfen lassen.

Die »griechische« Methode:

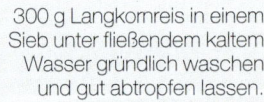

300 g Langkornreis in einem Sieb unter fließendem kaltem Wasser gründlich waschen und gut abtropfen lassen.

20 g Butter in einem entsprechend großen Topf zerlassen, 600 ml Geflügelfond auf einmal zugießen.

Die Flüssigkeit zum Kochen bringen. Den gewaschenen Reis zuschütten, salzen und die Hitze reduzieren.

Den Deckel aufsetzen und den Reis zugedeckt 20 Minuten köcheln lassen. Den Topf vom Herd nehmen.

Ein Küchentuch oder zwei Lagen Küchenpapier zwischen Topf und Deckel klemmen, 10 Minuten ausdampfen lassen.

Den fertiggegarten Reis vorsichtig mit einer Gabel auflockern und 20 g zerlassene Butter untermischen.

MUSCHELPILAW

Vongole kennt man eigentlich eher in der Begleitung von Teigwaren, vor allem natürlich in der von Spaghetti. Doch auch in einem mit Tomaten gegarten Pilaw schmecken sie köstlich. Der hier beschriebene Muschelpilaw wird vor allem im östlichen Mittelmeergebiet gerne auch mit Mies- statt mit Venusmuscheln zubereitet.

1 kg Vongole
80 g Zwiebeln, 1 Knoblauchzehe, 2 EL Olivenöl
100 ml Weißwein, 600 ml Wasser
3 Stengel Petersilie
5 weiße Pfefferkörner, grobes Meersalz
Für den Pilaw:
300 g Langkornreis
30 g Frühlingszwiebeln
1 Knoblauchzehe
250 g Flaschentomaten
2 EL Olivenöl, 20 g Tomatenmark
1 Prise Zucker, Salz, frisch gemahlener schwarzer Pfeffer
80 ml Weißwein
1 EL gehackte Petersilie
1/2 EL gehackter Kreta-Majoran
Außerdem:
1 EL gehackte Kräuter

Die Muscheln unter fließendem kaltem Wasser abbürs- ten; geöffnete Exemplare wegwerfen. Für den Sud die Zwiebeln und den Knoblauch schälen und fein würfeln. Das Öl in einem Topf erhitzen, Zwiebeln und Knoblauch darin kurz anschwitzen. Weißwein und Wasser zugießen, mit Petersilie, Pfefferkörnern und Meersalz würzen und den Sud einmal aufkochen lassen. Die Muscheln darin zugedeckt kochen, bis sie sich geöffnet haben. Die Von- gole mit einem Schaumlöffel aus dem Sud heben; noch geschlossene Muscheln aussortieren und wegwerfen. Die Hälfte der Vongole auslösen und mit den restlichen Muscheln zugedeckt beiseite stellen. Den Sud durch ein feines Sieb passieren und ebenfalls beiseite stellen. Für den Pilaw den Reis in einem Sieb unter fließendem kal- tem Wasser gründlich waschen. Die Frühlingszwiebeln putzen und in feine Ringe schneiden. Den Knoblauch schälen und fein hacken. Die Tomaten blanchieren, häu- ten, vierteln, die Stielansätze und die Samen entfernen, das Fruchtfleisch klein würfeln. Das Öl in einem Topf erhitzen, die Frühlingszwiebeln und den Knoblauch darin kurz anschwitzen. Die Tomatenwürfel, das Tomatenmark und die Gewürze mitschwitzen. Den Wein und den Muschelsud mischen, mit Wasser auf 700 ml auffüllen und die Tomaten damit aufgießen. Die Kräuter einstreuen und alles einmal aufkochen. Den Reis zuschütten und bei reduzierter Hitze zugedeckt 15 bis 20 Minuten köcheln lassen. Vom Herd nehmen, ein Tuch oder zwei Lagen Küchenpapier zwischen Topf und Deckel klemmen und den Reis 5 bis 10 Minuten ausdampfen lassen. Die aus- gelösten Muscheln unter den Reis mischen und ab- schmecken. Den Pilaw anrichten, mit den Muscheln in der Schale garnieren und mit Kräutern bestreut servieren.

Mit Gemüse

ZWEI TRADITIONSREICHE PILAW-REZEPTE
AUS GRIECHENLAND UND AUS DER TÜRKEI.

PILAFI LAHANIKA

In Griechenland gibt es *das* Rezept für Gemüsepilaw
eigentlich nicht, denn je nach Saison werden die Zutaten
immer wieder neu kombiniert. Beliebt ist er als Hauptgericht in der vorösterlichen Fastenzeit, ansonsten wird er
meist als Beilage gereicht. Die Zubereitung kennt einen
besonderen Kniff: Reis und Gemüse werden in ein und
demselben Topf sozusagen etagenweise übereinander
gegart, also nicht miteinander vermischt, so daß der Reis
zu Beginn gekocht und zu Ende der Garzeit eher
gedämpft wird.

300 g Langkornreis
1/4 TL Safranfäden, 30 ml heißes Wasser
120 g Zwiebeln, 200 g Lauch
200 g Möhren, 150 g Zucchini
200 g grüne Bohnen
250 g Tomaten, 3 EL Olivenöl

Das Olivenöl in einem
entsprechend großen
Topf erhitzen, Zwie-
beln und Lauch darin
farblos anschwitzen.

Das restliche Gemüse
dazugeben, den
eingeweichten Safran
einrühren, salzen
und pfeffern.

Den gewa-
schenen Reis gut
abtropfen lassen und
gleichmäßig auf dem
Gemüse verteilen.

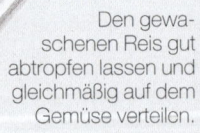

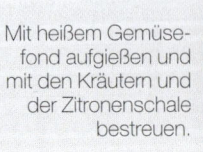

Mit heißem Gemüse-
fond aufgießen und
mit den Kräutern und
der Zitronenschale
bestreuen.

Salz, frisch gemahlener schwarzer Pfeffer	*100 g Möhren*
500 bis 600 ml Gemüsefond	*120 g gepalte frische Erbsen, Salz, 80 g Zwiebeln*
je 1 EL Dill, Petersilie und Minze, gehackt	*4 EL Olivenöl, 30 g Pinienkerne, 300 g Langkornreis*
abgeriebene Schale von 1/2 unbehandelten Zitrone	*1 TL Paprikapulver, 1 TL gemahlener Kreuzkümmel*

frisch gemahlener schwarzer Pfeffer

Den Reis gründlich unter fließendem kaltem Wasser waschen. In einer Schüssel mit kaltem Wasser bedecken und 20 Minuten stehen lassen. Die Safranfäden im heißen Wasser einweichen. Zwiebeln, Lauch, Möhren und Zucchini schälen beziehungsweise waschen und putzen. Die Zwiebeln und den Lauch in feine Ringe, die Möhren und die Zucchini in 3 mm dünne Scheiben schneiden. Die Bohnen waschen, putzen, eventuell vorhandene Fäden entfernen und schräg in 2 cm lange Stücke schneiden. Die Tomaten blanchieren, häuten, Samen und Stielansätze entfernen und das Fruchtfleisch würfeln. Weiterverfahren, wie in der Bildfolge links gezeigt. Den Pilaw zugedeckt bei nicht zu starker Hitze 15 bis 20 Minuten köcheln lassen.

IÇ PILAV

Im Unterschied zum rein vegetarischen griechischen Gemüsepilaw ist der türkische »bunte« oder «gemischte« Pilaw eine eher festliche Begleitung zu Lamm- oder Rindfleischgerichten. Er wird zwar in der Hauptsache ebenfalls mit Gemüse, darüber hinaus aber auch mit rundum angebratener Lammleber angereichert.

600 ml Fleischbrühe, 40 g Korinthen, 300 g Lammleber	
Außerdem:	
1 EL gehackter Dill	

Die Möhren schälen und in etwa 1/2 cm große Würfel schneiden. Die Erbsen in Salzwasser blanchieren, abgießen und in Eiswasser abschrecken. Die Zwiebeln schälen und fein hacken. 2 EL Öl in einem Topf erhitzen. Möhren und Zwiebeln darin glasig anschwitzen. Pinienkerne und Reis 2 bis 3 Minuten mitbraten. Salzen, die Gewürze einstreuen, alles gründlich durchmischen. Die heiße Fleischbrühe zugießen, einmal aufkochen lassen. Den Topf zudecken, die Hitze reduzieren und den Gemüsereis 20 bis 25 Minuten köcheln lassen. Inzwischen die Korinthen 10 Minuten in wenig Wasser einweichen. Die Leber von allen Häutchen befreien und in 1 cm große Würfel schneiden. Das restliche Öl in einer Pfanne erhitzen und die Leber darin rundum anbraten, salzen und pfeffern. 5 Minuten vor Ende der Garzeit Erbsen, Leber und Korinthen untermischen. Vom Herd nehmen, zwei Lagen Küchenpapier oder ein Tuch zwischen Topf und Deckel legen und 5 bis 10 Minuten ausdampfen lassen. Auf Tellern anrichten und mit dem Dill bestreut servieren.

Die Hälfte des Reises in die Form füllen, die abgetropften Kichererbsen darauf verteilen.

Mit dem restlichen Reis abdecken. Butterschmalz oder Ghee in Stückchen schneiden.

Ghee- oder Butterschmalzstückchen und die Zwiebeln auf dem Reis verteilen.

Mit Zitronensaft beträufeln und mit gehackten Kräutern bestreuen.

Kichererbsen-pilaw

EIN VEGETARISCHER PILAW AUF INDISCHE ART, DER IM OFEN FERTIGGEGART WIRD.

Pulao, Pillau, Pellao – den indischen Vetter des Pilaw findet man in den verschiedensten Schreibweisen. Ebenso unterschiedlich sind die Zutaten, mit denen solch ein Reisgericht in Indien kombiniert wird. Ganz gleich, ob man sich für »dal«, die überaus beliebten getrockneten, halbierten und geschälten Hülsenfrüchte, für Gemüse, Lamm, Geflügel, Fisch oder Meeresfrüchte entscheidet: Das Wichtigste ist der richtige Reis. Indischer Pilaw wird stets aus bestem Langkornreis zubereitet; die bevorzugte Sorte ist der aromatische Basmati-Reis, der körnig und trocken gekocht wird. Mit von der Partie sind selbst im einfachsten indischen Pilaw immer Gewürze, Kräuter und eine ordentliche Portion Ghee oder flüssige Butter. In diesem Rezept gesellen sich dazu noch goldgelb gebackene Zwiebeln und Chana dal, also halbierte Kichererbsen. Und während des langsamen Fertiggarens im Ofen schließlich können sich die Aromen von Kräutern, Gewürzen und Zwiebeln, die Schärfe der Chillies und die Säure von Joghurt und Zitrone wunderbar mit dem milden Geschmack von Kichererbsen und Basmati-Reis verbinden.

70 g Chana dal (halbierte Kichererbsen)
400 g Basmati-Reis
1/2 TL gemahlene Kurkuma, Salz
120 g Zwiebeln
30 g frische Ingwerwurzel
2 Knoblauchzehen
1 rote Chilischote
4 EL Pflanzenöl
150 g Vollmilchjoghurt (3,5 % Fett)
40 g Ghee (oder Butterschmalz)
Saft von 1/2 Zitrone
1 EL gehacktes Koriandergrün
1 EL gehackte Minze

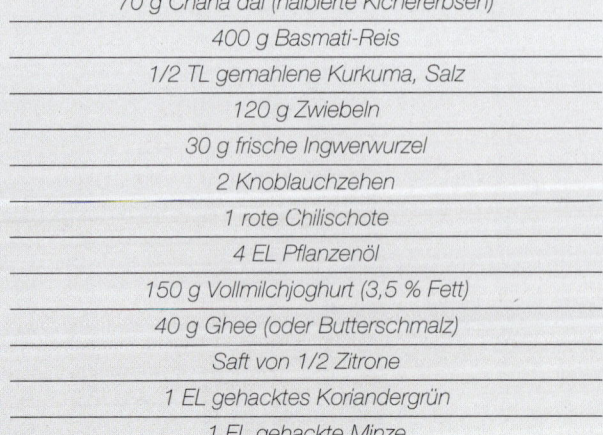

3 grüne Chilischoten
1/2 TL Garam masala
Außerdem:
Butter für die Form
Korianderblättchen zum Garnieren

Die Kichererbsen und den Basmati-Reis jeweils unter fließendem kaltem Wasser waschen, abtropfen lassen, in Schüsseln mit kaltem Wasser bedecken. Die Kichererbsen 1 1/2 Stunden, den Reis 1 Stunde einweichen, dann den Reis abseihen und abtropfen lassen. Die Chana dal mit dem Einweichwasser und 1/4 TL Kurkuma zum Kochen bringen. Halb zugedeckt bei reduzierter Hitze 25 bis 30 Minuten köcheln lassen. In ein Sieb schütten und abtropfen lassen. In einem entsprechend großen Topf Salzwasser zum Kochen bringen, die Hitze reduzieren und den Reis 10 Minuten darin kochen, bis er fast gar ist. Abseihen und gut abtropfen lassen. In der Zwischenzeit die Zwiebeln schälen, längs halbieren und in feine Ringe schneiden. Den Ingwer und den Knoblauch schälen. Den Ingwer fein reiben, den Knoblauch durch die Knoblauchpresse drücken. Die rote Chilischote halbieren, von Stielansatz, Samen und Scheidewänden befreien und das Fruchtfleisch fein hacken. Das Öl in einer Pfanne erhitzen, die Zwiebeln darin goldbraun und kroß braten. Herausnehmen und auf Küchenpapier abtropfen lassen. Den Knoblauch und den Ingwer im ver-

bliebenen Fett leicht Farbe nehmen lassen. Die restliche Kurkuma und 1 EL Joghurt zufügen. Unter Rühren so lange schmoren, bis die Flüssigkeit des Joghurts fast völlig verdampft ist und die Masse leicht braun zu werden beginnt. Den restlichen Joghurt nach und nach eßlöffelweise hinzufügen und jeweils auf dieselbe Weise einkochen lassen. Die abgetropften Kichererbsen und die gehackte Chilischote gut mit dem Joghurt verrühren und alles 1 Minute köcheln lassen. Eine entsprechend große, feuerfeste Form mit Butter ausstreichen. Weiterverfahren, wie in der Bildfolge beschrieben. Die grünen Chilischoten halbieren, Stielansätze, Samen und Scheidewände entfernen und das Fruchtfleisch fein hacken. Zusammen mit dem Garam masala über den vorbereiteten Reis streuen. Die Form mit Alufolie abdecken, in den auf 170 °C vorgeheizten Ofen schieben und den Pilaw in 30 Minuten fertiggaren. Die Folie entfernen und den Reis mit einer Gabel durchmischen. In Schälchen anrichten, mit Korianderblättchen garnieren und servieren.

Ganz maritim

MIT MEERESFRÜCHTEN UND SARDELLEN – ZWEI PILAWS IN UNTERSCHIEDLICHER ZUBEREITUNG.

GARNELENPILAW

Zwar wird der Reis nach diesem Pilaw-Rezept separat gegart, dennoch ist er durchdrungen vom feinen Aroma der Garnelen, da als Flüssigkeitszugabe in diesem Fall der Kochsud der Meerestiere verwendet wird.

600 g rohe Garnelen (Handelsgröße 71 bis 90)
80 g Zwiebeln
1 Knoblauchzehe
80 g Möhren
50 g Stangensellerie
5 weiße Pfefferkörner
1 Lorbeerblatt
2 Thymianzweige
Salz, 1/8 l Weißwein
Für die Tomatensauce:
500 g reife Tomaten
80 g Zwiebeln, 1 Knoblauchzehe
3 EL Olivenöl, 1 Prise Zucker
Salz, frisch gemahlener schwarzer Pfeffer
80 ml Weißwein
Für den Pilaw:
300 g Langkornreis, 30 g Butter
Außerdem:
1 EL gehackte glatte Petersilie zum Bestreuen

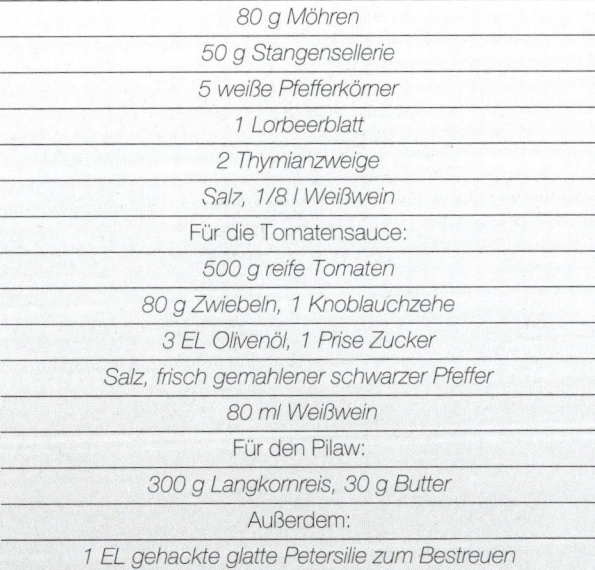

Die Garnelen unter fließendem kaltem Wasser waschen, beiseite stellen. Für den Sud Zwiebeln, Knoblauch und Möhren schälen und alles in etwa 1 cm große Stücke schneiden. Den Stangensellerie putzen und in Scheiben schneiden. In einem Topf 1 l Wasser mit dem Gemüse, den Pfefferkörnern, dem Lorbeerblatt, den Thymianzweigen, Salz sowie dem Weißwein zum Kochen bringen. 10 Minuten köcheln lassen, die Garnelen einlegen, kurz aufwallen lassen, die Hitze reduzieren und 3 bis 4 Minuten köcheln. Die Garnelen aus dem Sud heben und gut abtropfen lassen. Den Kochsud durch ein feines Sieb passieren, 700 ml auffangen und bis zur weiteren Verwendung beiseite stellen. Die Garnelenschwänze aus der Schale lösen. Für die Sauce die Tomaten kreuzweise einritzen, blanchieren, häuten, vierteln, Stielansatz und Samen entfernen und das Fruchtfleisch klein würfeln. Zwiebeln und Knoblauch schälen und fein hacken. In einem Topf das Öl erhitzen, Zwiebel- und Knoblauchwürfel darin glasig anschwitzen, die Tomaten zufügen, Zucker, Salz und Pfeffer einrühren und den Weißwein

Eine Variante: Man mischt den Pilaw vor dem Servieren unter die fertigen Tomaten-Garnelen.

angießen. Alles einmal aufkochen lassen, die Hitze reduzieren und zugedeckt 10 Minuten köcheln lassen. Den Reis unter fließendem kaltem Wasser waschen. In einem Topf den aufgefangenen Garnelensud mit der Butter zum Kochen bringen, den Reis zufügen, die Hitze reduzieren und den Reis zugedeckt 15 bis 20 Minuten köcheln lassen. Den Topf vom Herd nehmen und entweder 2 Lagen Küchenpapier oder ein Küchentuch zwischen Topf und Deckel legen und den Pilaw 10 Minuten ausdampfen lassen. In der Zwischenzeit die ausgelösten Garnelenschwänze in die Tomatensauce einlegen und darin kurz erwärmen. Garnelen und Sauce in tiefen Tellern mit dem Pilaw anrichten, mit Petersilie bestreuen und servieren.

HAMSI PILAVI

Fangfrische Sardellen gehören zu diesem türkischen, vor allem an der Schwarzmeerküste beliebten Pilaw, der durch Paprikapulver und eine rote Peperoni die gewünschte pikante Note erhält.

500 g frische Sardellen
180 g Zwiebeln
4 EL Olivenöl
Salz, frisch gemahlener Pfeffer
1 kleine rote Peperoni
250 g Flaschentomaten
300 g Langkornreis
600 ml Fischfond
1 TL edelsüßes Paprikapulver
1 EL gehackte glatte Petersilie
1/2 EL gehackte Minze
1 EL Olivenöl zum Beträufeln

Die Sardellen auf der Bauchseite aufschneiden, am einfachsten geht das mit einer spitzen, kleinen Schere, ausnehmen und sorgfältig innen wie außen unter fließendem kaltem Wasser waschen, gut abtropfen lassen. Die Zwiebeln schälen, sehr fein hacken. In einem Topf 2 EL Öl erhitzen und 100 g der Zwiebelwürfel darin glasig anschwitzen. Die Sardellen zufügen und von beiden Seiten kurz anbraten, salzen und pfeffern. Den Topf vom Herd nehmen und beiseite stellen. Inzwischen den Reis zubereiten. Dafür die Peperonischote halbieren, Samen und Scheidewände entfernen und das Fruchtfleisch fein würfeln. Die Tomaten blanchieren, häuten, halbieren, Stielansatz und Samen entfernen und das Fruchtfleisch in Würfel schneiden. In einem Topf 2 EL Öl erhitzen und die restlichen Zwiebeln darin farblos anschwitzen. Die Peperoni- und Tomatenwürfel 2 bis 3 Minuten mitschwitzen, den Reis unter Rühren 3 bis 4 Minuten mitbraten. Mit dem erhitzten Fischfond ablöschen und das Paprikapulver einrühren. Einmal aufkochen lassen, die Hitze reduzieren und den Reis 15 Minuten köcheln lassen. Die Reismischung sowie die gehackten Kräuter vorsichtig unter die gebratenen Sardellen mischen und alles mit Salz und Pfeffer aus der Mühle abschmecken. Die Oberfläche mit Öl beträufeln und den Sardellenpilaw bei 180 °C im vorgeheizten Ofen in 15 Minuten fertiggaren.

Geflügelpilaws

GEHÖREN RUND UMS MITTELMEER ZU DEN
BEVORZUGTEN REISGERICHTEN.

ARROZ COM FRANGO

Auch in Portugal liebt man nach der Pilaw-Methode
gegarten Reis mit Hühnchen, dem – neben Oliven und
Peperoni – eine der spanischen Chorizo verwandte Hart-
wurst die rechte Würze gibt. Als Wein dazu paßt vortreff-
lich ein frischer Vinho verde.

1 küchenfertiges Hähnchen (etwa 1 kg)
100 g Zwiebeln
2 Knoblauchzehen
1 rote Peperoni
150 g rote Paprikaschote
Salz, frisch gemahlener Pfeffer
5 EL Olivenöl, 300 g Langkornreis
100 ml Weißwein (Vinho verde)
600 ml Geflügelfond
300 g Erbsenschoten (ausgepalt etwa 150 g)
60 g schwarze Oliven, 200 g Chourico
1 EL gehackte glatte Petersilie

Das Hähnchen unter fließendem kaltem Wasser innen
und außen waschen, gut abtropfen lassen. Die Zwiebeln
und den Knoblauch schälen, beides fein hacken. Die
Peperoni sowie die Paprikaschote halbieren, Samen und
Scheidewände entfernen. Die Peperoni fein hacken, die
Paprikaschote in etwa 5 mm große Würfel schneiden.
Das Hähnchen in etwa 20 Stücke teilen, salzen und pfeffern. In einem entsprechend großen Topf das Öl erhitzen
und die Hähnchenteile darin rundum kräftig anbraten.
Zwiebel- und Knoblauchwürfel kurz mitbraten. Paprika-,
Peperoniwürfel sowie den Reis zufügen und kurz braten.
Weißwein und den heißen Geflügelfond zugießen, einmal
aufkochen lassen, die Hitze reduzieren und alles etwa
20 Minuten köcheln lassen. In der Zwischenzeit die ausgepalten Erbsen in kochendem Salzwasser blanchieren
und abgießen. Nach 20 Minuten der Kochzeit die Erbsen, die Oliven und die in etwa 3 mm dicke Scheiben
geschnittene Chourico unter den Reis mischen, alles
weitere 5 Minuten köcheln lassen. Abschmecken und
den »Arroz com frango« mit Petersilie bestreut servieren.

WACHTELPILAW

4 küchenfertige Wachteln (je etwa 200 g)
80 g Zwiebeln
Salz, frisch gemahlener weißer Pfeffer
4 EL Olivenöl, 30 g Tomatenmark
600 ml Geflügelfond
250 g Langkornreis
je 1/4 TL gemahlener Zimt und Piment
250 g reife Tomaten
Außerdem:
60 g gebräunte Butter, 1 EL gehackte Minze

Die Wachteln unter fließendem kaltem Wasser innen und außen waschen, gut abtropfen lassen. Die Zwiebeln schälen und fein hacken. Jede Wachtel in 6 Stücke teilen, salzen und pfeffern. In einem großen Topf das Öl erhitzen und die Wachtelteile darin rundum anbraten, herausnehmen. Die Zwiebelwürfel im verbliebenen Öl hell anschwitzen, Tomatenmark einrühren und unter Rühren 1 bis 2 Minuten mitbraten. Mit dem heißen Geflügelfond ablöschen. Einmal aufkochen, den Reis einrieseln lassen, die Hitze reduzieren und zugedeckt 5 Minuten köcheln lassen. Mit Zimt, Piment, Salz und Pfeffer würzen. Die gebratenen Wachtelteile wieder einlegen und weitere 15 bis 20 Minuten köcheln lassen. Inzwischen die Tomaten blanchieren, häuten, vierteln, Stielansatz und Samen entfernen und das Fruchtfleisch in kleine Würfel schneiden. Nach 10 Minuten der Kochzeit des Reises die Tomatenwürfel untermengen. Den gegarten Wachtelpilaw mit Salz und Pfeffer abschmecken und auf vorgewärmten Tellern anrichten. Mit der warmen, gebräunten Butter beträufeln, mit gehackter Minze bestreuen und nach Belieben mit Pfefferminzblättchen garnieren.

Mit Piment und Zimt interessant gewürzt. Das Tüpfelchen auf dem »i« setzt die gebräunte Butter, die unmittelbar vor dem Servieren über den Wachtelpilaw geträufelt wird. Dafür die angegebene Menge Butter in einem Pfännchen schmelzen und langsam braun werden lassen.

Lammpilaw

IN GRIECHENLAND UND DER TÜRKEI EBENSO
VERBREITET WIE IN DEN KÜCHEN DES
VORDEREN ORIENTS, DER HEIMAT DES PILAW.

Das Fleisch junger Lämmer ist überall in Osteuropa und
Vorderasien geschätzter Begleiter des Reises. Beim
Lammpilaw gehen beide eine besonders gelungene Verbindung ein. Das traditionelle Gericht wird hier in zweierlei
Versionen vorgestellt: Einmal gart der Reis im Kochsud
mit; im zweiten Rezept dagegen kocht er nicht zusammen mit dem Fleisch, sondern separat in reichlich Lammfond und wird erst anschließend unter das saftig
geschmorte Lammfleisch gemischt.

LAMMPILAW

200 g Tomaten, 150 g Zwiebeln
400 g Lammschulter ohne Knochen
40 g Butter, 250 g Langkornreis
Salz, frisch gemahlener Pfeffer
1 EL gehackte Dillspitzen

Die Tomaten blanchieren, häuten, von Samen und Stielansatz befreien und das Fruchtfleisch klein würfeln. Die
Zwiebeln schälen, fein hacken. Das Lammfleisch in etwa
2 cm große Stücke schneiden. In einem Topf die Butter
zerlassen und die Fleischwürfel rundum darin anbraten.
Die Hitze etwas reduzieren und die Zwiebeln kurz mitbraten. Die Tomatenwürfel einrühren und weitere 5 bis
10 Minuten garen. 1/2 l Wasser zugießen, einmal aufkochen lassen und die Hitze reduzieren. Den Reis einrieseln
lassen, salzen, pfeffern und den Pilaw köcheln lassen,
bis alle Flüssigkeit aufgesogen ist. Den Topf vom Herd
nehmen, 2 Lagen Küchenpapier oder ein Küchentuch
zwischen Topf und Deckel legen und den Pilaw 5 bis
10 Minuten ausdampfen lassen. Alles gut vermengen,
den Lammpilaw auf einer Platte anrichten, mit gehacktem
Dill bestreuen und servieren.

LAMMPILAW MIT KÜRBIS

500 g Tomaten, 500 g Speisekürbis

150 g Zwiebeln, 2 Knoblauchzehen

800 g Lammschulter ohne Knochen

Salz, frisch gemahlener schwarzer Pfeffer, 4 EL Olivenöl

30 g Butter, 350 g Langkornreis, 100 ml Weißwein

600 ml Lammfond, 1/2 Döschen Safranpulver

2 EL gehackte Kräuter (Rosmarin und Petersilie)

Die Tomaten kreuzweise einritzen, blanchieren, häuten,
halbieren, von Samen und Stielansatz befreien und das
Fruchtfleisch in etwa 1 cm große Stücke schneiden. Den
Kürbis schälen, die Kerne und das faserige Innere entfernen und das Fruchtfleisch etwa 1 cm groß würfeln. Zwiebeln und Knoblauch schälen, beides fein hacken. Das
Lammfleisch in etwa 2 cm große Stücke schneiden, salzen und pfeffern. In einer entsprechend großen Pfanne
das Öl erhitzen und die Fleischwürfel darin rundum
anbraten. Die Hitze reduzieren, Zwiebel- und Knoblauchwürfel kurz mitbraten. Die Tomaten einrühren, zudecken
und alles 30 bis 35 Minuten köcheln lassen. In der Zwischenzeit in einem separaten Topf die Butter zerlassen,
den Reis darin glasig schwitzen, mit Wein und dem
erhitzten Fond aufgießen. Den Safran einrühren, salzen,
pfeffern und einmal aufkochen lassen. Die Hitze reduzieren und den Reis in 18 bis 20 Minuten fertiggaren. Etwa
10 Minuten vor Ende der Kochzeit des Fleisches den
Kürbis untermischen. Das Fleisch mit dem fertigen Reis
vermengen, abschmecken, die Kräuter einrühren und
den Lammpilaw servieren.

Reh & Kaninchen

MIT WILDREIS UND RUNDKORNREIS – GEKOCHT NACH DER PILAW-METHODE.

PILAW MIT SCHWARZEN BOHNEN UND KANINCHEN

120 g schwarze Bohnen, Salz, 400 g Kaninchenrücken

2 Kaninchenkeulen (je 250 g), Pfeffer, 2 EL Öl

3 Knoblauchzehen, 50 g Möhre, 50 g Zwiebel, 30 g Lauch,

20 g Stangensellerie, 50 g Tomaten, 1 EL Tomatenmark

2 Lorbeerblätter, 150 ml Geflügelfond

Für den Pilaw:

1 EL Öl, 20 g Butter, 30 g Schalotten, 150 g Rundkornreis

200 ml Rotwein, 1 rote Chilischote, 1 Lorbeerblatt

1 Rosmarinzweig, 400 ml Geflügelfond, Salz

Außerdem:

2 Scampi (je etwa 120 g), Salz, Pfeffer, 5 EL Öl

1 Lorbeerblatt, 150 g Topinambur, 150 g Chorizo

Die Bohnen über Nacht einweichen, abgießen. In leicht gesalzenem Wasser zugedeckt bei geringer Hitze 50 Minuten köcheln lassen, Kochwasser abgießen, die Bohnen beiseite stellen. Den Kaninchenrücken in 4 Stücke teilen, Bauchlappen jeweils auf dem Rücken festbinden. Keulen und Rückenstücke salzen, pfeffern. In einer Kasserolle das Öl erhitzen, den ungeschälten, leicht zerdrückten Knoblauch und die Kaninchenteile darin rundum anbraten. Gemüse schälen oder putzen, 1 cm groß würfeln und mitbraten. Tomatenmark einrühren, Lorbeer einlegen, alles bei 180 °C im vorgeheizten Ofen 30 Minuten braten, dabei nach und nach 100 ml Wasser angießen. Inzwischen für den Pilaw Öl und Butter in einem Topf erhitzen, die geschälten, feingehackten Schalotten darin anschwitzen, den Reis mitschwitzen, mit dem Wein ablöschen. Chilischote, Lorbeer, Rosmarin sowie die

Bohnen untermischen. Den heißen Fond zugießen und den Reis 15 bis 20 Minuten garen, salzen. Von den Scampi die Schwänze abdrehen, mit einem Sägemesser in der Schale längs halbieren, den Darm entfernen, leicht salzen und pfeffern. In einer Pfanne 2 EL Öl erhitzen, das Lorbeerblatt und die halbierten Scampischwänze darin 2 Minuten braten, beiseite stellen. Die geschälten Topinambur 5 mm groß würfeln. Das restliche Öl erhitzen und die Topinambur darin kroß braten, herausnehmen. Gut abtropfen lassen, unter den Pilaw mischen, abschmecken. Die Kasserolle aus dem Ofen nehmen, die Kaninchenteile herausheben und warm halten. Den Fond angießen, den Bratsatz lösen, die Flüssigkeit um 1/3 reduzieren und abschmecken. Chorizo in 5 mm dicke Scheiben schneiden, mit den Scampi erhitzen.

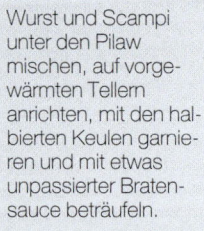

Wurst und Scampi unter den Pilaw mischen, auf vorgewärmten Tellern anrichten, mit den halbierten Keulen garnieren und mit etwas unpassierter Bratensauce beträufeln.

WILDREISPILAW MIT REH UND PILZEN

100 g Schalotten, 100 g Möhren, 100 g Knollensellerie

1,2 kg Rehschulter ohne Knochen, 500 g Rehhals

4 Lorbeerblätter, 2 leicht zerdrückte Knoblauchzehen

1 TL Wacholderbeeren, 1 TL Pimentkörner, 5 Nelken

1 l kräftiger Rotwein (Merlot), 4 EL Öl, 30 g Tomatenmark

50 g Preiselbeeren aus dem Glas, 5 Thymianzweige

Salz, frisch gemahlener Pfeffer

Für den Pilaw:

100 g Räucherspeck, 100 g Möhren, 80 g Knollensellerie

80 g Zwiebeln, 60 g Stangensellerie, 4 EL Öl

20 g Tomatenmark, 3 Thymianzweige, 3 bis 4 Lorbeerblätter

60 g Sultaninen, 4 cl Grappa, 100 g Äpfel

30 g Preiselbeeren, 150 g Wildreis (Mahnomen)

Außerdem:

150 g Pfifferlinge, 150 g Steinchampignons, 30 g Butter

Salz, frisch gemahlener Pfeffer, 1 Spritzer Zitronensaft

1 EL abgezupfte Petersilienblättchen

Das Gemüse schälen, 1 cm groß würfeln. Die Rehschulter parieren, in 1,5 cm große Würfel schneiden. Den Rehhals in 5 cm große Stücke hacken und mit den Parüren in eine Schüssel geben. Das Rehfleisch, den Lorbeer, den Knoblauch, das Gemüse sowie die Gewürze darauf verteilen, mit dem Rotwein übergießen und zugedeckt über Nacht im Kühlschrank marinieren. Das Fleisch ausstechen und zugedeckt kühl stellen. Den restlichen Schüsselinhalt durch ein Sieb passieren, die Marinade auffangen. Die gut abgetropften Parüren, Rehhals- und Gemüsestücke in einem Bräter in heißem Öl rundum anbraten. Das Tomatenmark einrühren und trockenrösten. Den Bräter bei 180 °C in den vorgeheizten Ofen schieben, nach und nach die Marinade zugießen, jeweils reduzieren. Die Preiselbeeren und den Thymian einlegen, 1,5 l Wasser angießen und etwa 2 Stunden schmoren. Den Wildfond durch ein Haarsieb passieren, salzen, pfeffern. Für den Rehpilaw den Speck sowie das geschälte und geputzte Gemüse etwa 1 cm groß würfeln. In einer Pfanne das Öl erhitzen, den Speck darin ausbraten und das Rehfleisch rundum anbraten. Das Gemüse kurz mitbraten und das Tomatenmark einrühren. Den Thymian und den Lorbeer einlegen, 600 ml des Fonds zugießen, die Hitze reduzieren und das Rehfleisch 1 1/2 Stunden schmoren. Inzwischen die Sultaninen 10 Minuten in dem Grappa einweichen. Die geschälten Äpfel in 1 cm große Würfel schneiden, mit den Sultaninen und den Preiselbeeren untermischen, 450 ml Wildfond zugießen, den Wildreis einstreuen. Die Pfanne mit Alufolie bedecken, 20 bis 25 Minuten köcheln und abschmecken.

Die Pilze putzen, je nach Größe vierteln oder halbieren und in der zerlassenen Butter 2 bis 3 Minuten braten. Mit Salz, Pfeffer und Zitronensaft abschmecken und die Petersilie einstreuen. Die Pilze unter den Pilaw mischen, auf vorgewärmten Tellern anrichten und servieren.

Pilzreis mit Lammkoteletts und Gemüse

MIT ZWEIERLEI SAUCEN – EINE MIT DEM AROMA DER KAFFIR-LIMETTE, DIE ANDERE
MIT DEM GESCHMACK VON KORIANDERGRÜN UND BUTTER.

Für die Lammkoteletts:	200 ml Rotwein, Salz, frisch gemahlener Pfeffer
1,2 kg Lammkoteletts am Stück mit Knochen	Für die Koriander-Butter-Sauce:
30 g Galgant, 1/4 TL Currypulver für Fleisch	40 g Schalotten, 200 ml Weißwein
Salz, frisch gemahlener schwarzer Pfeffer, 4 EL Pflanzenöl	2 EL gehacktes Koriandergrün, 100 g eiskalte Butter
Für den Kräuter-Pilzreis:	Salz, frisch gemahlener Pfeffer
200 g Shiitake-Pilze, 2 rote Chilischoten, 40 g Butter	Für das Gemüse:
300 g thailändischer Duftreis, etwa 1 l Geflügelfond	100 g Möhren, 150 g Choisum, 50 g Sojabohnensprossen
Salz, frisch gemahlener schwarzer Pfeffer	3 EL Erdnußöl, Salz, frisch gemahlener schwarzer Pfeffer
40 g Pinienkerne, 3 EL gehackter Schnittknoblauch	
Für die Kaffir-Limettensauce:	
100 g Schalotten, 3 Kaffir-Limettenblätter, 400 ml Lammfond	

Zunächst alle Zutaten vorbereiten: Den Lammrücken
parieren und die Rippenknochen mit einem Messer sauber abschaben. Den Galgant schälen. Von den Shiitake-

Pilzen die harten Stiele entfernen, die Hüte klein würfeln. Chilischoten halbieren, von Samen und Scheidewänden befreien und fein hacken. Die Schalotten für die Saucen schälen und in dünne Scheiben schneiden. Die Möhren für das Gemüse schälen und in Julienne schneiden. Den Choisum gut waschen, abtropfen lassen und in etwa 4 cm große Stücke schneiden. Die Bohnensprossen waschen und abtropfen lassen. Den Galgant mit dem Curry, Salz und Pfeffer im Mörser zerreiben. Den Lammrücken damit würzen. In einer entsprechend großen feuerfesten Deckelpfanne das Öl erhitzen und das Fleisch von allen Seiten anbraten. Zugedecken und bei 200 °C im vorgeheizten Ofen in 15 bis 20 Minuten fertigbraten. Inzwischen für den Pilzreis die Butter in einer Kasserolle zerlassen, die gehackten Pilze darin schwenken. Den Reis zufügen und glasig schwitzen. Mit dem erhitzten Geflügelfond ablöschen, die Chiliwürfel unterrühren, salzen, pfeffern, einmal aufkochen lassen und bei geringer Hitze im geschlossenen Topf in etwa 15 Minuten fertiggaren. Pinienkerne und Schnittknoblauch unterheben. Für die Limettensauce die Kaffir-Limettenblätter, die Schalotten, den Fond und den Rotwein in einer Kasserolle aufkochen und bei nicht zu starker Hitze auf etwa 1/4 reduzieren. Salzen und pfeffern. Die Sauce durch ein Sieb passieren und warm stellen. Für die Koriander-Butter-Sauce in einer separaten Kasserolle den Weißwein mit den Schalotten und dem Koriander aufkochen, etwas einkochen lassen. Die Sauce ebenfalls durch ein feines Sieb passieren, die eiskalte Butter in Stückchen einmontieren, mit Salz und Pfeffer würzen. Für das Gemüse das Öl im Wok erhitzen, die Möhrenstreifen darin kurz pfannenrühren, Choisum 1 bis 2 Minuten unter Rühren mitbraten. Die Sojabohnensprossen ganz kurz mitbraten, salzen und pfeffern. Den fertigen Lammbraten in 8 doppelte Koteletts schneiden, wie auf dem Bild unten zu sehen. Den Reis mit je 2 Lammkoteletts, dem Gemüse sowie den Saucen auf vorgewärmten Tellern anrichten.

Sorgfältig prüfen Tony Khoo und Eckart Witzigmann beim Einkauf auf dem Markt Frische und Qualität der angebotenen Produkte.

Bei diesem Gericht harmonieren verschiedene Geschmackskomponenten miteinander. Es stellt jedoch einige Anforderungen an den Koch, da weder Reis noch Gemüse noch die beiden Saucen zu lange stehen sollten. Empfehlenswert ist deshalb, alle Zutaten vor Beginn herzurichten und entsprechend vorzubereiten.

RISOTTO Cremig, sämig, unübertroffen

Während die einen im Risotto eine große, wenn nicht die kulinarische Errungenschaft sehen, die die vielgerühmte italienische Küche je hervorgebracht hat, fragen sich die andern, was an einem Teller voller Reiskörner, mit etwas Parmesan darüber gestreut, so Besonderes dran sein soll. Nun läßt sich ja bekanntlich über Geschmack nicht streiten.

Wer jedoch jemals einen wahren, echten, cremig-sämig gerührten Risotto gekostet hat – vielleicht mit Scampi, Muscheln, Radicchio, Steinpilzen oder gar Trüffeln –, der wird vermutlich seine Meinung revidieren und vom Lager der Zweifler zu dem der Risotto-Anhänger überwechseln. Dort läßt es sich dann, ohne Angst haben zu müssen, es könnte je der Gesprächsstoff ausgehen, mit all den andern Rundkornreis-Liebhabern und Experten bis ans Ende aller Tage darüber diskutieren, wie denn nun der ultimative Risotto wohl gekocht werden müsse, welche Reissorte sich für welche Variante definitiv am besten eigne und welcher Wein schlußendlich der passendste sei.

So war es schon immer. Und so war es wohl auch 1949, nach dem Krieg, als der Sprecher von Radio Turin in »Riso amaro«, dem Film von Giuseppe di Santis, das Leben der Saisonarbeiterinnen auf den Reisfeldern beschrieb:»Die Arbeit ist mühsam und sehr schwer. Die Füße im Wasser, der Rücken gebeugt, und von oben brennt die Sonne. Nur Frauen sind für diese Arbeit geeignet.«

Nun, das hat sich inzwischen geändert, und dank dem Einsatz moderner Maschinen ist die Arbeit heute auch nicht mehr ganz so hart wie noch in den 50er Jahren. Geblieben ist aber die alte Liebe der Italiener – und nicht nur dieser – zu ihrem Reis und dem Risotto, diesem Gericht, bei dem sich Reissorte und Zubereitungsart bedingen und auf selten günstige Weise ergänzen.

Risotto

BEIM BERÜHMTESTEN REISGERICHT ITALIENS
GEHÖREN REIS UND KÄSE MEIST ZUSAMMEN.

Wie ein Risotto richtig gekocht wird, ist in Italien eine Frage von großer Tragweite. Jeder hat hier seine eigene Phi-
losophie. Der eine liebt ihn feuchter, der andere trockener. Für die einen müssen die Reiskörner weich sein,
andere mögen sie in der Mitte noch deutlich »al dente«.
Auch bei der Frage, wie intensiv ein Risotto gerührt werden muß, gehen die Meinungen weit auseinander. Dennoch gelten einige Grundregeln, ohne deren Beachtung
ein Risotto nicht gelingen kann: Da ist zunächst einmal
die Wahl des Reises. Guter Risotto-Reis hat folgende
Eigenschaften: Ein Teil seiner Stärke, die Amylose, löst
sich beim Kochen auf – so kommt die sämige Konsistenz
zustande –, gleichzeitig muß der Reis im Kern jedoch bißfest bleiben. Seine charakteristische Konsistenz erhält
ein Risotto durch das wiederholte Zugeben von wenig
Flüssigkeit, die teils vom Reis absorbiert wird, teils verdampft. Dadurch und durch das ständige Rühren wird
die Reisstärke zu einem Bindemittel, das die einzelnen
Körner sowie die weiteren Zutaten zusammenhält und
den Risotto so cremig macht. Der beste Reis dafür
kommt aus Norditalien. Beliebt sind vor allem die Sorten
Arborio, Baldo, Vialone nano und Carnaroli. Letzterer ist
erst 1945 aus einer Kreuzung von Vialone mit einer japanischen Sorte entstanden. Da weniger produziert, ist er in
der Regel etwas teurer als andere Sorten. Der großkörni-
ge Carnaroli hat einen besonders hohen Amylosegehalt
(24,1 %), und das bei einer nur geringen Klebrigkeit der
Körner. Ganz ähnliche Eigenschaften weist der Vialone
nano mit einem Amylosegehalt von 23,9 % auf. Die Arbo-
rio-Körner (19,6 % Amylose) kleben etwas mehr, und
eine hohe Klebrigkeit weisen diejenigen der Sorte Baldo
(20,5 % Amylose) auf. Welche Sorte nun wirklich die
beste ist, gilt es selbst herauszufinden.

GRUNDREZEPT

60 g Zwiebel, 1 bis 1,2 l Fleischbrühe, 50 g Butter

400 g Arborio-Reis, 150 ml Weißwein, Salz

frisch geriebener Hartkäse nach Belieben

Die Zwiebel schälen und fein würfeln. In einer Kasserolle
die Brühe langsam erhitzen und weiterverfahren, wie in
der Bildfolge unten gezeigt. Ein Tip: Risotto-Reis kommt
grundsätzlich ungewaschen in den Topf, damit sich die
Stärke nicht vorher von den Körnern ablöst.

Die klassische Methode:

In einem Topf 20 g Butter
zerlassen und die Zwiebelwürfel
darin unter gelegentlichem
Rühren farblos anschwitzen.

Den Reis bei mittlerer Hitze
auf einmal dazuschütten und
sofort umrühren, der Reis
darf nicht am Boden ansetzen.

Den Reis unter ständigem
Rühren glasig werden lassen.
Weder Zwiebeln noch Reis
dürfen Farbe nehmen.

Mit dem Wein ablöschen. Bei
mittlerer Hitze weiterrühren, bis
der Reis die Flüssigkeit
weitgehend absorbiert hat.

Etwas Fleischbrühe angießen,
dabei ständig rühren. Erst wenn
die Flüssigkeit weitgehend aufgesogen ist, Brühe nachgießen.

Den Risotto in 12 bis 15 Minuten fertigkochen. Salzen, restliche Butter und gegebenenfalls
geriebenen Käse untermischen.

Die Menge der zuzugebenden Flüssigkeit ist variabel. Exakte Angaben helfen hier nicht weiter, mancher Risotto braucht mehr, ein anderer weniger Flüssigkeit. Ist die Brühe verbraucht, und droht der Risotto zu trocken zu werden, gibt man einfach noch ein wenig Wasser zu. Der Fond oder die Brühe sollte relativ mild und nicht zu salzig sein, da sie durch das Verdampfen eine immer höhere Konzentration erlangt. Auch hier gilt es, selbst herauszufinden, wie der »richtige« Risotto beschaffen sein muß. Selbst in Italien gibt es unterschiedliche Zubereitungsregeln. Die klassische Methode kommt aus der Lombardei – hier wird der Risotto im offenen Topf gerührt, bis der Reis alle Flüssigkeit aufgesogen hat. Nach der piemontesischen Methode rührt man den Reis nach dem Anschwitzen nicht mehr um und läßt die Flüssigkeit bei geschlossenem Topf einziehen. Beide Male bleibt der Risotto relativ kompakt. Im Veneto liebt man ihn dagegen lockerer – »all'onda«, wellig – und bevorzugt die Reissorte Vialone nano. Flüssiger wird der Risotto dadurch, daß man den Reis beim Garen konstant feucht hält, das heißt, jeweils mehr Flüssigkeit angießt. Letztere Methode eignet sich besonders für Varianten mit zartem Gemüse oder delikaten Meeresfrüchten. Manchmal, allerdings eher selten, wird statt Butter auch Olivenöl verwendet. Als Begleitung kann dann beinahe alles zum Reis hinzukommen – Gemüse, Pilze, Meeresfrüchte, Fleisch, in Ausnahmen sogar Obst. Ganz wichtig ist aber auch der Käse. Denn erst er verleiht vielen Risotti die richtige Würze. Gut geeignet sind Hartkäse wie Parmigiano Reggiano, Grano padano oder auch Pecorino aus Schafmilch. Manchmal bringt aber auch eine Scheibe Gorgonzola den gewünschten geschmacklichen Kontrast – etwa bei einem milden Fenchelrisotto. Da der Käse, wird er gerieben aufbewahrt, sehr schnell an Aroma verliert, sollte man ihn bei Bedarf immer frisch reiben oder hobeln. In den Risotto kommt er grundsätzlich zum Schluß. So wird der geriebene Parmesan 1 bis 2 Minuten vor Ende der Garzeit untergerührt, damit der Käseschmelz die Reiskörner von allen Seiten würzig umhüllen kann.

Bis zur Decke stapeln sich die schweren Parmesan-Laibe lagenweise übereinander. Sie benötigen eine Reifezeit von 2 bis zu 4 Jahren, um den vollen Geschmack sowie die leicht kristalline Konsistenz zu entwickeln. Von Bedeutung ist die Wahl der Käsereibe, denn man sollte den Parmesan weder zu mehlig noch in zu groben Krümeln unter den Reis mischen.

Frisch gemahlener weißer Pfeffer sorgt für die nötige Schärfe. Damit gibt der berühmte Risotto-Koch und Reismühlenbesitzer aus Venetien, Gabriele Ferron, diesem »Risotto alla milanese« noch den letzten Schliff.

Risotto alla milanese

UNENTBEHRLICH FÜR DIESE SPEZIALITÄT AUS DER LOMBARDEI: RINDERMARK UND SAFRAN.

Nach der klassischen, der lombardischen Risotto-Methode zubereitet, wird der Reis zunächst in einem Soffritto aus Rindermark, Butter, Zwiebeln und Knoblauch angeschwitzt, bevor die Flüssigkeit dazukommt. Das in diesem Rezept zum »Risotto alla milanese« vorge-

sehene Kalbsfilet ist nicht unbedingt sein klassischer Begleiter. Die dünnen, nur kurz angebratenen Scheiben passen aber vorzüglich dazu. Damit sie nicht austrocknen, sollte das Fleisch erst gebraten werden, während der nicht zu trocken gerührte Risotto noch etwas ruht.

Für den Risotto:
30 g Rindermark
60 g Zwiebel, 1/2 Knoblauchzehe
70 g Butter, 400 g Arborio-Reis, 150 ml Weißwein
Salz, etwa 1/4 TL Safranfäden
1 bis 1,5 l Fleischbrühe
frisch gemahlener weißer Pfeffer
60 g frisch geriebener Parmesan
Für das Kalbsfilet:
450 g Kalbsfilet
30 g Schalotten, 1/2 Knoblauchzehe
Salz, frisch gemahlener schwarzer Pfeffer
2 EL Pflanzenöl
200 ml Marsala, 100 ml Kalbsfond
Außerdem:
Butterflocken zum Belegen
20 g frisch geriebener Parmesan
1 TL gehackte Kräuter (Rosmarin, Oregano)

Zunächst das Fleisch vorbereiten. Das Kalbsfilet parieren, in etwa 5 mm dicke Scheiben schneiden, leicht plattieren und kühl stellen. Schalotten und Knoblauch schälen, sehr fein hacken und bis zur weiteren Verwendung beiseite stellen. Dann den Risotto zubereiten. Dafür das Rindermark aus den Knochen drücken und 10 Minuten wässern. In der Zwischenzeit die Zwiebel und den Knoblauch schälen und beides fein hacken. Das Mark aus dem Wasser nehmen und klein würfeln. In einem genügend großen Topf das Mark zusammen mit 30 g Butter auslassen. Die Zwiebel- und Knoblauchwürfel darin hell anschwitzen. Den Reis dazuschütten, unter Rühren glasig werden lassen. Mit dem Weißwein ablöschen, etwas einkochen lassen. Salz und Safranfäden einrühren. Nach und nach die separat erhitzte Fleischbrühe angießen, den Risotto unter ständigem Rühren in 12 bis 15 Minuten fertiggaren und mit Salz und Pfeffer abschmecken. Den geriebenen Parmesan sowie die restliche Butter unterrühren. Den Risotto vom Herd stellen und einige Minuten durchziehen lassen. Inzwischen die Kalbsfiletscheiben salzen und pfeffern. In einer Pfanne das Öl erhitzen und die Filetscheiben von beiden Seiten darin kurz anbraten. Herausnehmen und beiseite stellen. Schalotten- und Knoblauchwürfel in dem verbliebenen Öl hell anschwitzen. Mit Marsala und Kalbsfond ablöschen und die Flüssigkeit bei starker Hitze auf etwa 8 El reduzieren. Die Filetscheiben wieder einlegen, kurz ziehen lassen und abschmecken. Den Risotto auf vorgewärmte Teller verteilen, jeweils mit Butterflocken belegen und mit etwas geriebenem Parmesan bestreuen. Die Kalbsfiletscheiben mit etwas Sauce beträufeln, mit den gehackten Kräutern bestreuen und dazu servieren.

Die Qualität von Gemüse-
fenchel (*Foeniculum vulgare*
var. *azoricum*) erkennt
man leicht am Zustand
seines Grüns: Ist es fedrig-
leicht, weder welk noch
an den Schnittstellen
eingetrocknet, kann man
bedenkenlos zugreifen.

Fenchelrisotto

GESCHMACKLICH PERFEKT ERGÄNZT DURCH
EINE SCHEIBE GORGONZOLA.

Der große Blauschimmelkäse aus Norditalien, von dem
es unterschiedliche Varietäten gibt, bringt genau den
richtigen Kontrast zum intensiven Anisaroma des Fen-
chels. Gorgonzola stammt vorwiegend aus den östlichen
Provinzen des Piemont oder aus der Lombardei.
Benannt ist er nach der gleichnamigen Stadt nordöstlich
von Mailand, wo früher die Kuhherden aus den Bergen

überwinterten und wo sich im Lauf der Zeit eine Käseindustrie von beachtlichem Ausmaß entwickelt hat. Für dieses Risotto-Gericht empfiehlt sich aus der Blauschimmel-Palette der mildere Gorgonzola dolce, da ein scharfwürziger Gorgonzola piccante geschmacklich den Fenchel doch zu sehr dominieren würde. Liebhaber seines Anisaromas sollten dieses Rezept unbedingt auch einmal mit wildem Fenchel probieren, der in den trockenen Karstgebieten des Mittelmeerraums wächst und gelegentlich im Frühjahr auf den Markt kommt. Zu erkennen ist er an seinen länglichen, viel kleineren Knollen, die noch wesentlich intensiver schmecken als Gemüsefenchel. Das passende Getränk zu diesem delikaten Gericht ist ein trockener Weißwein aus dem Piemont, etwa ein Gavi di Gavi beziehungsweise Cortese di Gavi.

anschwitzen. Den Reis dazuschütten und unter Rühren ebenfalls glasig werden lassen. Leicht salzen und pfeffern. Mit dem Weißwein ablöschen und die Flüssigkeit auf die Hälfte einkochen lassen. Etwas erhitzten Fond zugießen, so daß der Reis gerade eben bedeckt ist. Etwa 15 bis 20 Minuten im offenen Topf köcheln lassen. Während des Kochens jeweils so viel Fond nachgießen, daß der Reis leicht mit Flüssigkeit bedeckt ist, dabei immer wieder umrühren. Den Gorgonzola in 4 Scheiben schneiden. Den Fenchelrisotto mit Salz und Pfeffer abschmecken, auf vorgewärmten Tellern anrichten und sofort mit 1 Scheibe Gorgonzola belegen. Der Käse sollte auf dem heißen Reis zerlaufen. Den Risotto mit etwas gehacktem Fenchelgrün bestreuen und servieren.

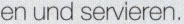

40 g Schalotten, 500 g Fenchelknollen mit Grün
80 g Butter, 400 g Avorio-Reis
Salz, frisch gemahlener weißer Pfeffer
150 ml trockener Weißwein, 0,8 bis 1 l Gemüsefond
Außerdem:
120 g Gorgonzola, 1 EL frisch gehacktes Fenchelgrün

Die Schalotten schälen und fein würfeln. Die Fenchelknollen waschen und abtrocknen. Den Wurzelansatz und die grünen Stengel abschneiden. Wenn nötig, die harten äußeren Rippen entfernen. Die Knollen längs vierteln und die Viertel quer in feine Streifen schneiden. In einem entsprechend großen Topf die Butter zerlassen und die Schalottenwürfel sowie die Fenchelstreifen darin glasig

Kürbis und Löwenzahn

NICHT JEDERMANN ALS RISOTTO-ZUTAT GELÄUFIG, DOCH SEHR DELIKAT.

Die anspruchslosen Kürbisse gedeihen weltweit in unzähligen Varietäten; ihre Vielfalt in Farbe, Form und Größe ist enorm. Vom hellen Gelb über ein sattes Dunkelgrün bis hin zu Orangerot kommen die botanisch zur Gattung *Cucurbita* zählenden Arten daher. Kulinarisch bedeutend sind einmal die weit verbreiteten, robusten Gartenkürbisse (*Cucurbita pepo*), dann die wärmeliebenden Riesenkürbisse (*Cucurbita maxima*) sowie die kleineren Moschuskürbisse (*Cucurbita moschata*). Zu letzteren zählt der hier verwendete Hokkaido-Kürbis, dessen leuchtend gelbes Fruchtfleisch optische Glanzlichter im Reis setzt. Gelb gefärbt wird Risotto auch durch die Blütenblättchen des Löwenzahns, der – heute eher unbekannt – früher einmal der Safran der armen Leute war. »Ai fiori di tarassaco« ist im Piemont auch heute noch eine beliebte Risotto-Spezialität. Beim Sammeln der Löwenzahnblüten sollte man darauf achten, daß die Pflanzen nicht zu dicht an vielbefahrenen Straßen oder auf stark gedüngten Wiesen wachsen.

RISOTTO MIT LÖWENZAHNBLÜTEN

30 g Zwiebel, 1/2 Knoblauchzehe
20 g Lauch, 2 EL Olivenöl
1 Lorbeerblatt, 1 kleiner Rosmarinzweig
250 g Arborio-Reis, 600 ml Kalbsfond
10 g abgezupfte Löwenzahnblütenblättchen
Salz, frisch gemahlener weißer Pfeffer
Außerdem:
30 g frisch gehobelter Parmesan nach Belieben

Zunächst die Zwiebel und den Knoblauch schälen und beides sehr fein hacken. Den Lauch putzen, waschen und sehr klein würfeln. In einem Topf das Olivenöl erhitzen und die Knoblauch-, Zwiebel- und Lauchwürfel darin farblos anschwitzen. Das Lorbeerblatt sowie den Rosmarinzweig einlegen, den Reis dazuschütten und unter

Bunt leuchten die Kürbisse am Marktstand aus dem Gemüsegrün – da fällt die Wahl schwer. Für ein Kürbisrisotto empfiehlt sich der orangefarbene kleine Hokkaido-Kürbis seines dunkelgelben, besonders wohlschmeckenden Fruchtfleisches wegen.

Rühren mitschwitzen, bis er glasig ist. Mit 100 ml erhitztem Kalbsfond ablöschen und diesen unter Rühren einkochen lassen. Die abgezupften Blütenblättchen untermischen, nach und nach den restlichen heißen Fond angießen und weitere 15 bis 20 Minuten köcheln lassen, dabei öfters umrühren. Jeweils so viel Fond nachgießen, daß der Reis immer gerade von Flüssigkeit bedeckt ist. Den Topf vom Herd stellen, den Risotto mit Salz und Pfeffer würzen und alles gut vermischen. Kurz durchziehen lassen und den Löwenzahnrisotto auf vorgewärmten tiefen Tellern anrichten. Nach Belieben mit gehobeltem Parmesan bestreuen und servieren (siehe Foto Seite 83).

KÜRBISRISOTTO

450 g Hokkaido-Kürbis, 100 g Zwiebeln

2 EL Olivenöl

80 g Butter

450 g Arborio-Reis

Salz, frisch gemahlener weißer Pfeffer

1 bis 1,2 l Kalbsfond

40 g frisch geriebener Parmesan

Außerdem:

20 g frisch gehobelter Parmesan

1 EL gehackte glatte Petersilie

Den Hokkaido-Kürbis oder die gleiche Menge einer anderen Kürbisart in Spalten teilen, mit einem Löffel die Kerne sowie das faserige Innere entfernen, den Kürbis schälen und das Fruchtfleisch in etwa 4 mm große Würfel schneiden. Die Zwiebeln schälen und fein hacken. In einem Topf das Olivenöl sowie 50 g Butter erhitzen und die Zwiebelwürfel darin glasig anschwitzen. Die Kürbiswürfelchen 5 Minuten unter Rühren bei mittlerer Hitze mitschwitzen. Den Reis dazuschütten und rühren, bis die Körner glasig sind. Leicht salzen und pfeffern, mit etwas erhitztem Kalbsfond ablöschen. Den Kürbisrisotto 15 bis 20 Minuten unter wiederholtem Rühren im offenen Topf köcheln lassen, dabei jeweils so viel heißen Fond nachgießen, daß der Reis immer gerade von Flüssigkeit bedeckt ist. Die restliche Butter sowie den geriebenen Parmesan untermischen, alles gut vermengen und mit Salz und Pfeffer abschmecken. Den Kürbisrisotto auf vorgewärmten Tellern anrichten, mit gehobeltem Parmesan bestreuen, mit Petersilie garnieren und servieren.

Parmesan verleiht dem an sich eher milden Kürbisrisotto erst die richtige Würze. Keinesfalls sollte der Hartkäse – am besten ein gereifter Parmigiano Reggiano oder ein Grana padano – bereits gerieben gekauft werden, da er sonst viel zu schnell austrocknet und an Geschmack verliert. Sein bestes Aroma entfaltet er dann, wenn er erst unmittelbar vor Gebrauch frisch gerieben oder gehobelt wird.

Mit Tomaten und Zucchini

SOMMERLICH LEICHTE RISOTTI: ABER NUR MIT JUNGEN ZUCCHINI UND WIRKLICH REIFEN TOMATEN.

RISOTTO CON ZUCCHINE FIORITE

80 g Zwiebeln, 150 g Zucchini, 10 Zucchiniblüten
80 g Butter, 400 g Arborio-Reis, 150 ml Weißwein
1 bis 1,2 l Gemüsefond, Salz
30 g frisch geriebener Parmesan
Außerdem:
20 g frisch geriebener Parmesan zum Bestreuen

Die Zwiebeln schälen, fein hacken. Zucchini von Blüten- und Stielansatz befreien, in 3 cm lange und 1 cm breite Stifte schneiden. Von den Blüten Stiel und Blütenstempel entfernen und die Blütenblätter klein schneiden. In einem Topf 60 g Butter zerlassen, die Zwiebeln darin farblos anschwitzen. Den Reis unter Rühren mitschwitzen, bis er glasig ist. Den Wein zugießen, reduzieren und den Risotto 12 bis 15 Minuten unter ständigem Rühren garen, dabei nach und nach den erhitzten Gemüsefond angießen. Der Reis sollte immer gerade eben von Flüssigkeit bedeckt sein. Etwa 8 Minuten vor Ende der Kochzeit die Zucchinistifte untermengen. Erst in der letzten Minute die Blüten mitköcheln. Salzen, die restliche Butter sowie den Käse einrühren. Den Risotto auf vorgewärmte Teller verteilen und mit Parmesan bestreut servieren.

TOMATENRISOTTO

750 g reife, aromatische Tomaten, 150 g Zwiebeln

2 Knoblauchzehen, 3 EL Olivenöl

Salz, frisch gemahlener weißer Pfeffer, 80 g Butter

300 g Arborio-Reis, 150 ml Weißwein, 700 ml Kalbsfond

60 g frisch geriebener Parmesan

Außerdem:

20 g frisch geriebener Parmesan zum Bestreuen

1 EL gehackte Kräuter (Petersilie, Basilikum)

Die Tomaten waschen, Stielansätze entfernen und grob würfeln. Die Zwiebeln sowie die Knoblauchzehen schälen. 75 g Zwiebel und 1 Knoblauchzehe fein hacken. In einem Topf das Öl erhitzen und die Zwiebel- und Knoblauchwürfel darin hell anschwitzen. Die Tomaten zufügen. Mit Salz und Pfeffer würzen und alles zugedeckt bei mittlerer Hitze etwa 15 Minuten köcheln lassen. Die Tomaten durch ein Sieb passieren, das am Sieb anhaftende Püree abstreifen und ebenfalls mitverwenden. Das Tomatenpüree durchrühren, mit Salz und Pfeffer abschmecken. Die restliche Zwiebel sowie die zweite Knoblauchzehe fein hacken. In einem entsprechend großen Topf 40 g Butter zerlassen. Zwiebel und Knoblauch darin glasig anschwitzen. Den Reis dazuschütten und rühren, bis er glasig ist. Leicht salzen und pfeffern. Mit dem Weißwein ablöschen und die Flüssigkeit auf die Hälfte reduzieren. Nach und nach unter ständigem Rühren den erhitzten Kalbsfond angießen, der Reis sollte immer gerade von Flüssigkeit bedeckt sein. Den Risotto unter fortgesetztem Rühren in 15 bis 20 Minuten fertiggaren. 5 Minuten vor Ende der Kochzeit das Tomatenpüree einrühren. Falls nötig, noch etwas heißen Fond angießen. Der Tomatenrisotto sollte von relativ flüssiger Konsistenz sein. Mit Salz und Pfeffer abschmecken und den geriebenen Parmesan sowie die restliche Butter unterrühren. Den Risotto auf vorgewärmten Tellern anrichten, mit geriebenem Parmesan und den gehackten Kräutern bestreuen und servieren.

Grüner Spargel wächst im Gegensatz zum »Bleichspargel« auf ebenen Beeten im vollen Sonnenlicht. Man schält ihn nicht vollständig, es genügt, die Schale des unteren Drittels zu entfernen. Von Liebhabern sehr geschätzt wird auch der dünne, etwas herbere Wildspargel, der überhaupt nicht geschält, sondern nur gewaschen wird.

Mit Spargel und Safran

REIS UND SPARGEL – EINE KOMBINATION, DIE GERADE IM RISOTTO BEGEISTERT. GANZ EDEL MIT SAFRAN UND FLUSSKREBSEN.

RISOTTO CON ASPARAGI

Da der grüne Spargel ein kräftigeres Aroma hat als weißer, eignet er sich besser als Begleiter für den Reis. Besonders delikat sind die italienischen Sorten aus dem Veneto, aber auch grüner Spargel aus anderen Anbauländern – etwa Frankreich, Griechenland oder Thailand – kommt je nach Saison in Frage.

400 g grüner Spargel, Salz, 50 g Schalotten
40 g Butter, 300 g Arborio-Reis
1/4 l trockener Weißwein, 1/2 l Kalbsfond
frisch gemahlener schwarzer Pfeffer
60 g frisch geriebener Parmesan
50 g Butterflöckchen
Außerdem:
frisch geriebener Parmesan zum Bestreuen, nach Belieben

Vom Spargel die Enden großzügig abschneiden, nur das untere Drittel schälen und die Stangen in 3 bis 4 cm lange Stücke schneiden. Diese in leicht gesalzenem, sprudelnd kochendem Wasser 10 bis 12 Minuten garen, mit dem Schaumlöffel herausheben und gut abtropfen lassen. Vom Kochsud 600 ml beiseite stellen. Die Schalotten schälen und sehr fein hacken. In einem Topf die Butter zerlassen und die Schalottenwürfel darin glasig anschwitzen. Den Reis dazuschütten und unter Rühren glasig werden lassen. Den Weißwein zugießen, einkochen lassen. Inzwischen Kalbsfond und Spargelsud zusammen erhitzen. Den Reis unter wiederholtem Rühren 12 bis 15 Minuten köcheln lassen, dabei nach und nach die Fondmischung angießen – der Reis sollte immer gerade eben von Flüssigkeit bedeckt sein. Den Spargel vorsichtig untermischen und bei schwacher Hitze weitere 5 Minuten köcheln, bis der Reis gar, im Kern aber noch fest ist. Je nach gewünschter Konsistenz – der eine mag den Risotto flüssiger, der andere eher trocken – noch etwas Flüssigkeit (Spargelsud oder Wasser) angießen, salzen und pfeffern. Parmesan und Butterflöckchen vorsichtig unterrühren. Den Risotto auf vorgewärmten Tellern anrichten, nach Belieben mit geriebenem Parmesan bestreuen und servieren.

RISOTTO MIT SAFRAN

Den »Risotto allo zafferano« (siehe auch Foto Seite 83) reicht man in Italien als »primo piatto« oder aber auch als Beilage – klassisch etwa zu Ossobuco alla milanese. Doch wie auch immer, er besticht durch die tiefgelbe Farbe und sein spezielles Aroma.

RISOTTO

2 Markknochen, 30 g Zwiebel, 1/2 Knoblauchzehe
1/4 TL Safranfäden, etwa 800 ml Rinderfond
50 g Butter, 300 g Vialone-nano-Reis
100 ml Weißwein, Salz
60 g frisch geriebener Parmesan

Das Rindermark – es sollten etwa 20 g sein – aus den Knochen lösen, gut wässern und in kleine Würfel schneiden. Zwiebel und Knoblauch schälen und beides sehr fein hacken. Die Safranfäden in etwas Fond einweichen. In einer Pfanne 20 g Butter zerlassen und die Markwürfelchen darin auslassen. Die Zwiebel- und Knoblauchwürfel darin hell anschwitzen. Den Reis unter Rühren mitschwitzen, bis die Körner glasig sind. Den Weißwein zugießen, etwas einkochen lassen. Salz und die eingeweichten Safranfäden einrühren. Nach und nach den erhitzten Rinderfond angießen, der Reis sollte immer gerade eben von Flüssigkeit bedeckt sein, dabei wiederholt rühren. Nach 12 bis 15 Minuten ist der Risotto gar. Den geriebenen Parmesan sowie die restliche Butter untermischen, kurz durchziehen lassen, den Safranrisotto auf vorgewärmten Tellern anrichten und servieren.

SAFRANRISOTTO
MIT SPARGEL UND FLUSSKREBSEN

Flußkrebse, vor zwei Jahrhunderten noch ein Arme-Leute-Essen, sind heute schon beinahe Luxus. Vor allem der Edelkrebs ist sehr selten geworden. Signalkrebse dagegen, mit dem charakteristischen orangefarbenen Fleck am letzten Scherengelenk, sind durch Anzucht wieder weiter verbreitet. In Delikateßgeschäften gibt es die Krebsschwänze bereits ausgelöst zu kaufen.

50 g Zwiebel, 90 g Butter, 250 g Arborio-Reis
1/2 TL Safranfäden, 1/8 l Weißwein
0,8 bis 1,0 l Gemüsefond
Salz, frisch gemahlener schwarzer Pfeffer
150 g grüne Spargelspitzen (von etwa 5 cm Länge)
16 ausgelöste Flußkrebsschwänze

Die Zwiebel schälen und fein hacken. In einer Kasserolle 50 g Butter zerlassen und die Zwiebelwürfel darin farblos anschwitzen. Den Reis dazuschütten, unter ständigem Rühren mitschwitzen, bis die Körner glasig sind – weder Reis noch Zwiebel dürfen Farbe nehmen. Die Safranfäden untermischen, den Weißwein zugießen und diesen unter fortgesetztem Rühren einkochen lassen. Etwas erhitzten Gemüsefond angießen und den Reis unter wiederholtem Rühren 12 bis 15 Minuten köcheln lassen, dabei nach und nach den restlichen Fond angießen – der Reis sollte immer gerade eben mit Flüssigkeit bedeckt sein – und mit Salz und Pfeffer würzen. Inzwischen in einem Topf die restliche Butter zerlassen, die Spargelspitzen darin 6 bis 8 Minuten anschwitzen und vorsichtig unter den Reis mischen. Die ausgelösten Krebsschwänze 2 bis 3 Minuten in der verbliebenen Butter braten, salzen und pfeffern. Den Risotto auf vorgewärmten Tellern anrichten und mit den Krebsschwänzen belegen.

▲ Der Gorgonzola, der auf dem heißen Reis schmilzt und erst unmittelbar vor dem Servieren untergerührt wird, verleiht dem Spinatrisotto eine pikante Note. Was dessen Konsistenz anbelangt, sollte man einkalkulieren, daß er noch etwas anzieht, während der Käse zerläuft, er sollte also eher noch zu flüssig als zu trocken sein.

Risotti mit Blattgemüse

MAL SPINATGRÜN, MAL RADICCHIOROT – JEWEILS GEWÜRZT MIT DEM PASSENDEN KÄSE.

Frischer, junger Spinat und der Radicchio di Trevisiano sind die richtigen Zutaten für diese beiden Risotto-Spezialitäten. Der Radicchio di Trevisiano, der sich durch seinen intensiven Geschmack auszeichnet, bildet keine runden Köpfe aus, sondern vielmehr eine offene Blattrosette mit langen, schmalen, dunkel- bis weinroten Blättern; charakteristisch ist die weiße Mittelrippe. Bitterer als andere Varietäten, ist der Radicchio di Trevisiano daher besonders für Risotti geeignet. Dennoch kann selbstverständlich auch eine andere Sorte verwendet werden, etwa der kleinköpfige rote »Radicchio di Chioggia« –

außerhalb Italiens der am häufigsten angebotene – oder der dem »Trevisiano« in der Form recht ähnliche, doch kompaktere »Radicchio di Treviso«.

RISOTTO MIT SPINAT

400 g Spinat, Salz, 40 g Zwiebel
2 Knoblauchzehen, 3 EL Olivenöl
400 g Vialone-nano-semifino-Reis
1 l Gemüsefond
frisch gemahlener Pfeffer
30 g frisch geriebener Parmesan
200 g Gorgonzola piccante

Den Spinat putzen, waschen und in kochendem Salzwasser blanchieren. Herausheben, abtropfen lassen, gut ausdrücken und den Spinat fein hacken. Zwiebel und Knoblauch schälen, ebenfalls fein hacken. In einem Topf das Öl erhitzen und die Zwiebel- und Knoblauchwürfel darin glasig anschwitzen. Den Reis dazuschütten und unter Rühren ebenfalls glasig werden lassen. Den gehackten Spinat unterrühren und kurz mitschwitzen. Nach und nach den erhitzten Fond angießen und den Risotto 15 bis 20 Minuten köcheln lassen, zwischendurch wiederholt umrühren. Salzen und pfeffern, den Parmesan

einrühren und den Risotto vom Herd stellen. Den in Scheiben geschnittenen Gorgonzola auf dem Reis verteilen, im geschlossenem Topf schmelzen lassen. Aufdecken, den Käse unterrühren und sofort servieren.

RISOTTO AL RADICCHIO

Den Risotto mit Radicchio bereiten die Köchinnen und Köche im Veneto leicht abweichend von der »klassischen« Risotto-Methode zu. Hier werden die Reiskörner nicht mit den Zwiebeln und dem Radicchio im heißen Öl angeschwitzt, sondern kommen erst nach dem Wein in den Topf. Eine Variante wäre, den Risotto wie gewohnt zu rühren, den in Streifen geschnittenen Radicchio in heißem Olivenöl separat anzubraten und erst unter den fertigen Risotto zu mischen. Das Ergebnis ist beide Male sehr delikat – und welche Kochmethode man bevorzugt, ist einmal mehr reine Geschmackssache.

400 g Radicchio di Trevisiano
80 g Zwiebeln
1 Knoblauchzehe, 2 EL Olivenöl
50 g Butter, 150 ml Rotwein
300 g Arborio-Reis, 800 ml Kalbsfond

Salz, frisch gemahlener weißer Pfeffer
1 Prise Zucker, 30 g frisch geriebener Parmesan
Außerdem:
20 g frisch geriebener Parmesan
2 EL grobgeschnittene Schnittlauchröllchen

Den Radicchio putzen, waschen, quer in dünne Streifen schneiden und bis zur weiteren Verwendung beiseite stellen. Zwiebeln und Knoblauch schälen, beides fein hacken. In einem Topf das Olivenöl sowie 30 g Butter erhitzen und die Zwiebel- und Knoblauchwürfel darin farblos anschwitzen. Den kleingeschnittenen Radicchio 2 Minuten mitschwitzen und mit dem Rotwein ablöschen. Die Flüssigkeit unter Rühren einkochen lassen, den Reis dazuschütten und kurz ziehen lassen, dabei wiederholt umrühren. In einem separaten Topf den Kalbsfond erhitzen. Etwas kochenden Fond angießen und den Reis noch etwa 15 Minuten unter ständigem Rühren im offenen Topf köcheln lassen. Dabei jeweils so viel Fond nachgießen, daß der Reis immer gerade von Flüssigkeit bedeckt ist. Den Risotto mit Salz, Pfeffer und Zucker würzen und den geriebenen Parmesan sowie die restliche Butter unterrühren. Vom Herd stellen und den Risotto auf vorgewärmten Tellern anrichten. Mit Parmesan und Schnittlauch bestreuen und servieren.

Risotto mit Naturreis

NATURREIS – AUCH »BRAUNER REIS« GENANNT – ENTHÄLT BESONDERS VIELE VITAMINE.

Naturreis, das heißt, ungeschliffener Reis – die Bezeichnung »ungeschälter Reis« ist unzutreffend, denn auch Braunreis muß entspelzt werden – spielt vor allem in der Vollwertküche eine wichtige Rolle. Ernährungsphysiologisch ist er sehr wertvoll, da die Schichten des »Silberhäutchens«, das – im Unterschied zum weißen Reis – am Korn verbleibt, jede Menge Vitamine, Mineral- und Ballaststoffe enthalten. Auch der ölhaltige Keim ist noch im Korn vorhanden, weshalb man Naturreis weniger lange aufbewahren kann als weißen, er wird nach einiger Zeit ranzig. Für Risotto empfiehlt sich auch beim Naturreis die rundkörnige Variante. In seinen Kocheigenschaften unterscheidet sie sich von einem geschliffenen Rundkorn allerdings etwas: Das »Silberhäutchen« bildet eine Art Schild gegen Hitze und Feuchtigkeit, deshalb muß dieser Reis länger kochen als geschliffener – insgesamt etwa 40 bis 50 Minuten – und benötigt auch mehr Flüssigkeit. Andere Naturreis-Sorten eignen sich für diese Zubereitungsart weniger, da sie nicht die »risotto-typischen« Eigenschaften aufweisen. So muß man etwa den roten Reis aus der Camargue ebenso wie auch den kanadischen Wildreis über Nacht einweichen, sonst werden sie überhaupt nicht gar. Und selbst dann ist ihre Kochzeit noch sehr viel länger als beim Rundkorn-Naturreis; mindestens 2 Stunden sollte man einkalkulieren. Dadurch wird der Verbrauch an Flüssigkeit, vor allem an Kalbs- oder Gemüsefond, sehr hoch, und trotz kräftigsten Rührens entsteht keinerlei sämige Bindung zwischen den Körnern, wie sie für die italienischen Rundkornsorten typisch, für einen Risotto gerade charakteristisch ist und beim »braunen« Rundkornreis auch funktioniert. Besonders gut eignet sich dieser für vegetarische Kombinationen, weil sein typisch nussiger Geschmack bestens mit den Aromen der unterschiedlichsten, auch rustikaleren Gemüsesorten harmoniert. Bestes Beispiel: der unten vorgestellte Wirsingrisotto.

WIRSINGRISOTTO

Ein herzhafter Risotto mit viel Geschmack: Räucherspeck und pikante Salsiccia, ersatzweise eine grobe Salami, passen sehr gut zum Wirsing, der allerdings möglichst jung und zart sein sollte.

300 g Wirsing, 50 g Zwiebel, 1 Knoblauchzehe
30 g roher durchwachsener Räucherspeck
60 g Butter, 400 g Rundkorn-Naturreis
1/8 l Weißwein
etwa 1,5 l Kalbsfond
Salz, frisch gemahlener schwarzer Pfeffer
140 g Salsiccia, 30 g frisch geriebener Parmesan

Den Wirsing vierteln, den harten Strunk herausschneiden, die dunkelgrünen Außenblätter entfernen und nur
die hellen Blätter in dünne Streifen schneiden. Bis zur
weiteren Verwendung beiseite stellen. Die Zwiebel sowie
die Knoblauchzehe schälen und beides fein hacken. Den
Speck in kleine Würfel schneiden. In einer Kasserolle
die Hälfte der Butter zerlassen und die Zwiebel-, Knob-
lauch- und Speckwürfel darin glasig anschwitzen. Den
Naturreis dazuschütten und rühren, bis er glasig ist. Mit
dem Weißwein ablöschen und diesen weitgehend einkö-
chen lassen. Etwas erhitzten Kalbsfond angießen – der
Reis sollte immer gerade mit Flüssigkeit bedeckt sein –,
salzen und pfeffern. Die Hitze reduzieren und den Reis
unter gelegentlichem Rühren 30 bis 40 Minuten köcheln
lassen, dabei nach und nach den restlichen Fond
angießen. Den Wirsing untermischen und alles weitere
20 Minuten garen. Inzwischen die Salsiccia häuten und in
Scheiben schneiden. Nach dem Ende der Kochzeit die
Wurst unter den Reis mischen und darin erwärmen, mit
Salz und Pfeffer abschmecken und mit dem geriebenen
Parmesan bestreuen. Die restliche Butter auf dem heißen
Risotto verteilen und sofort servieren.

GEMÜSERISOTTO

Eine schmackhafte, rein vegetarische Angelegenheit, bei
der neben den verschiedenen Gemüsesorten einmal
kein Kalbs- oder Rinderfond, sondern leichter Gemüsefond als Flüssigkeitszugabe zum Reis kommt.

100 g Möhren, 80 g Lauch, 60 g Stangensellerie
60 g Zwiebel, 80 g Butter, 400 g Rundkorn-Naturreis
etwa 1,5 l Gemüsefond, Salz, frisch gemahlener Pfeffer
frisch geriebene Muskatnuß
Außerdem:
40 g frisch gehobelter Parmesan
1 EL gehackte glatte Petersilie

Die Möhren schälen und in kleine Würfel schneiden.
Lauch und Stangensellerie putzen, waschen und den
Lauch ebenfalls in kleine Würfel, den Stangensellerie in
dünne Scheibchen schneiden und bis zur weiteren Verwendung beiseite stellen. Die Zwiebel schälen und fein
hacken. In einer Kasserolle 40 g Butter zerlassen und die
Zwiebelwürfel darin glasig anschwitzen. Den Reis zufügen und unter Rühren mitschwitzen, bis er ebenfalls glasig ist. Etwas erhitzten Gemüsefond angießen und einkochen lassen. Die Hitze reduzieren und den Reis unter
gelegentlichem Rühren 30 bis 40 Minuten garen, dabei
nach und nach den restlichen Gemüsefond angießen –
der Reis sollte immer gerade eben von Flüssigkeit
bedeckt sein – und mit Salz, Pfeffer und Muskatnuß würzen. In einer separaten Pfanne die restliche Butter zerlassen, die Möhren- und Lauchwürfel sowie die Sellerie-
scheibchen darin kurz anschwitzen, vom Herd nehmen
und beiseite stellen. Nach Ablauf der angegebenen Garzeit das Gemüse unter den Reis mengen und alles
zusammen noch weitere 20 Minuten garen. Den Gemü-
serisotto vom Herd stellen, abschmecken und, bestreut
mit gehobeltem Parmesan und Petersilie, servieren.

▲ Neben Hunden suchen in Frankreich auch Schweine nach den wertvollen schwarzen Trüffeln, die im Périgord und dort mit Vorliebe unter Zwergeichen wachsen. In Italien sind die kostbaren Pilze mit der schwarzen, feingerunzelten Schale, die manchmal sogar die Größe einer Orange erreichen können, nach einer kleinen Stadt in Umbrien benannt und kommen als Norcia-Trüffeln auf den Markt.

chen wurden und werden. Der intensive Geschmack der weißen Trüffel wird in dieser besonders luxuriösen Variante eines Trüffelrisottos noch verstärkt durch eine klassische Sauce périgueux. Die dafür verwendeten schwarzen Trüffeln kommen aus dem Périgord, der Gegend Frankreichs, die für ihre kulinarischen Spezialitäten hochgerühmt wird, oder aus den italienischen Provinzen Piemont und Umbrien.

Trüffelrisotto

RISOTTO AL TARTUFO – EINE EBENSO KOSTBARE WIE KÖSTLICHE DELIKATESSE AUS DEM PIEMONT.

Die raren, hocharomatischen weißen Trüffeln wachsen in Italien vor allem in der Umgebung von Alba. Im November/Dezember wird daher die kleine alte Stadt zum Mekka der Feinschmecker. Die oft kugelförmigen Pilzkörper sind außen glatt und weißlich oder ockerfarben. Das kastanien- bis schwarzbraun gefärbte Fleisch wird von weißen Äderchen durchzogen, die der Trüffel das charakteristische marmorierte Aussehen verleihen. Sie verbreitet einen höchst betörenden Duft, womit wohl nicht zuletzt zusammenhängt, daß der Trüffel von alters her in hohem Grade aphrodisische Eigenschaften zugespro-

Für den Risotto:
1 weiße Trüffel (etwa 60 g), 300 g Vialone-Reis
30 g Schalotten, 30 g Butter
Salz, 600 ml Gemüsefond
frisch gemahlener Pfeffer
Für die Trüffelsauce:
1 schwarze Trüffel (etwa 60 g)
30 g Schalotten
50 g Butter
50 ml trockener roter Portwein
1/4 l Kalbsfond
Salz, frisch gemahlener Pfeffer
1 cl Cognac
Außerdem:
frisch geriebener Parmesan nach Belieben

Bereits 1 bis 2 Tage vor der eigentlichen Zubereitung des Risottos die weiße und die schwarze Trüffel sorgfältig abbürsten, um allen anhängenden Schmutz zu entfernen. Beide Trüffeln zusammen mit dem Reis in ein gut verschließbares Gefäß geben. Durch die Lagerung mit den Pilzen nimmt der Reis ein deutliches Trüffelaroma an. Für die Sauce die schwarze Trüffel dünn schälen und aus den Abschnitten zunächst einen Trüffelfond herstellen. Dafür die Trüffelschalen sehr fein hacken oder im Mörser zerstoßen. Die Schalotten schälen, fein hacken und in 10 g zerlassener Butter farblos anschwitzen. Die Trüffelschalen zur Schalotte geben und kurz mitschwitzen. Mit dem Portwein ablöschen und reduzieren, bis fast die gesamte Flüssigkeit verdampft ist. Den Kalbsfond angießen und nochmals auf die Hälfte reduzieren. Durch ein Tuch passieren, mit wenig Salz und frisch gemahlenem Pfeffer würzen und abkühlen lassen. Die Butter, die sich an der Oberfläche abgesetzt hat, entfernen. Das geschieht am einfachsten durch ein- oder zweimaliges Auflegen von Küchenpapier. Die geschälte schwarze Trüffel in feine Streifen schneiden und in 10 g zerlassener Butter langsam anschwitzen. Mit dem Cognac ablöschen und den Trüffelfond zugießen. Die Flüssigkeit auf die Hälfte reduzieren. Für den Risotto die Schalotten schälen und fein hacken. In einem Topf die Butter zerlassen und die Schalottenwürfel darin hell anschwitzen. Den aromatisierten Reis und wenig Salz zufügen und alles 2 bis

3 Minuten unter Rühren mitschwitzen, bis der Reis glasig ist. Nach und nach den erhitzten Gemüsefond angießen und den Reis etwa 15 Minuten köcheln lassen, dabei immer wieder umrühren. Sollte der Risotto zu kompakt werden, noch etwas Fond zufügen. Die Trüffelsauce vom Herd nehmen und die restliche Butter – sie sollte eiskalt sein – in Flöckchen unter ständigem Rühren in die Sauce montieren. Mit Salz und frisch gemahlenem Pfeffer abschmecken. Den Risotto auf vorgewärmte Teller verteilen, die weiße Trüffel in feinen Spänen darüberhobeln und nach Belieben mit frisch geriebenem Parmesan bestreuen. Mit der Trüffelsauce servieren.

Risotto mit würzigen Pilzen

MIT FRISCHEN MORCHELN ODER STEINPILZEN – IM FRÜHJAHR ODER HERBST,
JE NACH SAISON – EIN UNVERGLEICHLICHER GENUSS.

Auch in Italien sind Pilze überaus beliebt, gerade in Kombination mit Reis. Zur Saison kommen vor allem im Trentino bis zu 200 verschiedene Sorten auf den Markt. Neben den recht kostspieligen Tartufi führen Steinpilze – Porcini – und Morcheln die Beliebtheitsskala an. Getrocknete Pilze steigern den Geschmack des Risotto zusätzlich. Allerdings eignen sich nicht alle Sorten so gut dafür wie Steinpilze, deren kräftiges Aroma sich beim Trocknen sogar noch intensiviert. Entweder zu Pulver zermahlen oder, wie hier, 10 Minuten in lauwarmem Wasser eingeweicht und dann zerkleinert, kommen die getrockneten Steinpilze in den Reis.

MORCHELRISOTTO

Morcheln wachsen ebenso wie Steinpilze nur wild, züchten lassen sie sich nicht. Ihre Saison beginnt im zeitigen Frühjahr. Schon ab März sind die Pilze mit dem gelben, grauen oder bräunlichen, kegelförmig gerippten Hut in Auwäldern oder Parkanlagen zu finden – insbesondere in der Nähe von Eschen. Bis in den Juni hinein ist der begehrte Speisepilz aber auch am Markt erhältlich. Wer die Morchelzeit verpaßt hat und dennoch gerne diesen Pilzrisotto reichen würde, kann sich mit getrockneten Morcheln behelfen. Die Menge reduziert sich in diesem Fall auf 30 g. Die getrockneten Pilze 20 Minuten in lauwarmem Wasser einweichen und anschließend sehr gründlich waschen, um allen Sand zu entfernen. Gut ausdrücken, die eingeweichten Morcheln klein schneiden und den Risotto zubereiten wie unten angegeben.

40 g Schalotten, 100 g kleine frische Morcheln, 50 g Butter

200 g Vialone-nano-Reis, 150 ml Weißwein, 100 ml Sahne

Salz, frisch gemahlener Pfeffer, 400 ml Kalbsfond

20 g frisch geriebener Parmesan

Außerdem:

1 EL gehackte glatte Petersilie

Die Schalotten schälen und fein hacken. Die Morcheln gründlich waschen und gut abtropfen lassen. Die Stiele etwas kürzen, größere Pilze halbieren. In einer Kasserolle 30 g Butter zerlassen, die Schalotten darin hell anschwitzen, den Reis zufügen und unter Rühren glasig werden lassen. Mit dem Weißwein ablöschen, diesen etwas einkochen lassen. Die Sahne zugießen, salzen und pfeffern. Nach und nach den erhitzten Fond angießen, dabei immer wieder umrühren. Den Risotto 12 Minuten garen. In einer Pfanne die restliche Butter zerlassen und die gut abgetropften Morcheln darin 1 Minute anschwitzen. Mit Salz und Pfeffer würzen. Die Morcheln unter den Risotto heben, alles noch 3 bis 4 Minuten köcheln. Zuletzt den geriebenen Parmesan untermischen. Den Morchelrisotto auf vorgewärmten Tellern anrichten und, mit Petersilie bestreut, servieren.

STEINPILZRISOTTO

10 g getrocknete Steinpilze, 300 g frische Steinpilze

130 g Zwiebeln, 60 g Butter, 300 g Carnaroli-Reis

150 ml Weißwein, etwa 800 ml Kalbsfond

Salz, frisch gemahlener Pfeffer, 1/2 Döschen Safranpulver

30 g frisch geriebener Parmesan

2 EL Olivenöl, 1 EL gehackte Petersilie

Die getrockneten Steinpilze 10 Minuten in lauwarmem Wasser einweichen. Inzwischen die frischen Pilze sorgfältig putzen, beiseite stellen. Die Zwiebeln schälen und sehr fein hacken. Die eingeweichten Pilze gut ausdrücken und fein hacken. In einem Topf 40 g Butter zerlassen, die gehackten Pilze sowie 80 g Zwiebelwürfel darin hell anschwitzen. Den Reis dazuschütten und bei starker Hitze rühren, bis die Körner glasig sind, wobei weder Reis noch Pilze Farbe nehmen dürfen. Den Wein zugießen und unter Rühren etwas einkochen lassen. Nach und nach den erhitzten Fond angießen, dabei ständig rühren. Den Risotto mit Salz, Pfeffer und Safran würzen und in 12 bis 15 Minuten fertigkochen. Die restliche Butter sowie den geriebenen Parmesan untermischen und den Risotto vom Herd stellen. Die geputzten frischen Pilze längs in dünne Scheiben schneiden. In einer Pfanne das Öl erhitzen, die restlichen Zwiebelwürfel darin glasig anschwitzen, die Steinpilze 1 bis 2 Minuten mitbraten, salzen, pfeffern und mit der gehackten Petersilie bestreuen. Den fertigen Risotto mit dem Pilzragout auf vorgewärmten Tellern anrichten und sofort servieren.

Für viele Pilzliebhaber das Größte: safran-gelber Reis mit einem Ragout aus frischen Steinpilzen. Der Morchelrisotto ist hier als Beilage vorgesehen, etwa zu Kalbfleisch- oder Geflügelgerichten oder aber zu feinem Wild wie Reh oder Hirsch. Soll er als separater Gang serviert werden, verdoppelt man einfach die Zutaten.

Junge, ganz frische Steinpilze begeistern jeden Pilzsammler. Wer das Glück hat, solchen Prachtexemplaren bei einer Wanderung zu begegnen, sollte das nebenstehende Risotto-Rezept unbedingt mal ausprobieren. Andere werden zur richtigen Saison sicherlich auf dem Markt fündig.

Risotti con pesce e frutti di mare

VIELFACH VARIIERT, IN DER KOMBINATION
ABER IMMER WIEDER ÜBERZEUGEND –
REIS MIT FISCH UND MEERESFRÜCHTEN.

AALRISOTTO

Manche Gerichte gibt es zu speziellen Anlässen, so auch
dieses. Reis mit Aal gehört – zumindest in Venetien – zu
Heiligabend, und zwar als traditioneller Auftakt des Fest-
menüs. Die Zubereitung dieses Risottos, für den man am
besten einen etwa 1 kg schweren Flußaal nimmt, weicht
von der »klassischen« Risotto-Methode insofern etwas
ab, als hier der Reis einmal nicht vorab glasig angeschwitzt wird, sondern direkt in den Kochsud kommt.

1 kg Aal, küchenfertig und gehäutet
60 g Zwiebel, 1 Knoblauchzehe
100 g Stangensellerie, 2 EL Olivenöl, 25 g Butter
etwa 700 ml Fischfond, 1 EL Zitronensaft
Salz, frisch gemahlener Pfeffer, 300 g Carnaroli-Reis
1 Lorbeerblatt, 2 EL gehackte Petersilie

Den Aal in etwa 5 cm lange Stücke teilen. Zwiebel und
Knoblauch schälen, Stangensellerie putzen, alles klein
würfeln. In einem Topf das Öl sowie die Butter erhitzen
und die Aalstücke darin rundum anbraten. Knoblauch-,
Zwiebel- und Selleriewürfel kurz mitbraten, mit 200 ml
Fischfond aufgießen, Zitronensaft einrühren, salzen und
pfeffern. Zudecken und den Aal bei reduzierter Hitze etwa
20 Minuten garen. Den Aal aus dem Kochsud heben,
etwas abkühlen lassen, Gräten sowie das graue Häutchen entfernen und den Fisch bis zur weiteren Verwendung beiseite stellen. Den Reis in den verbliebenen Sud
schütten, umrühren, Lorbeerblatt einlegen. Nach und
nach den restlichen heißen Fischfond angießen und den
Reis bei geringer Hitze in 15 bis 18 Minuten fertiggaren. In
den letzten 5 Minuten der Kochzeit die Aalstücke und die
Petersilie untermischen, abschmecken und servieren.

RISOTTO MIT MEERESFRÜCHTEN

750 g Seeteufel, 500 g Venusmuscheln, 500 g Miesmuscheln

80 g Möhren, 50 g Stangensellerie

1 Lorbeerblatt, Salz, 5 weiße Pfefferkörner

50 g Zwiebel, 1 Knoblauchzehe

8 Jakobsmuscheln, 40 g Butter

300 g Vialone-nano-Reis, 1/8 l Weißwein

frisch gemahlener weißer Pfeffer, 1 EL gehackte Petersilie

Den Seeteufel filetieren, in etwa 2 cm große Stücke schneiden. Die Muscheln unter fließendem kaltem Wasser gut waschen, offene Exemplare wegwerfen. Von den Miesmuscheln mit den Fingern den Bart abziehen. Die Möhren schälen, den Stangensellerie putzen und beides in Stücke schneiden. In einem Topf 1,2 l Wasser mit dem Lorbeerblatt, dem Gemüse, etwas Salz sowie den Pfefferkörnern zum Kochen bringen. Die Hitze reduzieren und die Fischstücke 5 Minuten darin ziehen lassen. Herausheben und bis zur weiteren Verwendung beiseite stellen. Den Sud erneut aufkochen, die Muscheln darin kochen, bis sie sich öffnen. Herausnehmen, die geschlossenen Exemplare wegwerfen, sie könnten verdorben sein. Den Sud durch ein Haarsieb passieren und 700 ml davon bei-

seite stellen. Zwiebel und Knoblauch schälen, fein hacken. Die Jakobsmuscheln gründlich säubern. Jeweils mit einem Handtuch festhalten, mit einem stabilen spitzen Messer den inneren Muskel durchtrennen und die flache obere Schale abheben. Die Muschel mit einem Messer am grauen Rand des Fleisches auslösen. Den grauen Rand abziehen, das weiße Fleisch – in der Fachsprache als »Nüßchen« bezeichnet – vorsichtig vom orangefarbenen Rogen oder »Corail« trennen. Das weiße Muschelfleisch quer halbieren. In einer Kasserolle die Butter zerlassen, Muschelfleisch und Corail darin von jeder Seite 1 Minute braten. Herausnehmen und beiseite stellen. Zwiebel und Knoblauch in der Butter glasig schwitzen. Den Reis dazuschütten, ebenfalls glasig werden lassen. Mit dem Weißwein ablöschen, diesen unter Rühren reduzieren. Salzen, pfeffern und den aufgefangenen Sud nach und nach unter Rühren angießen. Nach 18 bis 20 Minuten ist der Reis gar. Die Muscheln bis auf einige zum Garnieren aus der Schale lösen. Die Fischstücke, Muscheln sowie das Jakobsmuschelfleisch und den Corail in den letzten Minuten unter den Risotto mengen und darin erwärmen. Die Petersilie einstreuen, abschmecken, den Risotto mit den restlichen Muscheln in der Schale garnieren und in der Kasserolle servieren.

Seeteufel, Muscheln, Moscardini

ALLES, WAS DAS MEER HERGIBT. RISOTTI MIT FANGFRISCHEM FISCH UND DELIKATEN
MEERESFRÜCHTEN – NICHT NUR BEI KÜSTENBEWOHNERN BELIEBT.

RISOTTO VOM SEETEUFEL MIT MEERESFRÜCHTEN

12 mittelgroße, ausgelöste Garnelenschwänze
250 g Calamaretti, 200 g Seeteufelfilet, 500 g Vongole
500 g Miesmuscheln, 50 g Zwiebel, 1 Knoblauchzehe
6 EL Olivenöl, 100 ml Weißwein, 1 Thymianzweig
Salz, frisch gemahlener Pfeffer, 1 Spritzer Zitronensaft
2 EL gehackte Petersilie, 1 EL Basilikum, in feinen Streifen
Für den Risotto:
50 g Zwiebel, 1 Knoblauchzehe, 300 g Tomaten
2 EL Olivenöl, 300 g Carnaroli-Reis, 100 ml Weißwein
1 Lorbeerblatt, 1 rote Chilischote, 1 l Fischfond
Salz, frisch gemahlener schwarzer Pfeffer
Außerdem:
Basilikumblättchen zum Garnieren

Die Hälfte der Garnelenschwänze in etwa 1,5 cm große Stücke schneiden. Die Calamaretti waschen, die Haut abziehen. Die Tentakel ganz aus dem Körperbeutel ziehen und knapp über den Augen so vom Kopf trennen, daß die Arme durch einen schmalen Ring verbunden bleiben. Die Kauwerkzeuge herausdrücken und entfernen, ebenso das transparente Fischbein. Die Körper innen wie außen sorgfältig waschen und in etwa 1 cm breite Ringe schneiden. Das Seeteufelfilet quer in etwa 1 cm dicke Scheiben schneiden. Vongole und Miesmuscheln unter fließendem kaltem Wasser sorgfältig abbürsten, alle Sand- und Kalkreste entfernen. Geöffnete

Muscheln wegwerfen. Von den Miesmuscheln mit den Fingern den Bart abziehen. Zwiebel und Knoblauch schälen, fein hacken. In einem Topf 2 EL Olivenöl erhitzen und die Zwiebel- und Knoblauchwürfel darin hell anschwitzen. Die beiden Muschelsorten zufügen, mit dem Wein ablöschen und zugedeckt kochen, bis sich die Muscheln geöffnet haben. Vom Herd stellen. 2/3 der Muscheln aus der Schale lösen – geschlossene Exemplare wegwerfen – und mit den anderen beiseite stellen. Den Kochsud durch ein feines Sieb passieren, ebenfalls beiseite stellen. Für den Risotto Zwiebel und Knoblauch schälen und sehr fein hacken. Die Tomaten blanchieren, häuten, halbieren, Stielansätze und Samen entfernen und das Fruchtfleisch klein würfeln. In einem Topf das Öl erhitzen, Zwiebel- und Knoblauchwürfel darin farblos anschwitzen, den Reis zuschütten und unter Rühren glasig werden lassen. Die Tomaten 1 bis 2 Minuten mitschwitzen, den Wein zugießen und diesen bei starker Hitze unter Rühren reduzieren. Das Lorbeerblatt sowie die ganze Chilischote einlegen, nach und nach den Muschelsud und den erhitzten Fischfond angießen, salzen, pfeffern und den Risotto unter wiederholtem Rühren 12 bis 15 Minuten garen. In einer Pfanne 2 EL Öl erhitzen, den Thymianzweig einlegen und die Garnelenstücke, die Calamarettiringe sowie den Seeteufel 2 bis 3 Minuten darin braten. Mit Salz, Pfeffer und Zitronensaft würzen. 1 EL gehackte Petersilie sowie die Basilikumstreifen einstreuen und alles 1 Minute vor Ende der Garzeit des Reises mit den ausgelösten Muscheln vorsichtig unter den Risotto mischen. Die Pfanne säubern, das restliche Öl erhitzen und die ganzen Garnelenschwänze sowie die

Tentakel darin 2 Minuten braten. Die Muscheln in der Schale einlegen, kurz miterhitzen, salzen, pfeffern und mit der restlichen Petersilie bestreuen. Auf vorgewärmten Tellern anrichten und den Risotto mit Garnelenschwänzen, Tentakeln sowie Muscheln belegen, mit einigen Basilikumblättchen garnieren und servieren.

RISOTTO MIT HOPFENTRIEBEN UND MOSCARDINI

Wenn der Hopfen im Frühjahr gerade frisch ausgetrieben hat, ist es Zeit für einen »Risoto coi bruscandoli«. »Risoto« – mit nur einem »t« wohlgemerkt. Doch handelt es sich hier wider Erwarten nicht um einen Schreibfehler, sondern um ein Gericht aus dem Veneto. Und der venezianische Dialekt hat nun mal seine eigenen Regeln: Risotto erscheint dort als »Risoto« auf den Karten der Restaurants. Die jungen Hopfentriebe, die für dieses Rezept benötigt werden, sind manchmal am Markt erhältlich, zumindest in Italien. Ansonsten wächst der weit verbreitete Hopfen auch wild oder als Kletterpflanze im Garten. Dann schneidet man die obersten jungen, noch zarten Triebe selbst ab – in einer Länge von ungefähr 15 cm.

300 g Moscardini (oder andere kleine Tintenfische)
Salz, 80 g Zwiebeln
150 g junge Hopfentriebe
100 g Butter, 2 EL Olivenöl, 300 g Vialone-nano-Reis
frisch gemahlener weißer Pfeffer, etwa 1 l Kalbsfond
1 EL gehackte Petersilie
Außerdem:
40 g frisch geriebener Parmesan nach Belieben

Zunächst die Moscardini vorbereiten: Vom Körper die Haut abziehen. Die Arme ganz aus dem Körperbeutel ziehen und mit einem scharfen Messer knapp über den Augen so vom Kopf abtrennen, daß sie durch einen schmalen Ring verbunden bleiben. Die Kauwerkzeuge herausdrücken und ebenso wie das transparente Fischbein entfernen. Die Körper sorgfältig waschen. Genügend Salzwasser zum Kochen bringen und die Moscardini darin 1 Minute garen. Herausnehmen, gut abtropfen lassen und beiseite stellen. Inzwischen die Zwiebeln schälen und fein hacken. Die Hopfentriebe waschen, in kleine Stücke schneiden. In einer Kasserolle 40 g Butter und das Öl erhitzen und 50 g der Zwiebelwürfel darin farblos anschwitzen. Den Hopfen unter Rühren etwa 8 Minuten mitschwitzen. Den Reis zuschütten und rühren, bis die Körner glasig sind. Leicht salzen und pfeffern. Etwas erhitzten Fond angießen und den Risotto 15 bis 20 Minuten köcheln lassen, dabei mehrmals umrühren und nach und nach den restlichen Fond angießen, der Reis sollte immer von Flüssigkeit bedeckt sein. In einer Pfanne die restliche Butter zerlassen und die übrigen Zwiebelwürfel darin hell anschwitzen. Die Moscardini etwa 10 Minuten unter Rühren mitbraten. Salzen, pfeffern und mit Petersilie bestreuen. Die Hälfte der Tintenfische unter den fertigen Reis mischen. Den Risotto auf vorgewärmten Tellern anrichten, mit den übrigen Moscardini garnieren, mit Parmesan bestreuen und servieren.

Das Fischbein herausnehmen. Dafür den Tintenfisch an den Schnitträndern vorsichtig auseinanderziehen. Am unteren Ende des Sepiakörpers befindet sich der Tintenbeutel.

Risotto nero

SEINE UNGEWÖHNLICHE FARBE VERDANKT DIESER RISOTTO DER SEPIATINTE.

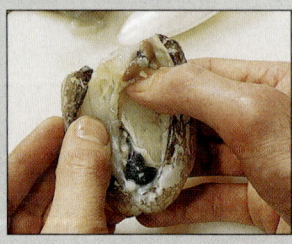

Die Eingeweide entfernen. Dafür am besten mit dem Daumen in den Körper greifen und die Eingeweide vorsichtig herauslösen. Aufpassen, daß der Tintenbeutel nicht verletzt wird.

Wer seine Skepsis angesichts des nachtschwarzen Reises überwindet und diesen Risotto zum ersten Mal probiert, wird durch das intensive Geschmackserlebnis belohnt. Dabei ist es weniger die Tinte, die für das Aroma verantwortlich ist. Geschmack bringen vielmehr die Sepien selbst. Sollten diese gerade nicht am Markt zu haben sein, kann dieses Gericht auch mit einer anderen Tintenfischart, etwa Kalmar oder Octopus, zubereitet werden. Um an das benötigte Färbemittel zu kommen, ohne dabei den Tintenbeutel zu verletzen, müssen frische Tintenfische entsprechend vorsichtig behandelt werden. Verwendet man statt dessen küchenfertige tiefgekühlte Ware, ist der Tintenbeutel bereits entfernt, und die Tinte muß separat beschafft werden. Sie ist, abgepackt in kleinen Mengen, unter der Bezeichnung »nero di seppia«

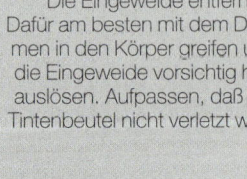

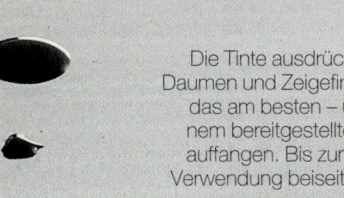

Die Tinte ausdrücken – mit Daumen und Zeigefinger geht das am besten – und in einem bereitgestellten Gefäß auffangen. Bis zur weiteren Verwendung beiseite stellen.

oder »tinta de calamar« in italienischen oder spanischen Spezialgeschäften erhältlich.

600 g Sepien
80 g Schalotten, 1 Knoblauchzehe
7 EL Olivenöl
Salz, frisch gemahlener schwarzer Pfeffer
1/8 l trockener Weißwein
1 l Fischfond
300 g Arborio-Reis
3 EL gehackte glatte Petersilie, 50 g Butter

Für den Risotto nero zunächst die Sepien vorbereiten. Mit einem scharfen Messer den Kopf mit den Fangarmen abschneiden. Soll die Tinte verwendet werden, müssen die Sepien zudem vorsichtig der Länge nach aufgeschnitten werden. Die Sepiaschale herausziehen, wie zum 1. Bild links beschrieben, und weiterverfahren, wie in der Bildfolge gezeigt. Die Fangarme vom Kopf so abtrennen, daß sie durch einen schmalen Fleischring noch mit-einander verbunden bleiben, und gründlich waschen. Von den Sepienkörpern die Haut abziehen, die Körper gut waschen und abtropfen lassen. Die Tintenfischkörper in sehr feine Streifen schneiden und mit den Armen bis zur weiteren Verwendung beiseite stellen. Die Schalotten sowie den Knoblauch schälen und fein würfeln. In einem entsprechend großen Topf das Olivenöl erhitzen und die Schalotten- und Knoblauchwürfel darin glasig anschwitzen. Das Tintenfischfleisch zufügen und einige Minuten unter Rühren anbraten. Salzen, pfeffern, mit dem Wein ablöschen und 1 Minute kochen lassen. Die Sepiatinte einrühren, weitere 10 Minuten köcheln lassen, dabei gelegentlich umrühren. In einer separaten Kasserolle den Fischfond erhitzen. Den Reis zu der Tintenfisch-Mischung schütten und einige Minuten unter Rühren garen, bis nur noch wenig Flüssigkeit im Topf ist. Etwas heißen Fond angießen und weiterrühren, bis dor Reis die Flüssigkeit aufgenommen hat. Diesen Vorgang so lange wiederholen, bis der Reis gar ist; das dauert etwa 15 Minuten. Die gehackte Petersilie und die Butter unter den Risotto rühren, abschmecken und sofort servieren.

Mit Scampi und Dorade royale

NICHT UMSONST IST DIE ITALIENISCHE KÜCHE BERÜHMT FÜR IHRE FANTASIE IM UMGANG MIT MEERESFRÜCHTEN.

Auch Risotti mit Meeresfrüchten oder Fisch gibt es in unzähligen Varianten; die zwei hier vorgestellten sind ebenso interessant wie wohlschmeckend.

RISOTTO AGLI SCAMPI

Eine Edelversion des italienischen Reisklassikers: Mit Scampi – langoustine auf französisch, zu deutsch Kaisergranat – wird der Risotto zum reinen Luxus. Die in den kühleren Gewässern des Nordatlantiks ebenso wie im Mittelmeer beheimateten Scampi zählen neben dem Hummer zu den begehrtesten Krustentieren. Da sie sehr empfindlich sind und leicht verderben, gilt es, beim Einkauf besonders auf gute Qualität zu achten. Frische Scampi zeichnen sich durch eine rosa Farbe sowie durch transparentes Muskelfleisch aus; im Zweifelsfall entscheidet die Geruchsprobe. Damit das delikate Fleisch schön zart bleibt, werden die Scampi nicht die ganze Kochzeit über im Reis mitgegart, sondern kommen nur während der letzten 5 Minuten mit in den Topf.

80 g Wurzelgemüse (Zwiebel, Möhre, Lauch)
1 Lorbeerblatt
12 Scampi (je etwa 80 g)
60 g Zwiebel, 1 Knoblauchzehe, 40 g Butter
300 g Vialone-nano-Reis, 1/8 l Weißwein, 8 Safranfäden
Salz, frisch gemahlener Pfeffer
Außerdem:
1 EL gehackte glatte Petersilie zum Bestreuen

Das Wurzelgemüse putzen, waschen und grob würfeln. In einem entsprechend großen Topf 1 l Wasser mit dem grobgewürfelten Gemüse und dem Lorbeerblatt zum Kochen bringen. Die Scampi in das kochende Wasser einlegen, die Hitze reduzieren und die Scampi 2 Minuten ziehen lassen. Mit dem Schaumlöffel herausheben, den Sud durch ein Sieb passieren und auffangen, es sollten etwa 800 ml übrigbleiben. Zum Ausbrechen des Schwanzfleischs jeweils einen Scampo mit einer Hand am Kopfteil, mit der anderen Hand am Schwanz fassen und diesen herausdrehen. Zwischen Daumen und Zeigefinger den Panzer kräftig zusammendrücken, bis er zerspringt. Die Panzerschale auf der Unterseite ganz aufbrechen, das Fleisch aus der Schale nehmen, längs halbieren, den Darm entfernen und kühl stellen. Zwiebel und Knoblauchzehe schälen, beides fein hacken. In einem Topf die Butter zerlassen und die Zwiebel- sowie die Knoblauchwürfel darin hell anschwitzen. Den Reis dazuschütten und unter Rühren mitschwitzen, bis die Körner glasig sind. Den Weißwein zugießen und einkochen lassen. Die Safranfäden einstreuen und den Reis mit Salz und Pfeffer würzen. Die Hitze reduzieren und den Risotto unter gelegentlichem Rühren noch 18 bis 20 Minuten köcheln lassen, dabei nach und nach den Scampisud angießen – der Reis sollte jeweils nur gerade mit Flüssigkeit bedeckt sein. In den letzten 5 Minuten der Kochzeit die halbierten Scampi einlegen und vorsichtig untermischen. Den Risotto mit Salz und Pfeffer abschmecken, auf vorgewärmten Tellern anrichten, mit gehackter Petersilie bestreuen und servieren.

ROTWEINRISOTTO MIT DORADE

1 Dorade royale (etwa 650 g), 50 g weiße Zwiebel

1 kleine Knoblauchzehe, 50 g Butter, 300 g Arborio-Reis

200 ml Rotwein (zum Beispiel ein Chianti classico)

700 bis 800 ml Kalbsfond

Salz, frisch gemahlener weißer Pfeffer, 2 EL Olivenöl

Außerdem:

Kapuzinerkresseblüten zum Garnieren

Den Fisch entweder vom Händler filetieren lassen – die Haut muß aber dranbleiben – oder die Filets selbst auslösen. Dafür den Fisch mit einem Tuch am Schwanz festhalten und die Flossen in Richtung Kopf abschneiden. Die Dorade schuppen, auf der Bauchseite aufschneiden und die Eingeweide entfernen. Innen und außen unter fließendem kaltem Wasser waschen. Die Filets von den Gräten lösen und bis zur weiteren Verwendung kühl stellen. Die Zwiebel und die Knoblauchzehe schälen und beides sehr fein hacken. In einem Topf 30 g Butter zerlassen und die Zwiebel- und Knoblauchwürfel darin farblos anschwitzen. Den Reis auf einmal dazuschütten und unter ständigem Rühren mitschwitzen, bis die Körner glasig sind. Mit dem Rotwein ablöschen und diesen unter Rühren weitgehend reduzieren. Nach und nach unter ständigem Rühren den erhitzten Kalbsfond angießen, der Reis sollte immer gerade eben mit Flüssigkeit bedeckt sein, und den Risotto in 12 bis 15 Minuten fertiggaren. Salzen, pfeffern und den Risotto vom Herd stellen. Die Doradenfilets quer in etwa 1,5 cm breite Streifen schneiden, mit Salz und Pfeffer würzen. In einer Pfanne das Olivenöl sowie die restliche Butter erhitzen und die Fischstücke darin von beiden Seiten anbraten. Herausnehmen und die Fischstreifen entweder während der letzten 2 bis 3 Minuten vorsichtig unter den Reis mischen oder separat zum fertigen Risotto servieren. Den Risotto auf vorgewärmten Tellern anrichten, je nachdem mit den gebratenen Fischstreifen belegen und mit Kapuzinerkresseblüten garnieren.

SUPPEN und Eintöpfe

Magenfreundliche Schonkost und Resteverwertung: Dem einen oder anderen fallen sicher diese beiden Stichworte als erstes zum Thema Suppen mit Reis ein, und man erinnert sich vielleicht mit einem gewissen Schaudern an Reisschleimsuppen oder verkochte Suppeneinlagen. Daß man damit den kulinarischen Möglichkeiten, die Suppen mit Reis durchaus zu bieten haben, bitter Unrecht tut, zeigen die Rezepte dieses Kapitels in aller Eindrücklichkeit.

Dennoch sind sie in gewisser Weise tatsächlich Schonkost im allerbesten Sinne: Denn ob klare Kraftbrühen, gebundene Suppen oder Eintöpfe mit Reis – allesamt gehören sie zu den leichteren, wenig belastenden Gerichten. Bester Beweis für diese Behauptung ist denn auch die Begleitung, in der Reis in den folgenden Rezepten als Suppeneinlage mit Vorliebe auftritt. Dazu zählen unter anderem Fisch, Meeresfrüchte, Süßwasserkrebse, Pilze, Geflügel oder Gemüse von jung und zart bis knackig-fest.

Voraussetzung für beste geschmackliche Ergebnisse ist allerdings, daß der Reis entweder direkt mit-gart, und zwar genau auf den Punkt, oder, wenn bereits gekochter Reis Verwendung findet, daß er nur noch ganz kurz in Brühe oder Suppe zieht – manchmal wird er erst unmittelbar vor dem Servieren in der Terrine oder auf Tellern angerichtet und lediglich mit der heißen Flüssigkeit übergossen. So wird er ausreichend erwärmt, ohne daß die Körner übermäßig aufquellen können.

Solche Reissuppen sind ebenso ideal als eigenständige Mahlzeit wie als Ouvertüre für größere Menüs. Und wenn sie dann noch so attraktiv serviert werden wie etwa die Kürbissuppe oder so edel wie der Flußkrebstopf, greift vermutlich selbst der eingefleischteste Reissuppenkasper zum Löffel.

Klare Brühen

MIT GEKOCHTEM REIS ALS GANZ EINFACHE UND
DOCH ÜBERZEUGENDE EINLAGE.

KRAFTBRÜHE VOM LAMM
MIT REIS UND GEMÜSE

Es mag vielleicht etwas aufwendig erscheinen, für ein
scheinbar einfaches Rezept wie dieses eine spezielle
Brühe aus Lammfleisch und Knochen zuzubereiten,
doch lohnt das Ergebnis die zusätzliche Mühe allemal.

Für die Kraftbrühe:
1 Lammschulter mit Knochen (etwa 1 kg)
80 g Möhren
100 g weiße Zwiebeln
80 g Lauch
50 g Stangensellerie
2 EL Pflanzenöl
Salz, 5 Pfefferkörner, 3 Petersilienstengel
Für die Einlage:
150 g Langkornreis
100 g Möhren, 30 g Stangensellerie
50 g weiße Zwiebel, 50 g Lauch
Außerdem:
1 EL gehackte Petersilie

Für die Brühe in einem ausreichend großen Topf die
Lammschulter knapp mit kaltem Wasser bedecken und
zum Kochen bringen. Das Röstgemüse putzen beziehungsweise schälen und in 2 cm große Stücke schneiden. Das Öl in einer Pfanne erhitzen, das Gemüse darin
hell anbraten. Zum Fleisch in die Brühe geben, salzen,
die Pfefferkörner und die Petersilienstengel einlegen. Aufkochen lassen, die Hitze reduzieren und alles 70 bis
80 Minuten köcheln lassen, dabei mehrmals abschäumen. Das Fleisch aus der Brühe nehmen und die Flüssigkeit durch ein feines Sieb passieren. 1,2 l davon abmessen, den Rest anderweitig verwenden. Den Reis in

Die Lammkraftbrühe macht
diese Suppe zu einer defti-
gen Verwandten der italienischen Minestrone. Als sätti-
gende Einlage gibt's hier
allerdings Reis statt Nudeln.

die Brühe einstreuen, zum Kochen bringen und 15 bis 20 Minuten bei reduzierter Hitze köcheln lassen. In der Zwischenzeit das Gemüse für die Einlage schälen beziehungsweise putzen. Die Möhren und den Sellerie in feine Scheiben, die Zwiebel in 1 cm große Stücke und den Lauch in dünne Ringe schneiden. Das Gemüse während der letzten 10 Minuten der Garzeit in der Brühe mitköcheln lassen. Die Suppe abschmecken. Das Lammfleisch von den Knochen lösen, in etwa 1 cm große Stücke schneiden, in die Brühe einlegen und noch einmal erhitzen. Die Suppe auf vorgewärmten Tellern anrichten, mit gehackter Petersilie bestreuen und servieren.

RINDERBRÜHE MIT REIS, BLATTSPINAT UND PARMESAN-STRACCIATELLA

Im Frühjahr hat diese Suppe Saison, wenn es den jungen Frühlingsspinat gibt. Seine Blätter sind so zart, daß man sie gut auch roh als Salat essen kann – und daß es zum Garen genügt, sie einfach mit der heißen Brühe zu übergießen.

50 g Langkornreis
Salz
30 g geputzter junger Blattspinat
60 g junge Möhren

1 l kräftige Rinderbrühe
frisch geriebene Muskatnuß
Für die Parmesan-Stracciatella:
2 Eier
20 g geriebener Parmesan
Außerdem:
Petersilienblättchen
Schnittlauchspitzen

Den Langkornreis in schwach gesalzenem Wasser etwa 15 Minuten kochen, abseihen und warm halten. In der Zwischenzeit den Blattspinat waschen und gut abtropfen lassen. Die Möhren schälen und in Julienne schneiden. Die Rinderbrühe zum Kochen bringen, die Hitze reduzieren. Mit Salz und Muskatnuß abschmecken. Die Möhrenjulienne 3 bis 4 Minuten mitköcheln lassen. Für die Parmesan-Stracciatella die Eier in eine Schüssel aufschlagen, gründlich mit dem Parmesan verquirlen und unter ständigem Rühren mit einer Gabel in die leicht köchelnde Brühe einrühren. Den Blattspinat in vorgewärmte Suppentassen verteilen. Den heißen Reis daraufgeben, mit Petersilienblättchen und Schnittlauchspitzen bestreuen, die heiße Brühe aufgießen und servieren.

▲ Liebevolle Aufmerksamkeit schenkt man in Thailand nicht nur dem Zubereiten, sondern auch dem kunstvollen Anrichten der Speisen. So ist hier aus einem Prachtexemplar der Familie der Cucurbitaceae durch raffinierte Schnitztechnik eine angemessene Terrine für die Kürbissuppe entstanden.

Kürbissuppe

MIT EINER AUSSERGEWÖHNLICHEN GARNITUR
AUS KROSS GEBRATENEN MINIAUBERGINEN.

So richtig pikant wird die Kürbissuppe durch grüne thailändische Currypaste. Solche zuweilen geradezu höllisch scharfen Pasten werden in Thailand zwar für jedes einzelne Gericht nach gesondertem Rezept zubereitet, Grundzutaten sind jedoch im Regelfall für alle Varianten Chillies – meist getrocknet –, Garnelenpaste, Koriander, Kreuzkümmel, Zitronengras, Galgant, Knoblauch, Schalotten, Pfeffer, Kurkuma und Limettenschale. Diese Zutaten werden im Mörser oder Mixer zu einer festen, aber streichfähigen Paste verarbeitet. Die hier benötigte Variante erhält ihre Farbe von frischen grünen Chilischoten, nach Wunsch verstärkt durch Korianderblättchen. Sie kommt bevorzugt in Gerichten mit Geflügel zum Einsatz.

Die nur olivengroßen thailändischen Miniauberginen sind nur selten auf dem Markt erhältlich. Ersatzweise können andere asiatische Miniauberginen – je nach Größe halbiert oder geviertelt – angebraten werden.

350 g Speisekürbis
80 g Lauch, 50 g Stangensellerie
60 g Babybananen, geschält
1 Knoblauchzehe
15 g Galgant
1 rote Chilischote
40 g Zitronengras, 30 g Butter
3/4 l Geflügelfond
75 ml süße Sahne, 75 ml Kokosmilch
1 TL thailändische grüne Currypaste
Salz, frisch gemahlener weißer Pfeffer
Für die Einlage:
300 g Hühnerbrust ohne Haut und Knochen
10 g Galgant, 2 Kaffir-Limettenblätter
2 TL thailändische grüne Currypaste
30 g Butter
100 g gekochter thailändischer Duftreis

Das Kürbisfleisch mit einem Eßlöffel von den Kernen und dem faserigen Inneren befreien. Die Schale mit einem scharfen Messer ablösen und das Fruchtfleisch in kleine Stücke schneiden. Den Lauch und den Stangensellerie putzen und waschen. Lauch, Sellerie und Bananen ebenfalls in kleine Stücke schneiden. Den Knoblauch und den Galgant schälen. Die Knoblauchzehe halbieren, den Galgant fein hacken. Die Chilischote längs halbieren. Das Zitronengras in feine Scheiben schneiden. Die Butter in einem entsprechend großen Topf zerlassen, das Kürbisfleisch, den Lauch, den Stangensellerie, die Bananen, den Knoblauch, den Galgant, die Chilischote und das Zitronengras darin 5 bis 6 Minuten anschwitzen. 1 Eßlöffel dieser Gemüsemischung für die Garnitur beiseite stellen. Den Geflügelfond erhitzen, mit der Sahne, der Kokosmilch und der Currypaste unter das Gemüse im Topf rühren, salzen, pfeffern und die Suppe bei nicht zu starker Hitze 15 bis 20 Minuten köcheln lassen. Die halbierte Chilischote entfernen, die Suppe mit dem Mixstab pürieren und durch ein feines Sieb passieren. Für die Ein-

lage die Hühnerbrust in 1 1/2 cm breite Streifen schneiden. Den Galgant schälen und fein hacken. Die Kaffir-Limettenblätter in feine Streifen schneiden. Das Fleisch mit der Currypaste, dem Galgant und den Limettenblättern mischen. Die Butter in einer Pfanne zerlassen, die Hühnerbruststreifen mit der Würzmischung darin kurz anbraten. Die passierte Kürbissuppe wieder erhitzen und abschmecken. Das gebratene Hühnerfleisch 1 bis 2 Minuten darin ziehen lassen. Für die Garnitur die Miniauberginen putzen. Das Öl in einer Pfanne erhitzen und die Auberginen kurz darin braten. Die Chilischoten halbieren, Samen und Scheidewände entfernen. Zum Servieren den Reis in die vorbereitete Kürbisterrine oder in eine vorgewärmte Suppenterrine füllen, die heiße Suppe mit den Hühnerbruststreifen darübergießen. Das zurückbehaltene Gemüse, die gebratenen Auberginen sowie die halbierten Chilischoten auf der Suppe verteilen und mit Thai-Basilikum garnieren.

Mit Pilzen und Kaviar

REIS MAL ALS EINLAGE, MAL ALS KNUSPRIG
GEBACKENE BEILAGE.

PILZSUPPE MIT REIS

Wer sich mit Pilzen auskennt und das Glück hat, eßbare
Waldpilze zu finden, kann diese aromatische Suppe statt
mit der vorgeschlagenen Mischung auch mit Maronen-
röhrlingen, Braun- oder Rotkappen zubereiten.

300 g gemischte Pilze (Pfifferlinge, Steinpilze, Pio-pini-Pilze)

50 g Schalotten, 30 g Butter, 100 g Rundkornreis (etwa Lido)

1 l Rinderbrühe, Salz, frisch gemahlener Pfeffer

1 EL gehackte Petersilie

Außerdem:

40 g Crème fraîche, gehackte Petersilie zum Bestreuen

Die Pilze putzen, kleinere Exemplare halbieren, größere
in Scheiben schneiden. Die Schalotten schälen und sehr
fein hacken. Die Butter in einem Topf zerlassen, die
Schalotten darin hell anschwitzen. Den Reis dazuschütten und unter Rühren glasig werden lassen. Die Pilze
2 Minuten mitbraten, die heiße Brühe zugießen und die

Suppe bei reduzierter Hitze 12 bis 15 Minuten köcheln lassen, bis der Reis gar ist. Abschmecken und die gehackte Petersilie einstreuen. Die Suppe auf vorgewärmte Teller verteilen, einen Klecks Crème fraîche in die Mitte setzen, mit gehackter Petersilie bestreuen und servieren.

VICHYSSOISE MIT KAVIAR UND REISCRACKERN

Eine kräftige, mit Sahne verfeinerte kalte Kartoffelsuppe – inspiriert vom klassischen Rezept aus dem Ritz-Carlton in New York –, besonders edel angerichtet mit halbierten Wachteleiern und Kaviar.

Für die Vichyssoise:
450 g mehligkochende Kartoffeln, Salz
60 ml lauwarme Milch, 20 g flüssige Butter
frisch gemahlener weißer Pfeffer
1 Prise frisch geriebene Muskatnuß
3/4 l kräftige Rinderbrühe, 40 g Crème fraîche
80 ml halbsteif geschlagene Sahne
1 EL Schnittlauchröllchen

Für die Reiscracker:
80 g Langkornreis, 1 Eiweiß, Salz, frisch gemahlener Pfeffer
2 EL Schnittlauchröllchen, 2 EL Pflanzenöl, 20 g Butter

Außerdem:
8 Wachteleier, 1 Döschen Ossietra-Kaviar (32 g)

Die Kartoffeln schälen und in Würfel schneiden. In leicht gesalzenem Wasser weich kochen, abgießen, ausdampfen lassen und noch warm durch die Kartoffelpresse in eine Schüssel drücken. Milch, Butter, Salz, Pfeffer und Muskat mit einem Schneebesen unterrühren. Die Brühe zum Kochen bringen, Kartoffelpüree und Crème fraîche mit dem Schneebesen einrühren, 10 Minuten bei schwacher Hitze köcheln lassen. Vom Herd nehmen und erkalten lassen, dabei immer wieder umrühren. Soll es schnell gehen, den Topf in eine Schüssel mit Eiswasser stellen und die Suppe kaltrühren. Den Reis für die Cracker in leicht gesalzenem Wasser 20 Minuten kochen, abseihen, kalt abschrecken und gut abtropfen lassen. Mit dem Eiweiß, Salz, Pfeffer und den Schnittlauchröllchen vermischen. Das Öl und die Butter in einer Pfanne erhitzen, aus der Reismasse etwa 20 kleine knusprige Cracker mit 3 cm Durchmesser backen. Die Wachteleier 7 Minuten kochen, kalt abschrecken, schälen, längs halbieren. Die erkaltete Suppe mit dem Handmixer aufschlagen. Die Sahne vorsichtig unterheben und die Schnittlauchröllchen einstreuen. Die Suppe auf Teller verteilen. Mit je 4 Eihälften garnieren, den Kaviar darauf anrichten und die kalte Suppe mit den Reiscrackern servieren.

In Thailand würzt jeder bei Tisch seine Garnelen-Reissuppe mit Fischsauce, Nam prik und Knoblauchöl nach Geschmack. Für das Öl 6 geschälte, halbierte Knoblauchzehen in eine Flasche geben, mit 1/2 l Pflanzenöl auffüllen und gut verschlossen an einem sonnigen Platz 2 bis 3 Wochen ziehen lassen.

Meer und mehr

HIER BEGLEITEN FISCH, GARNELEN, KALMAR UND SOGAR FRISCHE ALGEN DEN REIS.

RED-SNAPPER-BRÜHE MIT REIS

40 g Butter, 4 gehackte Knoblauchzehen

100 ml Weißwein, 10 bis 15 Safranfäden

40 g Zitronengras in feinen Scheiben

1,2 l Fischfond, 500 g Red-Snapper-Filet

Salz, frisch gemahlener schwarzer Pfeffer

400 g gekochter thailändischer Duftreis

Außerdem:

8 gekochte grüne Spargelstangen

8 Kirschtomaten

40 g frische Meeresalgen

Die Butter in einem Topf erhitzen, den Knoblauch darin hell anschwitzen. Mit dem Weißwein ablöschen, den Safran, das Zitronengras und den Fischfond zugeben. Die Brühe 10 Minuten köcheln lassen. Das Fischfilet salzen, pfeffern und quer in Stücke schneiden. In die Brühe einlegen, die Hitze reduzieren und 2 bis 3 Minuten ziehen lassen. Die Spargelstangen längs in dünne Scheiben schnei-

den, die Kirschtomaten quer halbieren. Die Algen 5 Minuten in kochendem Wasser ziehen lassen. Den Reis in eine Muschelform oder Terrine füllen, die Red-Snapper-Stücke darauflegen und mit der heißen Brühe auffüllen. Spargelscheiben und Tomaten auflegen und mit den Algen garnieren.

REISSUPPE MIT GARNELEN

Für die Suppe:
1 Kalmar von 200 g
200 g Garnelenschwänze mittlerer Größe
4 luftgetrocknete chinesische Schweinswürstchen
2 l Wasser oder Geflügelfond, 1/2 TL Salz
150 g thailändischer Duftreis
60 g Frühlingszwiebeln
4 Eier
1 EL Koriandergrün
Für die Nam-prik-Sauce:
4 Knoblauchzehen, 30 g Schalotten
1 EL Shrimpspaste, 1/4 TL Salz
1 EL Palmzucker, ersatzweise brauner Zucker
8 thailändische rote Chillies, Saft von 2 Limetten
Außerdem:
Fischsauce und Knoblauchöl

Zunächst die Nam-prik-Sauce zubereiten. Dafür die Knoblauchzehen und die Schalotten schälen und hacken. Beides mit der Shrimpspaste sowie dem Salz und dem Zucker im Mörser zu einer Paste zerreiben. Die Chilischoten halbieren, Samen und Scheidewände entfernen. Das Fruchtfleisch mit dem Limettensaft im Mixer pürieren. Die Paste nur ganz kurz untermixen, nach Wunsch mit etwas Hühnerbrühe verdünnen. Für die Suppe den Kalmar waschen und die Haut abziehen. Die Fangarme ganz aus dem Körper ziehen, knapp oberhalb der Augen so vom Körper abtrennen, daß sie durch einen schmalen Ring verbunden bleiben. Den Ring von unten in der Mitte greifen, die Kauwerkzeuge herausdrücken und entfernen. Das transparente Fischbein aus dem Körperbeutel entfernen. Tentakel und Körper waschen, den Körper in 1/2 cm breite Ringe schneiden. Die Garnelenschwänze schälen und den Darm entfernen. Die Würstchen in 3 cm lange Stücke schneiden. Wasser oder Fond mit Salz zum Kochen bringen. Den gewaschenen Reis darin bei reduzierter Hitze zugedeckt 20 Minuten köcheln lassen. 10 Minuten vor Ende der Garzeit den Kalmar, die Garnelen und die Würstchen in der Suppe mitgaren. Frühlingszwiebeln putzen, in feine Ringe schneiden. Die heiße Suppe in Schalen verteilen. Die Eier nacheinander aufschlagen und in jede Schale ein Ei gleiten lassen. Mit den Frühlingszwiebeln und dem Koriandergrün bestreuen. Saucen und Knoblauchöl separat dazu servieren.

Mit frischen Krustentieren

OB SUPPE ODER EINTOPF: BESONDERS
AROMATISCH DURCH FONDS AUS KARKASSEN.

BISQUE DE LANGOUSTINES

8 Scampi (je etwa 140 g), 30 g Lauch, 50 g Möhre

30 g Stangensellerie, 80 g Zwiebeln, 30 g Schalotten

2 kleine Knoblauchzehen, 3 EL Olivenöl, 30 g Butter

60 g Langkornreis, 40 g Tomatenmark, 100 ml Weißwein

100 ml Noilly Prat, 4 cl Cognac, 1,2 l Fischfond

je 1 Zweig Estragon, Petersilie und Basilikum

Salz, 1 Prise Cayennepfeffer

80 ml halbsteif geschlagene Sahne

Für die Einlage:

50 g Lauch, 30 g Stangensellerie

Salz, 1 Prise Cayennepfeffer

20 g Butter, 2 EL Olivenöl

4 kleine Estragonzweige, 1 EL gehackter Estragon

Von den Scampi (frz. »langoustines«) die Schwänze vom
Kopfteil abdrehen und die Schwanzteile auf der Unterseite aufschneiden. Die Schale auseinanderbrechen und
das Fleisch herausnehmen. An der Oberseite leicht einschneiden und den Darm entfernen. Die ausgelösten
Schwänze zugedeckt kühl stellen. Die Kopfteile längs
halbieren und gründlich auswaschen. Alle Karkassenteile
in Stücke hacken. Das Röstgemüse putzen beziehungsweise schälen und in 1/2 cm große Würfel schneiden.
Olivenöl und Butter in einem entsprechend großen Topf
erhitzen, die Karkassen darin unter Rühren 10 Minuten
anbraten. Das Gemüse 5 Minuten mitbraten und den
Reis einrühren. Das Tomatenmark zugeben und weitere
2 bis 3 Minuten mitschwitzen. Mit Weißwein ablöschen,
Noilly Prat und Cognac zugießen und auf die Hälfte reduzieren. Mit dem Fischfond aufgießen, die Kräuter einlegen, aufkochen und 20 bis 25 Minuten köcheln lassen.
Inzwischen für die Einlage den Lauch und den Stangensellerie waschen, putzen, in Julienne schneiden, in leicht
gesalzenem Wasser blanchieren, abgießen und gut
abtropfen lassen. Die Suppe portionsweise durch ein feines Sieb in einen Topf passieren, dabei die Zutaten, am
besten mit einem Holzlöffel, kräftig auspressen. Mit Salz
und Cayennepfeffer abschmecken und warm halten. Die
beiseite gestellten Scampischwänze mit Salz und Cayennepfeffer würzen. Butter und Olivenöl für die Einlage
in einer Pfanne erhitzen und die Estragonzweige darin
anbraten. Die Scampi im heißen Fett von allen Seiten
goldbraun braten und mit dem gehackten Estragon
bestreuen. Die Bisque kurz aufmixen und die Sahne
vorsichtig unterziehen. Die Scampi und die Gemüseju-
lienne in vorgewärmten Suppentassen anrichten, mit der
heißen Suppe umgießen und, garniert mit je 1 kroß aus-
gebratenen Estragonzweig, sofort servieren. Nach Belieben kann die Bisque mit gekochtem Reis als zusätzlicher
Einlage gereicht werden.

WÜRZIGE KRABBENSUPPE

Die exotischen Mangrovenkrabben aus dem Indopazifik sind hierzulande leider kaum zu bekommen. Ein ausgezeichneter Ersatz ist der europäische Taschenkrebs.

2 Mangrovenkrabben (je etwa 400 g)
je 3 kleine grüne und rote Chilischoten
20 g Zitronengras, 6 bis 8 Kaffir-Limettenblätter, 20 g Galgant
80 g Enoki-Pilze, 80 g frische Reisstrohpilze (oder Dosenware)
3/4 l Geflügelfond
2 EL Fischsauce, 3 EL Kaffir-Limettensaft, 1/4 TL Palmzucker
Nüßchen von 16 Jakobsmuscheln
Außerdem:
120 g gekochter thailändischer Duftreis
Koriandergrün zum Garnieren

Die Mangrovenkrabben kochen und – außer den Scheren – auslösen, wie auf Seite 210 beschrieben. Die Scheren mit einem schweren Messer anschlagen. Die Chilischoten halbieren, von Samen und Scheidewänden befreien. Das Zitronengras in feine Scheiben, die Limettenblätter in feine Streifen schneiden. Den Galgant schälen und fein hacken. Die Enoki- und die Reisstrohpilze putzen, größere Strohpilze halbieren. Den Geflügelfond zum Kochen bringen. Die halbierten Chilischoten, das Zitronengras, die Limettenblätter und den Galgant einlegen und mit Fischsauce, Limettensaft sowie Palmzucker würzen. Bei schwacher Hitze 10 Minuten köcheln lassen. Die beiden Pilzsorten und die Jakobsmuschelnüßchen zufügen und weitere 3 Minuten kochen. Die Scheren und das Krabbenfleisch in der Suppe noch einmal erhitzen. In Suppenschalen verteilen, jede Portion mit 30 g gekochtem Reis anrichten und mit Koriandergrün bestreut servieren.

EINTOPF VON FLUSSKREBSEN

2 kg Flußkrebse
Für den Fond:
300 g Zwiebeln, 5 Knoblauchzehen
350 g Tomaten, 30 g Stangensellerie
4 EL Pflanzenöl, 2 EL Tomatenmark, 1 Lorbeerblatt
5 weiße Pfefferkörner, 2 1/2 l Wasser, 1/2 TL Salz
Für den Eintopf:
7 EL Pflanzenöl, 40 g Mehl
250 g Zwiebeln, 2 Knoblauchzehen, 120 g Stangensellerie
200 g grüne Paprikaschoten, 150 g Langkornreis
Salz, frisch gemahlener Pfeffer, 80 g Frühlingszwiebeln
1 Spritzer Tabasco, 2 EL gehackte Petersilie

Die Krebse nacheinander in sprudelnd kochendes Wasser einlegen und 3 bis 4 Minuten garen. Mit einem Schaumlöffel herausheben und in kaltem Wasser abschrecken. Die Schwänze von den Kopfteilen abdrehen, das Fleisch auslösen und vom Darmstrang befreien. Das Krebsfleisch bis zur Weiterverwendung zugedeckt kühl stellen. Die Kopfteile längs halbieren, sorgfältig auswa-

schen, gut abtropfen lassen. Bei 200 °C im vorgeheizten Ofen 1 Stunde rösten. Die Zwiebeln für den Fond grob würfeln, die Knoblauchzehen halbieren. Stielansätze der Tomaten entfernen. Tomaten und Stangensellerie klein schneiden. Das Öl in einem Topf erhitzen, die Zwiebeln darin anschwitzen, die Krebskarkassen anbraten. Tomaten, Tomatenmark, Stangensellerie und Knoblauch mitschwitzen. Lorbeerblatt und Pfefferkörner einlegen, mit dem Wasser aufgießen, salzen und zum Kochen bringen. Bei reduzierter Hitze 1 1/2 Stunden köcheln lassen, mehrmals abschäumen. Ein Spitzsieb mit einem Passiertuch auslegen, den Fond nach und nach durchlaufen lassen. Für den Eintopf 4 EL Öl in einem Topf erhitzen, das Mehl einrühren und unter ständigem Rühren hellbraun werden lassen. Mit dem Krebsfond ablöschen, gut verrühren und aufkochen lassen. Bei reduzierter Hitze auf 1 1/2 l einkochen, dabei öfters umrühren, durch ein Sieb passieren. Während die Suppe kocht, Zwiebeln und Knoblauch fein hacken, Stangensellerie in kleine Würfel schneiden. Paprika von Samen und Scheidewänden befreien und in 1/2 cm große Würfel schneiden. Den Reis in die fertige Suppe rühren, 10 Minuten köcheln lassen. Das restliche Öl in einer Pfanne erhitzen, Knoblauch und Zwiebeln darin farblos anschwitzen. Stangensellerie und Paprikawürfel 5 Minuten mitdünsten. Das Gemüse in die Suppe rühren und weitere 10 Minuten köcheln lassen, mit Salz und Pfeffer würzen. Frühlingszwiebeln in feine Ringe schneiden, mit den Krebsschwänzen unter den Eintopf mischen und noch 5 Minuten mitgaren.

Vor dem Servieren wird der Flußkrebseintopf mit Tabasco abgeschmeckt und üppig mit gehackter Petersilie bestreut.

SNACKS und Vorspeisen

Sicher, auch in Europa, im Nahen Osten und in Nordafrika bereitet man Reisbällchen, Reiskroketten und gefüllte Weinblätter zu und serviert sie etwa als »tapas« oder »meze«. Doch muß man der japanischen Küche neidlos zugestehen: Sie ist es, die in Sachen Reissnacks weltweit die vielfältigsten und vor allem die ästhetisch ansprechendsten Variationen hervorbringt.

Diese kulinarische Wunderwelt läßt sich in ein einziges Wort fassen: Sushi. Ganz grob kann man die beliebtesten Arten in zwei Gruppen einteilen. Da gibt es zum einen die einzeln von Hand geformten Häppchen, etwa Nigiri-zushi, längliche Reisklößchen mit einer Auflage aus rohem oder mariniertem Fisch, Meeresfrüchten oder auch einmal einem Omelett. Ist der Belag nicht ganz rutschsicher, wie etwa Rogen, wird vor dem Belegen ein Streifen Nori-Seetang rings um den Reis »gebaut«. So entstehen Gunkan-maki, sinngemäß etwa »Sushi in Form eines Schlachtschiffs«.

Die zweite Art sind Maki-zushi (in zusammengesetzten Begriffen schreiben sich Sushi mit einem »z« am Anfang) oder Nori-maki. Hierfür wird der Reis eng in Noriblätter eingerollt und umschließt dabei eine würzige Füllung. Für das geschmacksbestimmende Herzstück kommen Gemüse, Pilze, Seafood oder auch getrockneter Flaschenkürbis in Frage.

Sushi sind für sich genommen bereits ein Augenschmaus. So werden sie, wenn überhaupt, nur höchst zurückhaltend garniert. Bei Nigiri-zushi etwa wird höchstens ein Ring aus Nori um Reis und Füllung gelegt, der aber in erster Linie Halt geben soll. Viel wichtiger als opulente Dekoration ist das kunstvolle Arrangieren der Häppchen auf der Platte.

Um ein »Itamae«
(zu deutsch: der vor
dem Schneidebrett),
ein Sushi-Koch, zu
werden, bedarf es
einer Menge Übung
und Erfahrung. Das
Gespür für die Reis-
qualität ist so wichtig
wie das richtige
»Händchen« fürs
Füllen und Formen.

Zum Dippen

OB SUSHI ODER GEBACKENE REISBÄLLCHEN –
WÜRZSAUCEN GEHÖREN IN JEDEM FALL DAZU.

SUSHI-REIS

Wichtigste Zutat für alle Arten von Sushi ist Rundkornreis.
Ein erfahrener »Itamae« unterscheidet neben den verschiedenen Sorten zwischen relativ frisch geerntetem
Reis, der noch verhältnismäßig viel Wasser enthält, und
bereits länger lagernden Körnern, die stärker getrocknet

Nigiri-zushi herstellen:

Die Auflage auf die Finger der linken Hand legen, eine Reispor-
tion in Größe eines Tischtennis-
balls in die rechte Hand nehmen.

Maki-zushi herstellen:

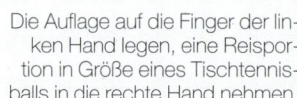

Ein Noriblatt auf eine Bambus-
rollmatte legen, den Reis 1 cm
hoch darauf verteilen, dabei
oben einen Streifen freilassen.
Die Füllung in die Mitte legen.

Etwas Wasabi (japanischen
Senf) auf der Auflage verteilen,
dabei den Reis mit den Fingern
der rechten Hand halten.

Etwas gekochten Reis auf dem
freien Rand als »Klebstoff« zerdrücken. Das Noriblatt mit Hilfe
der Bambusmatte vorsichtig
und gleichmäßig aufrollen.

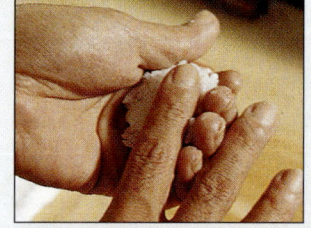

Den Reis auf die Auflage
legen und mit dem rechten
Zeigefinger den Reis gegen
die Auflage drücken.

Gleichmäßig bis zum oberen
Rand weiterrollen. Die
Bambusmatte herausziehen
und die Rolle auf den
»Klebestreifen« drücken.

Die Kuhle ist deutlich zu erkennen. Mit den Fingern der linken
Hand das Sushi an den Seiten
noch weiter zusammendrücken.

Die Rolle in die Bambusmatte
wickeln und gleichmäßig auf
vier Seiten flachdrücken. Die
Rolle bekommt dabei einen
rechteckigen Querschnitt.

Mit Daumen und Zeigefinger die
Enden des Sushis abrunden.
Die Finger während des For-
mens wiederholt befeuchten.

Die Matte wieder entfernen, die
Rolle mit einem Messer,
das man zwischendurch immer
wieder in Essigwasser taucht,
in 4 bis 6 Stücke schneiden.

Sushi umdrehen, mit Sojasauce,
Wasabi sowie Gari (in Essig ein-
gelegten, hauchdünnen rosa
Ingwerscheibchen) anrichten.

sind. Häufig lassen sich Sushi-Köche von ihren Reishändlern individuelle Mischungen von Reis verschiedener »Reifegrade«, eventuell auch aus unterschiedlichen Anbaugebieten, zusammenstellen, um damit eine ganz spezifische Beschaffenheit ihres Sushi-Reises zu erzielen. Wie auch immer die Reismischung zusammengesetzt ist: Sushi-Reis wird nach dem Kochen stets mit einem Gemisch aus Essig, Salz und Zucker vesetzt, je nach Sushi Art und persönlichem Geschmack in unterschiedlichen Anteilen. Nach einer traditionellen Erklärung rührt die Essigzugabe daher, daß in vergangenen Zeiten Fisch zum Aufbewahren in gekochtem, mit Essig beträufeltem Reis gelagert wurde. In Notzeiten wurde dann auch der saure Reis mitgegessen. Übrigens werden zu allen Sushi-Arten dunkle Sojasauce als Dip und nach Geschmack geriebene grüne Wasabiwurzel, die als japanischer Meerrettich oder japanischer Senf bekannt ist, als Würze gereicht. Das passende Getränk zu Sushi ist japanischer grüner Tee.

---

300 g japanischer Rundkornreis, 360 ml Wasser

4 EL Reisessig, 1 1/2 TL Zucker, 1 1/2 TL Salz

Den Reis in einem Sieb unter fließendem Wasser waschen, bis das Wasser klar abläuft. 1 Stunde abtropfen lassen. In einem Topf mit fest schließendem Deckel Wasser und Reis zum Kochen bringen. Die Hitze reduzieren, den Deckel aufsetzen und den Reis bei schwacher Hitze 15 Minuten garen. Vom Herd nehmen, 2 Lagen Küchenpapier zwischen Topf und Deckel klemmen und den Reis noch 10 bis 15 Minuten stehen lassen. Inzwischen Essig, Zucker und Salz verrühren und leicht erwärmen, bis sich der Zucker gelöst hat. Den Reis in eine flache hölzerne Schüssel füllen und nach und nach mit einem Holzspatel die Essigmischung unterarbeiten, dabei nicht rühren, sondern wie mit einem Pflug abwechselnd nach rechts und links »einschneiden«. Bis zur Verwendung mit einem feuchten Tuch abdecken.

GEBACKENE REISKUGELN

Das scharfe Sambal Oelek gibt es zwar fertig zu kaufen, doch schmeckt es selbstgemacht besser. Und im Kühlschrank bleibt es 1 bis 2 Wochen frisch.

Für die Reiskugeln:

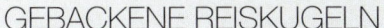

250 g gedämpfter thailändischer Duftreis

1 Ei, 2 EL gehacktes Koriandergrün

15 g Zitronengras, abgeriebene Schale von 1/2 Kaffir-Limette

1 bis 2 TL Sambal Oelek

1 EL Fischsauce

1 EL gehacktes Thai-Basilikum, 2 EL Pflanzenöl

Für das Sambal Oelek:

20 thailändische rote Chillies

Essig oder Tamarindensaft, 1 1/2 TL Salz

Für die Nam-plaa-Sauce:

20 g Frühlingszwiebel, 10 g frische Ingwerwurzel

1 Knoblauchzehe, 2 rote Chilischoten

1 Kaffir-Limettenblatt, 1/2 TL Palmzucker

Saft von 1 Kaffir-Limette, 4 EL Fischsauce, 3 EL Wasser

1 EL gehacktes Koriandergrün

Zunächst das Sambal Oelek zubereiten. Dazu die Chillies nur von den Stielansätzen befreien und in den Mixer geben. Nur so viel Essig oder Tamarindensaft zugießen, daß sich die Messer beim Pürieren gerade noch drehen. Salzen, in sterilisierte Gläschen füllen und kühl aufbewahren. Für die Reiskugeln den Duftreis mit Ei, Koriandergrün, feingehacktem Zitronengras, Limettenschale, Sambal Oelek nach Belieben, Fischsauce und Basilikum gründlich mischen. Zugedeckt 30 Minuten im Kühlschrank ruhen lassen. Aus der Masse mit angefeuchteten Händen etwa 20 Kugeln von je 25 g formen. Ein Backblech mit Öl ausstreichen, die Kugeln daraufsetzen und vorsichtig mit etwas Öl bepinseln. Bei 200 °C im vorgeheizten Ofen in etwa 20 Minuten goldgelb backen. Für die Nam-plaa-Sauce die Frühlingszwiebel putzen und in feine Scheibchen schneiden. Ingwer und Knoblauch schälen und fein hacken. Die Chilischoten in Ringe schneiden, dabei Samen und Scheidewände entfernen. Das Limettenblatt in sehr feine Streifen schneiden. Palmzucker, Limettensaft, Fischsauce und Wasser gut miteinander verrühren, bis sich der Zucker gelöst hat. Frühlingszwiebel, Ingwer, Knoblauch, Chiliringe, Limettenblatt und Koriandergrün untermischen. Die Reiskugeln vom Blech nehmen und mit der Sauce servieren.

Aus Europa
und Fernost

REIS, KNUSPRIG IN DER PFANNE GEBRATEN
ODER ZART IM WOK GEDÄMPFT.

GALETTES VON WILDEM REIS

80 g kanadischer Wildreis, 15 g Butter, 1/4 l Wasser
1 Prise Salz, 1 Eigelb, 1 TL Crème fraîche, 2 EL Pflanzenöl
Für die Garnitur:
1/2 l Wasser, 2 EL Obstessig, 12 Wachteleier
4 EL Crème fraîche
Cayennepfeffer, 1 Spritzer Zitronensaft, Salz
1 Döschen Ossietra- oder Sevruga-Kaviar (56 g)
Schnittlauchblüten
Außerdem:
Pergamentpapier
1 glatter Ausstechring von 8 cm Durchmesser

Wildreis waschen, über Nacht in kaltem Wasser einwei-
chen. Abgießen, gut abtropfen lassen. Butter in einem
Topf zerlassen, den Reis darin kurz anschwitzen. Das
Wasser zugießen, salzen, aufkochen lassen. Den Reis
zugedeckt 20 bis 25 Minuten bei 180 °C im vorgeheizten
Ofen garen. Den fertigen Reis herausnehmen, abgießen

und auskühlen lassen. Mit Eigelb und Crème fraîche
mischen. Ein Brett mit Pergamentpapier belegen. Ausstechring auflegen und mit 1/8 der Wildreismasse ausstreichen. Den Ring entfernen, die restliche Masse ebenso verarbeiten. Die Galettes, mit Folie bedeckt, im
Kühlschrank erkalten lassen. Für die Garnitur Wasser mit
Essig aufkochen. Die gut gekühlten Wachteleier einzeln
in eine in das siedende Wasser gehaltene Schöpfkelle
aufschlagen, hineingleiten lassen und 1 Minute pochie-
ren. Herausheben und die Eiweißfäden rundum abschneiden. Die Eier bis zur weiteren Verwendung in lau-
warmes Salzwasser legen. Die Crème fraîche mit
Cayennepfeffer, Zitronensaft und Salz würzen und kühl
stellen. Pflanzenöl in einer beschichteten Pfanne erhitzen. Die Galettes darin von beiden Seiten knusprig braten. Auf vorgewärmte Teller verteilen, mit je 3 Wachteleiern sowie etwas gewürzter Crème fraîche und Kaviar
garnieren, die Schnittlauchblüten darüberstreuen.

REISRÖLLCHEN MIT GINKGONÜSSEN
UND SCHARFER SAUCE

150 g Hähnchenbrust ohne Haut und Knochen
150 g Möhren, 120 g Shiitake-Pilze, 80 g Reisstrohpilze
4 EL helle Sojasauce, 3 EL Sake, 3 EL Mirin
600 g Nishiki-Reis, 100 g Ginkgonüsse aus der Dose
800 ml Geflügelfond, Salz
2 EL gehackte Steinpetersilie
500 g frische oder eingelegte, abgetropfte Weinblätter

gießen, zum Kochen bringen, eventuell salzen. Bei reduzierter Hitze 15 Minuten köcheln lassen. Steinpetersilie einstreuen. Die Masse in 4 Portionen teilen. Frische Weinblätter mit kochendem Wasser überbrühen, kalt abspülen (eingelegte Blätter nur kalt abspülen), gut abtropfen lassen. Weiterverfahren, wie in der Bildfolge unten gezeigt. Die Rollen in Frischhaltefolie wickeln, in den Dämpfkorb legen und zudecken. Den Korb in einen Wok stellen und die Rollen 15 Minuten dämpfen. Die Folie entfernen, jede Rolle in 5 Stücke schneiden und mit der Sauce servieren.

Etwa 125 g Weinblätter überlappend auf die Rollmatte legen. 1/4 der Reismischung auf den unteren Rand füllen, dabei links und rechts je 1 cm freilassen.

Mit Hilfe der Bambusmatte zu einer festen Rolle formen, dabei die Matte immer wieder nach hinten zurückrollen und so die Füllung festdrücken.

Zum Ende des Aufrollvorgangs die Reisrolle mit der zusammengefalteten Matte nochmals fest zusammendrücken. Auf diese Weise 4 Rollen herstellen.

Für die Sauce:

1 Knoblauchzehe, 50 g Zwiebel, 2 rote Chilischoten
3 EL Mirin, 2 EL helle Sojasauce, 1 EL Zitronensaft, Salz
1 TL gehackter Wasabi (japanischer Senf oder Meerrettich)

Außerdem:

1 Dämpfkorb aus Holz und Bast (28 cm Durchmesser)
1 Rollmatte aus Bambus (27 mal 27 cm), Frischhaltefolie

Die Hähnchenbrust in 1/2 cm große Würfel schneiden. Möhren schälen, fein würfeln. Beide Pilzsorten putzen und in Scheiben schneiden. In einer Schüssel Sojasauce, Sake und Mirin verrühren, Hühnerfleisch, Möhren und Pilze darin zugedeckt 15 Minuten im Kühlschrank marinieren. Den Reis in einem Topf mit den marinierten Zutaten sowie den Ginkgonüssen mischen. Geflügelfond zu-

Für die Sauce Knoblauch, Zwiebel und Chilifruchtfleisch im Mörser fein zerreiben und mit den restlichen Zutaten gut verrühren.

Die Fischfilets nur mit der Hautseite in den grünen Reis drücken.

Entrées mit Pfiff

REIS MAL ALS KNUSPRIGE PANADE, MAL BESTENS IN FORM MIT EI UND GEMÜSE.

ROTBARBENFILETS IN DER REISKRUSTE

12 Rotbarbenfilets mit Haut (je etwa 60 g), Salz

frisch gemahlener Pfeffer, 2 Eiweiße, 60 bis 80 g grüner Reis

4 EL Olivenöl, Koriandergrün

Für die Sauce:

20 g Frühlingszwiebel, 60 g Butter

je 1 Messerspitze Safranfäden und Currypulver

1/2 TL gestoßener Koriander, 2 cl Noilly Prat

4 cl Weißwein, 80 ml Fischfond, Salz

frisch gemahlener Pfeffer, 1 Spritzer Zitronensaft

Für die Sauce die Frühlingszwiebel putzen, fein hacken und in 20 g Butter anschwitzen. Safran, Curry und Koriander einstreuen, Noilly Prat und Wein zugießen und auf die Hälfte reduzieren. Fischfond 2 Minuten mitköcheln lassen. Restliche Butter in eiskalten Flöckchen einmontieren, mit Salz, Pfeffer und Zitronensaft würzen. Die Fischfilets salzen und pfeffern, mit der Hautseite in das leicht verquirlte Eiweiß tauchen und panieren, wie im Bild links oben gezeigt. Öl in einer Pfanne erhitzen, Filets auf der panierten Seite 2 bis 3 Minuten braten. Die Sauce kurz aufmixen, mit den Filets anrichten, mit Koriandergrün garnieren. Dazu paßt Ratatouille.

GESTÜRZTER REISSALAT MIT LANGUSTE

4 gekochte Langustenschwänze (je etwa 150 g)

2 EL Pflanzenöl, 50 g weiße Zwiebel, 1 rote Chilischote, Salz

1 EL Champagneressig, 1 EL gehackte Petersilie

30 g Butter, grobgemahlener schwarzer Pfeffer

Für den Reissalat:

250 g Langkornreis, Salz

60 g Möhre, 300 g Tomaten

60 g Zwiebel, 1 Knoblauchzehe, 1 rote Chilischote

10 g frische Ingwerwurzel, 1 EL Pflanzenöl

2 EL gehackte Kräuter (Pimpinelle, Petersilie, Schnittlauch)

2 hartgekochte, feingehackte Eier

Salz, frisch gemahlener Pfeffer

Für die Currysauce:

10 g Ingwer in Sirup, 100 g Mayonnaise, 1/2 TL Currypulver

60 ml halbsteif geschlagene Sahne, 1 Spritzer Limettensaft

Salz, frisch gemahlener weißer Pfeffer

Außerdem:

4 Ringformen von 200 ml Inhalt und 12,5 cm Durchmesser

Öl für die Förmchen, Salatbouquet zum Garnieren

Die Langustenschwänze längs halbieren, den Darm entfernen. 4 Hälften bis zur Weiterverwendung in den Kühlschrank stellen, die restlichen aus der Schale lösen, in 3 cm große Stücke schneiden. Das Öl erhitzen, die Langustenstücke darin kurz anbraten. Feingewürfelte Zwiebel und die von Samen und Scheidewänden befreite, in Ringe geschnittene Chilischote kurz mitbraten. Salzen, mit Essig beträufeln, mit Petersilie bestreuen und erkalten lassen. Für den Salat den Reis in leicht gesalzenem Wasser etwa 20 Minuten kochen, abgießen, gut abtropfen lassen. Möhre schälen und in sehr feine Würfel schneiden. Tomaten häuten, Stielansätze und Samen entfernen, das Fruchtfleisch fein würfeln. Zwiebel und Knoblauch fein hacken. Die Chilischote halbieren, Samen und Scheidewände entfernen, das Fruchtfleisch in feine Streifen schneiden. Ingwer schälen, fein hacken. Das Öl in einer Pfanne erhitzen, die Zwiebel und den Knoblauch darin hell anschwitzen. Die Möhre 3 bis 4 Minuten, dann die Tomaten, den Ingwer und die Chilistreifen 2 Minuten mitschwitzen. Reis, Gemüse, Kräuter und Eier gut mischen, mit Salz und Pfeffer würzen. Die Ringformen mit dem Öl ausstreichen, den Reis hineindrücken, abkühlen lassen. Für die Sauce den Ingwer sehr fein hacken, mit Mayonnaise und Curry verrühren. Sahne unterheben, mit Limettensaft, Salz und Pfeffer abschmecken. Butter in einer Pfanne erhitzen, die beiseite gestellten, halbierten Langustenschwänze mit der Schnittfläche nach unten darin kurz braten. Den Reis auf Teller stürzen, das marinierte Langustenfleisch in die Reisringe füllen und mit etwas Currysauce übergießen. Je einen gebratenen Langustenschwanz danebenlegen, mit grobgemahlenem Pfeffer bestreuen. Mit dem Salatbouquet (gebleichter Löwenzahn, Radicchio, Rucola) garnieren.

PAELLA Reis auf spanisch

Die Paella ist ein Höhepunkt spanischer Kochkunst. Es braucht dazu: spanischen Reis, eine möglichst schwere flache Henkelpfanne – am besten aus geschmiedetem Eisen – und eine kräftige, gehaltvolle Brühe. Was sonst noch mit in die Paella-Pfanne kommt – je nach Jahreszeit mehr oder weniger üppig – bleibt ganz dem eigenen Geschmack überlassen.

Speck, weiße Bohnen, Schweinefleisch oder Scheiben der pikanten chorizo, der spanischen Kochwurst, empfehlen sich für kalte Tage. Eine Paella, die neben Reis ausschließlich verschiedene Gemüsesorten enthält, ist ein ideales Sommergericht. Ganz besonders beliebt sind Paellas mit Fisch und Meeresfrüchten. Und gerade diese kommen in der »zona de arroces« – der Gegend der Reisgerichte um Valencia und entlang des Ebrodeltas – täglich fangfrisch auf den Markt.

Ursprünglich wurde die Paella über offenem Feuer gegart, und auch heute noch hat diese Art der Zubereitung – traditionell übrigens reine Männersache – ihren Reiz. Nur so bildet sich nämlich die »socarrado«, eine leckere goldbraune Kruste am Boden der Pfanne – von allen heiß begehrt. Doch einfacher geht's freilich auf dem Herd, wo die Paella so lange gegart wird, bis der Reis »trocken« ist.

Wie auch immer – feste Regeln gibt es bei der bunten Reispfanne weder für die Zubereitung noch für die Zutaten. Dafür sind die unzähligen regionalen Abwandlungen der beste Beweis: Jede Paella hat eine andere, ihr eigene Beschaffenheit und überrascht durch ihren speziellen Geschmack jedesmal aufs neue.

Reis aus der Pfanne

MEIST MIT EIN PAAR FÄDEN SAFRAN UND GLATTER PETERSILIE, IMMER ABER MIT DEM IN SPANIEN ALLSEITS BELIEBTEN KNOBLAUCH.

Nun, obwohl spanischer Rundkornreis aussieht wie italienischer und auch die Zubereitung von Paella auf den ersten Blick ähnlich wie beim Risotto zu sein scheint, hat erstere mit letzterem doch wenig gemein. Die Reiskörner der Paella sollen keinesfalls sämig zusammenhalten – das wäre ganz und gar unerwünscht. Die zugegebene Flüssigkeitsmenge muß daher so bemessen sein, daß der Reis sie gerade aufnimmt. Die Grundregel: etwa zweimal soviel Flüssigkeit wie Reis. Am Ende soll der Reis »trocken« und körnig sein. Nach dem Anschwitzen der Körner rührt man die Paella deshalb auch nicht mehr um. Gelegentlich wird die Paella auf dem Herd nur vorgekocht und dann im Ofen fertiggegart. Immer jedoch sollte der Reis nach Ende der Kochzeit in der mit Alufolie abgedeckten Pfanne noch etwas nachziehen.

ARROZ A BANDA

»A banda« – also getrennt – gegart wird der Reis hier von Fisch und Garnelen. Und in Spanien wird er auch separat serviert, nämlich als erster Gang vor dem Fisch. Dennoch hat der »Arroz a banda« ein köstliches Meeresaroma, weil er in mit Safran aromatisiertem Fischfond köchelt.

Für den Fond:
1 kg Fischkarkassen (vom Fischhändler), 100 g Zwiebeln
3 Knoblauchzehen, 100 g grüne Paprikaschoten
200 g reife Tomaten, 3 EL Pflanzenöl, 2 l Wasser
1 Lorbeerblatt, 3 Stengel Petersilie, 10 weiße Pfefferkörner
Für die Aïoli:
6 bis 8 Knoblauchzehen, 1/2 TL grobes Meersalz
40 g Weißbrot ohne Rinde, in wenig Milch eingeweicht
1 Eigelb, 1/4 l feinstes Olivenöl, etwas Zitronensaft
Für den Fisch:
1 Meeräsche von etwa 1,2 kg, ausgenommen
12 Garnelenschwänze in der Schale
400 g festkochende, kleine, neue Kartoffeln
1 Döschen Safranfäden, 1/4 l Weißwein, Salz
Für den Reis:
2 Knoblauchzehen, 2 EL Olivenöl, 400 g Rundkornreis, Salz

Zunächst die Fischkarkassen – Gräten und Köpfe, Fleischabgänge und Schwänze – vorbereiten. Kiemen entfernen, sie würden den Fond bitter werden lassen.

Das Öl in einer Paellapfanne mit etwa 30 cm Durchmesser erhitzen und die Knoblauchwürfel darin farblos anschwitzen.

Den ungewaschenen Reis auf einmal dazuschütten und unter ständigem Rühren mitschwitzen, bis die Körner glasig sind.

Die Hälfte der abgemessenen Fond-Wein-Mischung (300 ml) angießen, salzen und den Reis 10 Minuten köcheln lassen.

Die restliche Fondmischung zugießen, 10 Minuten köcheln lassen. 1/2 l des Kartoffelkochsuds abmessen und zugießen.

Den Reis weitere 10 Minuten köcheln, vom Herd nehmen, mit Alufolie abdecken und 10 Minuten ruhen lassen.

Flossen oder Flossensäume bei Plattfischen entfernen, ihr hoher Fettanteil könnte einen tranigen Geschmack des Fonds verursachen. Die Karkassen grob zerkleinern, in eine Schüssel füllen und unter fließendem kaltem Wasser 20 Minuten wässern, bis das Wasser klar und frei von Trübstoffen abläuft. Die Karkassen abtropfen lassen. Zwiebeln und Knoblauch schälen. Paprikaschoten halbieren, Samen und Scheidewände entfernen. Tomaten waschen, Stielansatz entfernen. Das Gemüse in grobe Stücke schneiden. In einem großen Topf das Öl erhitzen und die Fischkarkassen darin unter ständigem Wenden 3 bis 4 Minuten angehen lassen. Das Gemüse einige Minuten mitschwitzen, dabei wiederholt wenden. Sobald alles zu köcheln beginnt, das Wasser zugießen. Die Gewürze einlegen, aufkochen lassen und mehrmals den aufsteigenden Schaum von der Oberfläche abschöpfen. Die Hitze reduzieren und den Fond 30 Minuten köcheln lassen. Ein Spitzsieb mit einem Passiertuch auslegen, den Fond mit der Schöpfkelle einfüllen und langsam durchlaufen lassen, dabei sollten 1,2 l Fischfond übrigbleiben. Für die Aïoli die Knoblauchzehen schälen und halbieren. Mit dem Salz im Mörser verreiben, das gut ausgedrückte Weißbrot sowie das Eigelb untermischen. So lange rühren, bis eine glatte Paste entsteht. Falls diese zu dick zu werden droht, mit etwas warmem Wasser sämig rühren. Kurz stehen lassen, kräftig durchrühren und die Masse in eine Schüssel umfüllen. Das Öl zunächst tropfenweise, dann in dünnem Strahl mit dem Schneebesen unterrühren. Die Aïoli mit ein paar Tropfen Zitronensaft würzen. Die Meeräsche mit einem Tuch am Schwanzende festhalten, die Flossen in Richtung Kopf mit einer Schere abschneiden und die Schuppen in Richtung Kopf abschaben. Den Kopf entfernen. Den Fisch innen und außen unter fließendem kaltem Wasser waschen und in etwa 3 cm breite Stücke schneiden. Die Garnelen bis auf das letzte Schwanzglied schälen, den dunklen Darm vorsichtig herausziehen. Die Kartoffeln schälen und längs halbieren. Vom aufgefangenen Fischfond 3 EL abnehmen und den Safran darin auflösen. Den übrigen Fond mit dem Weißwein erhitzen, den Safran unterrühren und 600 ml davon für den Reis abmessen. Die restliche Flüssigkeit salzen, die Kartoffeln darin etwa 10 Minuten kochen und vom Herd nehmen. Knoblauch für den Reis schälen, fein hacken und den Reis zubereiten, wie in der Bildfolge links gezeigt. Die Kartoffeln in der verbliebenen Flüssigkeit nochmals erhitzen, den vorbereiteten Fisch dazugeben und 5 Minuten ziehen lassen. Falls nötig, noch etwas Wasser oder Weißwein angießen, Fisch und Kartoffeln sollten gerade mit Flüssigkeit bedeckt sein. Die Garnelenschwänze einlegen und alles weitere 3 bis 4 Minuten köcheln lassen. Den Reis separat als ersten Gang servieren. Anschließend den Fisch mit den Garnelen und den Kartoffeln auf vorgewärmten Tellern anrichten und die Aïoli getrennt dazu reichen.

Ein Tip: Fischfond herzustellen ist nicht schwer. Zu beachten gilt es lediglich, daß die Karkassen für den Fischfond von fangfrischen mageren Weißfischen, wie zum Beispiel Steinbutt, Zander, Scholle, Glattbutt, Seezunge oder Petersfisch, stammen sollten. Zudem darf der Fond nicht länger als 20 bis 30 Minuten leise köcheln, sonst wird er trüb und leimig und damit unbrauchbar.

Gemüsepaellas

BUNT UND VOLLER VITAMINE: DAS SPANISCHE
NATIONALGERICHT EINMAL OHNE FLEISCH.

Fast jedenfalls, denn um den Geschmack noch zu steigern, brät man einige Würfelchen des luftgetrockneten
Serrano-Schinkens in der Pfanne mit an. Wer's lieber
ganz vegetarisch mag, läßt den Schinken einfach weg.

PAELLA DE VERDURAS

80 g Zwiebeln, 2 Knoblauchzehen, 120 g Serrano-Schinken

120 g junge Möhren, 150 g weiße Rübchen

150 g rote Paprikaschoten, 100 g Zucchini

50 g Zuckerschoten, 150 g Tomaten, 900 ml Gemüsefond

150 ml Weißwein, 3 EL natives Olivenöl extra

1 EL gehackte Petersilie, 400 g spanischer Rundkornreis

Salz, frisch gemahlener weißer Pfeffer

Außerdem:

1 EL gehackte glatte Petersilie zum Bestreuen

Zwiebeln und Knoblauch schälen, fein hacken. Den
Schinken klein würfeln. Möhren und Rüben schälen, in
etwa 1 cm große Stücke schneiden. Paprikaschoten halbieren, Samen und Scheidewände entfernen und das
Fruchtfleisch in 1 cm große Stücke schneiden. Zucchini
von Stiel- und Blütenansatz befreien, halbieren, in Scheiben schneiden. Die Zuckerschoten putzen und quer halbieren. Tomaten blanchieren, kalt abschrecken, häuten,
vierteln, Stielansatz und Samen entfernen und die Viertel
längs in Streifen schneiden. Gemüsefond mit dem Wein
aufkochen. In einer Paella-Pfanne das Öl erhitzen, Zwie-

beln und Knoblauch darin hell anschwitzen. Die Schinkenwürfel 2 bis 3 Minuten mitbraten, Petersilie und Reis einstreuen und 3 Minuten unter Rühren mitgaren. 1/3 der heißen Flüssigkeit angießen. Möhren- und Rübenwürfel untermischen, mit Salz und Pfeffer würzen. Die Hitze reduzieren, 15 Minuten köcheln lassen und die Paprikastücke untermischen. Ein weiteres Drittel der heißen Fondmischung zugießen und 10 Minuten köcheln lassen, anschließend Zucchini, Zuckerschoten, Tomaten sowie die restliche Flüssigkeit zufügen. Alles gut vermengen, abschmecken und nochmals 8 bis 10 Minuten köcheln lassen, dabei nicht mehr umrühren. Ist der Reis gar, die Pfanne vom Herd nehmen, mit Folie bedecken und 10 Minuten stehen lassen; die gesamte Flüssigkeit sollte aufgesogen sein. Die »Paella de verduras« in der Pfanne, mit Petersilie bestreut, servieren.

PAELLA MIT WILDREIS UND PAPRIKA

je 400 g rote und grüne Paprikaschoten, 100 g Zwiebeln
2 Knoblauchzehen, je 1 rote und grüne Peperoni
120 g Serrano-Schinken, 3 EL natives Olivenöl extra
200 g spanischer Mittelkornreis, 1 l Gemüsefond
200 ml Weißwein, 200 g Wildreis (Mahnomen), Salz

Außerdem:

1 EL gehackte glatte Petersilie zum Bestreuen

Die Paprikaschoten bei 220 °C im vorgeheizten Ofen rösten, bis die Haut »Blasen wirft«. Herausnehmen und unter einem feuchtem Tuch oder in einer Plastiktüte »schwitzen« lassen. Die Schoten häuten, halbieren, Samen und Scheidewände entfernen und das Fruchtfleisch in etwa 1,5 cm große Würfel schneiden. Die Zwiebeln und den Knoblauch schälen, fein hacken. Die Peperoni ohne Samen und Scheidewände fein würfeln. Den Schinken ebenfalls klein würfeln. In einer Paella-Pfanne das Öl erhitzen, Zwiebel-, Knoblauch-, Peperoni- und Schinkenwürfel darin 2 bis 3 Minuten anschwitzen. Den weißen Reis zufügen und etwa 3 Minuten unter Rühren mitschwitzen. Den Gemüsefond und den Wein mischen, 1/3 der Flüssigkeit zum Reis gießen und 10 Minuten köcheln lassen. Den Wildreis sowie die Paprikawürfel untermischen, ein weiteres Drittel der Fondmischung zugießen, nach Belieben salzen und weitere 10 Minuten köcheln lassen. Den Rest der Flüssigkeit zugießen, dabei nicht mehr umrühren und alles nochmals 15 Minuten köcheln lassen. Vom Herd nehmen, die Paella mit Alufolie bedecken, 10 Minuten ruhen lassen. Mit der gehackten Petersilie bestreuen und servieren.

Paella de mar

MIT FRISCHEN MEERESFRÜCHTEN – EINMAL
»TROCKEN« UND EINMAL IN DER BRÜHE.

ARROZ CALDOSO

»Caldo« heißt Brühe auf spanisch, und diese gab dem
»Arroz caldoso« den Namen, denn entsprechend suppig
soll dieses köstliche, der Paella verwandte Reisgericht
aus Katalonien auch sein.

1 Languste (etwa 700 g)
300 g Teppichmuscheln
300 g Kalmare
80 g Zwiebeln
2 Knoblauchzehen
150 g rote Paprikaschote
5 EL Olivenöl
2 cl Brandy de Jerez
200 g passierte Tomaten
1 bis 1,2 l Fischfond
250 g spanischer Rundkornreis
1 Döschen Safranfäden
Salz
frisch gemahlener schwarzer Pfeffer

Im Gegensatz zur Paella kommt der »Arroz caldoso« niemals in den
Ofen. Er gart bei starker Hitze auf dem Herd, wobei der Reis durch
das Mitkochen von Muscheln, Kalmaren und Langustenteilen noch
zusätzliches Aroma erhält. Wieviel Fischfond es genau braucht, ist
von Fall zu Fall verschieden, nur zu trocken darf's nicht werden.

Die Languste unter fließendem kaltem Wasser säubern,
wenn nötig abbürsten, 2 Minuten in sprudelndem Wasser kochen und herausnehmen. Die Languste mit einem
großen Messer längs halbieren, beide Hälften zwischen
Schwanz und Körper durchtrennen, den Magensack
entfernen. Die Langustenteile bis zur weiteren Verwendung beiseite stellen. Die Muscheln gründlich waschen,
alle anhaftenden Sand- und Kalkreste entfernen, geöffnete Exemplare wegwerfen. Die Kalmare waschen, die
Haut abziehen, die Fangarme ganz aus dem Körperbeutel herausziehen und abschneiden. Die Kauwerkzeuge
und das Fischbein entfernen. Die Fangarme und Körper
der Kalmare innen und außen nochmals waschen, in
etwa 2 cm große Stücke schneiden und gut abtropfen
lassen. Die Zwiebeln und den Knoblauch schälen und
fein hacken. Die Paprikaschote von Samen und Scheidewänden befreien, das Fruchtfleisch klein würfeln. In
einer Paella-Pfanne das Öl erhitzen, Zwiebel-, Knob-
lauch- und Paprikawürfel darin kurz anschwitzen. Muscheln, Kalmarstücke und Langustenteile 5 Minuten mitbraten. Mit dem Brandy ablöschen, die passierten
Tomaten einrühren und den Fischfond zugießen. Den
Reis einstreuen, die Safranfäden untermischen, salzen
und pfeffern. Alles bei starker Hitze 15 bis 20 Minuten
kochen. Vom Herd nehmen und den »Arroz caldoso« in
der Paella-Pfanne servieren.

PAELLA DE MARISCOS

Ein beliebtes Paella-Rezept, nur mit frischen Meeres-früchten zubereitet. In die Pfanne kommen diverse Muschelsorten und delikate Scampi, für die schöne Far-be ist einmal mehr der Safran verantwortlich.

1 kg gemischte Muscheln, 4 Scampi, 120 g Zwiebeln
3 Knoblauchzehen, 80 g Stangensellerie
1 bis 1,2 l Fischfond, 1 Döschen Safranfäden
4 EL Olivenöl, 400 g spanischer Rundkornreis
Salz, 250 g Tomaten, frisch gemahlener Pfeffer
Außerdem:
1 EL gehackte glatte Petersilie

Die Muscheln (etwa Miesmuscheln, Herzmuscheln und Teppichmuscheln) unter fließendem kaltem Wasser sorgfältig waschen, dabei alle anhaftenden Sand- und Kalkreste entfernen. Offene Exemplare wegwerfen. Von den Miesmuscheln mit den Fingern den Bart abziehen. In einem großen Topf etwas Wasser zum Sieden bringen, die Muscheln und 1 Scampo darin kochen, bis die Muscheln sich geöffnet haben. Geschlossene Exempla-re sicherheitshalber wegwerfen. Alle Muscheln – bis auf einige zum Garnieren – aus der Schale lösen und, eben-

so wie den Scampo, bis zur weiteren Verwendung kühl stellen. Inzwischen Zwiebeln und Knoblauch schälen, beides fein hacken. Den Stangensellerie putzen, wa-schen und in dünne Scheiben schneiden. In einer Kas-serolle den Fischfond erhitzen, die Safranfäden einstreu-en und 10 Minuten im heißen Fond ziehen lassen. In einer Paella-Pfanne 3 EL Öl erhitzen und die Zwiebel- und Knoblauchwürfel sowie den Stangensellerie darin kurz anschwitzen, ohne sie dabei Farbe nehmen zu lassen. Den Reis dazuschütten und unter Rühren kurz mitschwit-zen. Den Fischfond über den Reis gießen, salzen und etwa 15 Minuten köcheln lassen. Inzwischen die Toma-ten blanchieren, kalt abschrecken, häuten, Stielansatz und Samen entfernen und das Fruchtfleisch klein wür-feln. Von den 3 übrigen Scampi den Schwanz abdrehen, die ungeschälten Scampischwänze mit einem Säge-messer längs halbieren und den dunklen Darm entfer-nen. Die Tomatenwürfel, die ausgelösten Muscheln sowie die halbierten Scampischwänze auf dem Reis ver-teilen. Mit dem restlichen Öl beträufeln, leicht salzen und pfeffern. Die Paella bei 200 °C im vorgeheizten Ofen in etwa 10 Minuten fertiggaren. 2 Minuten vor Ende der Garzeit mit den in der Schale verbliebenen Muscheln und dem beiseite gelegten Scampo garnieren. Die Pfanne aus dem Ofen nehmen, die Paella mit der gehackten Petersilie bestreuen und in der Pfanne servieren.

▲ Farbenprächtig und von überwältigender Aromafülle, ist dieses kreolische Reisgericht schon allein optisch ein Genuß. Ihren ausgezeichneten Geschmack verdankt die bunte Reispfanne vor allem den fangfrischen Langusten.

Jambalaya

SEAFOOD MIT SPECK, REIS UND FEURIG-
SCHARFEN LAMPION CHILLIES.

»Jambalaya« kommt im Süden der USA und in ganz Mittelamerika in zahlreichen Variationen auf den Tisch. In jedem Fall gehören dazu Tomaten und Krustentiere, die man je nach Geschmack und Angebot kombinieren kann, meist auch Schinken oder Speck. Unabdingbar ist eine gewisse Schärfe, die durch Chillies und zerstoßenen schwarzen Pfeffer erreicht wird. Allerdings sollte man Samen und Scheidewände der Chillies vor dem Kochen entfernen, sonst wird es des Guten doch etwas zuviel.

2 Langusten mittlerer Größe (je etwa 600 g)
2 Lampion-Chillies
80 g durchwachsener Räucherspeck
60 g Schalotten, 1 Knoblauchzehe
4 EL Pflanzenöl, 150 g Langkornreis
1/2 l Fischfond
einige Safranfäden
Salz, zerstoßener schwarzer Pfeffer
1/2 TL gehackter Thymian, 1 EL Limettensaft
400 g Tomaten
150 g Frühlingszwiebeln
80 g luftgetrockneter Schinken, dünn aufgeschnitten
frisch gemahlener Pfeffer
Außerdem:
1 EL gehackte glatte Petersilie

In einem entsprechend großen Topf genügend Wasser zum Kochen bringen, die Langusten kopfüber hineinge-

ben und 3 Minuten kochen. Herausnehmen und in Eiswasser abschrecken. Die Schwänze ausbrechen und
jeden in 8 Stücke zerteilen. Die Lampion-Chillies längs
halbieren, Samen und Scheidewände entfernen und das
Fruchtfleisch in feine Längsstreifen schneiden. Den
Speck sehr fein würfeln. Die Schalotten schälen und in
kleine Würfel schneiden. Die Knoblauchzehe schälen
und zerdrücken. In einer genügend großen Pfanne – am
besten geeignet ist eine aus Eisen mit hohem Rand –
2 EL Öl erhitzen und den Speck darin kräftig anbraten.
Die Schalottenwürfel und die Knoblauchzehe 2 Minuten
mitbraten. Den Reis hinzufügen und unter ständigem
Rühren anschwitzen, bis die Körner glasig sind. Den
Fischfond zugießen. Mit Safranfäden, 1 TL Salz, zerstoßenem schwarzem Pfeffer, Thymian, Limettensaft und
Chilistreifen würzen und alles bei geringer Hitze etwa
20 Minuten köcheln, bis der Reis gar ist. In der Zwischenzeit die Tomaten blanchieren, häuten, Stielansatz
und Samen entfernen und das Fruchtfleisch klein würfeln. Die Frühlingszwiebeln putzen, waschen, schräg in
1,5 cm große Stücke schneiden, in kochendem Wasser

2 Minuten blanchieren und in Eiswasser abschrecken.
Die Schinkenscheiben in breite Streifen schneiden, mit
den Tomatenwürfeln und den Frühlingszwiebelstücken
unter den Reis mengen. Sollte die Mischung zu trocken
geraten, noch etwas Fischfond zugießen und alles
zusammen erneut 5 Minuten ziehen lassen. Die Langustenstücke im restlichen Öl von beiden Seiten scharf
anbraten und unter den Reis mischen. Mit Salz und Pfeffer abschmecken und mit Petersilie bestreuen. Mit
der »Langustennase«, das heißt, dem Kopfteil des Krustentiers, garnieren und in
der Pfanne servieren.

AUS DEM WOK Reis & Co.

Die von den Chinesen erfundene Pfanne ist nicht das einzige, wohl aber das wichtigste Geschirr der asiatischen Küchen. Nirgendwo sonst gelingt Gemüse so knackig, absorbieren die Zutaten die Würze rascher. Zudem bleiben beim minutenschnellen Pfannenrühren bei hoher Temperatur die Vitamine weitgehend erhalten. Doch nicht nur braten kann man im Wok, sondern eine Menge mehr.

Spezielle Bambuseinsätze dienen zum Dämpfen, beispielsweise von Reis. Die hohen Pfannenwände erlauben zudem ein Kochen oder Fritieren. Ja sogar räuchern kann man in der gußeisernen Pfanne, die die Chinesen ursprünglich in Vertiefungen ihres gemauerten Herdes direkt über offenes Feuer setzten. Weil Brennholz knapp war und ist, gewährleisten Form und Material seit jeher eine optimale Energieausnutzung. Nur der Boden des Woks wird punktuell erhitzt und die Wärme dann an die Wände weitergeleitet. Durch das unentwegte Rühren gart dennoch alles gleichmäßig.

Allerdings nur bei entsprechender Vorarbeit – und die erfordert meist mehr Geduld als das Kochen selbst. Denn ob Fisch, Fleisch oder Gemüse: Ist das Öl im Wok erst heiß, muß alles fein geschnitten parat stehen. Dabei gilt es, ein Maximum an Harmonie und Ausgewogenheit zu erreichen, das heißt, je zarter die Zutaten, desto größer die Stücke und umgekehrt.

Ganz wichtig beim Stir-frying, zu deutsch pfannenrühren, ist auch das Würzen: Mit von der Partie sind meist frischer Ingwer, Zitronengras, Chillies sowie diverse Saucen. Ist das Gericht dann fertig, kommt der Wok aber – im Gegensatz zum asiatischen Feuertopf – nicht auf den Tisch, weder in China noch anderswo. Das wäre nachgerade unhöflich – und wer will schon sein Gesicht verlieren?

Eckart Witzigmann
und seine Kollegin,
Küchenchefin des
Thai-Restaurants im
Mansion in Bangkok,
am Herd in Aktion:
Er sorgt mit der löffel-
weise untergerührten
thailändischen Curry-
paste für die nötige
Schärfe, sie dafür,
daß nichts anbrennt.

Knackiges Gemüse

IM WOK AUF DEN PUNKT GEGART – IN THAILAND
FAST EIN MUSS ZUM REIS.

In den Wok – das ist übrigens schlicht das kantonesi-
sche Wort für Pfanne – kommt das gleichmäßig in Form
gebrachte, bisweilen zuvor blanchierte Gemüse nacheinander, entsprechend seiner Garzeit. Das heißt, man
fängt mit den Zutaten an, die am längsten brauchen, und
fügt zum Schluß diejenigen mit der kürzesten Garzeit zu.
Wichtig ist in jedem Fall das Kleinschneiden aller verwendeten Ingredienzien – in erster Linie natürlich aufgrund
der asiatischen Eßkultur: Stäbchen schneiden nun mal
schlecht. Doch das Zerkleinern der Zutaten vor dem Braten hat noch weitere Gründe: Die mundgerecht geschnittenen Häppchen sind in Windeseile gar, und das spart
Energie und schont wertvolle Inhaltsstoffe. Unabdingbare
Voraussetzung ist allerdings die Frische von Gemüse,
Fisch oder Fleisch. Werden einzelne Bestandteile eines
Gerichts nur kurz gebraten oder fritiert, nimmt man sie mit
einem Sieblöffel wieder heraus. Gespült wird der Wok
zwischen den einzelnen Arbeitsphasen in der Regel
nicht, allenfalls mit einer speziellen Wok-Bürste gesäubert. Der optimale Wok ist unten gerundet und damit auf
Gasherden einsetzbar. Im Handel sind jedoch mittlerweile auch zahlreiche Modelle mit abgeflachtem Boden,
speziell für Elektroherde, erhältlich.

HUHN-GEMÜSE-REIS

1 kg Hühnerkeulen, 200 g Maiskölbchen, 3 Knoblauchzehen
80 g Shiitake-Pilze, 60 g rote Paprikaschote
80 g Zuckerschoten, 40 g Frühlingszwiebeln
4 EL Öl, 200 g gekochter Langkorn-Naturreis
je 2 EL Austernsauce und Fischsauce
Salz, frisch gemahlener Pfeffer, 1 Prise Palmzucker
Außerdem:
1 TL gehackte Sellerieblättchen zum Bestreuen

Das Fleisch der Hühnerkeulen von den Knochen lösen,
die Sehnen entfernen und das Hühnerfleisch in Scheiben
schneiden. Die Maiskölbchen in kochendem Salzwasser
blanchieren, kalt abschrecken. Knoblauchzehen schälen
und in Scheiben schneiden. Von den Shiitake-Pilzen die
harten Stiele entfernen, die Hüte je nach Größe halbieren
oder vierteln. Die Paprikaschote halbieren, Samen und
Scheidewände entfernen und das Fruchtfleisch klein
würfeln. Zuckerschoten und Frühlingszwiebeln putzen,
letztere in etwa 2 cm lange Stücke schneiden. 3 EL Öl im
Wok erhitzen, das Hühnerfleisch darin unter Rühren bei
starker Hitze knusprig braten und herausnehmen. Den
Knoblauch unter Rühren in dem im Wok verbliebenen Öl
anschwitzen, nacheinander Maiskölbchen, Pilze, Paprikawürfel, Frühlingszwiebeln sowie Zuckerschoten zufügen, das Gemüse insgesamt etwa 4 Minuten pfannenrühren – es soll noch knackig sein – und herausnehmen.
Das restliche Öl im Wok erhitzen und den Reis darin 2 bis
3 Minuten unter Rühren braten. Alle Gemüsesorten, Pilze
sowie das Fleisch unter den Reis mischen, die Saucen
einrühren, mit Salz, Pfeffer und Palmzucker würzen. Alles
zusammen unter ständigem Rühren noch 1 bis 2 Minuten braten und das Gericht, mit Selleriegrün bestreut, servieren.

GEMÜSECURRY MIT REIS

Verschiedene Sorten Bohnen, Spargel, Pilze, Frühlingszwiebeln und noch mehr Gemüse, gegart in gewürzter Kokosmilch. Die in der Thai-Küche vielfach verwendete Currypaste bekommt man in Spezialgeschäften für asiatische Lebensmittel in den Farben Grün, Rot und Gelb bereits fertig gemischt zu kaufen.

1 l Kokosmilch, 50 g frische Reisstrohpilze (oder aus der Dose)
100 g Spargelbohnen, 100 g grüner Spargel
120 g grüne Bohnen
60 g Frühlingszwiebeln (nur der weiße Teil mit etwas Grün)
60 g Zuckerschoten, 40 g Flügelbohnen
100 g Lotuswurzel, 160 g Kartoffeln, 100 g Möhren
160 g Tarowurzel, 2 rote Chilischoten
4 EL thailändische grüne Currypaste
6 EL helle Sojasauce, 1 Prise Zucker, 2 Kaffir-Limettenblätter
1 Handvoll Thai-Basilikum, ganz oder gehackt
Außerdem:
200 g thailändischer Langkornreis

Die Kokosmilch entweder aus 2 frischen, etwa 500 g schweren Kokosnüssen selbst herstellen, wie auf Seite 227 beschrieben, oder fertig in Dosen kaufen. Reisstrohpilze sind in Europa ebenfalls meist in Dosen erhältlich. Frische Strohpilze putzen und die Pilze in jedem Fall halbieren. Die Spargelbohnen putzen, in 15 cm lange Stücke schneiden und in jedes Stück einen lockeren Knoten machen. Vom grünen Spargel die Enden abschneiden, die grünen Bohnen putzen und beides in etwa 3 cm lange Stücke schneiden. Die Frühlingszwiebeln putzen, längs halbieren. Zuckerschoten putzen,

Flügelbohnen auspalen, die Hülsen in Stücke schneiden. Lotuswurzel in Scheiben schneiden. Kartoffeln, Möhren und Tarowurzel schälen und in Stifte schneiden. Die Chilischoten vom Stielansatz befreien und schräg in Streifen schneiden. Kartoffeln-, Möhren-, Taro- und Lotuswurzelstücke in kochendem Salzwasser 3 Minuten blanchieren, herausnehmen, gut abtropfen lassen. Den Reis in ausreichend Wasser 12 bis 15 Minuten kochen. Separat in einem Wok die Kokosmilch zum Kochen bringen, die grüne Currypaste einrühren, 1 bis 2 Minuten köcheln lassen und weiterverfahren, wie unten gezeigt. Den Reis abgießen, je 1 Portion auf vorgewärmten Tellern anrichten, das Gemüsecurry darauf verteilen und servieren.

In der heißen Kokosmilch die halbierten Pilze, die Lotuswurzelscheiben sowie die ausgepalten Flügelbohnen mitköcheln.

Den grünen Spargel, die geteilten Hülsen der Flügelbohnen sowie die grünen Bohnen unter die Kokosmilch mischen.

Die Möhren- und Kartoffelstifte zufügen, ebenso die Tarowurzelstücke, alles gut vermengen und kurz köcheln lassen.

Die Frühlingszwiebeln, Zuckerschoten sowie die vorbereiteten Spargelbohnen zufügen, kurz mitköcheln.

Die roten Chilistreifen unterrühren und das Gericht mit Sojasauce und Zucker würzen.

Die Limettenblätter einlegen, alles noch 10 bis 12 Minuten köcheln. Zum Schluß das Thai-Basilikum untermischen.

Für den »Fried curry rice« das
Öl im Wok stark erhitzen und
gleichmäßig verteilen – auch an
den Wänden des Wok.

Schalotten- und Knoblauchwürfel, Zitronengras sowie das
Currypulver darin anbraten und
1 bis 2 Minuten pfannenrühren.

Die Schweine- und Hähnchenfleischwürfel im heißen Wok
unter ständigem Rühren
2 Minuten mitbraten.

Die vorbereiteten Shrimps
zufügen und 1 Minute pfannenrühren. Dann das Ei in einer
kleinen Schüssel verquirlen.

Den Inhalt des Woks zum Rand
schieben. Das verquirlte Ei
zugießen, kurz stocken lassen
und alles vermischen.

Den gekochten Reis zuschütten,
unter ständigem Rühren 5 Minuten mitbraten, bis alle Zutaten
heiß sind und duften.

Fried curry rice

HIER MISCHEN SICH DIE AROMEN VON FLEISCH,
FISCH UND MEERESFRÜCHTEN.

»Fried rice« gelingt nur richtig, wenn dafür bereits am Vortag gekochter Reis verwendet wird. Deshalb gilt es, bei
den folgenden Rezepten bereits einen Tag vor der Zubereitung des eigentlichen Gerichts an das Reiskochen zu
denken. Beim »Fried curry rice« ist zudem die Wahl des
Currypulvers von Bedeutung, das in seiner Zusammensetzung speziell auf Fleisch abgestimmt sein sollte. Erhältlich ist es in gutsortierten Asiengeschäften. Ebenso
wie Zitronengras, das mit seinem frischen Aroma neben
der Schärfe der Chillies und dem eigenwillig schmecken-
den Koriandergrün eine wichtige Geschmacksnuance ist.

240 g thailändischer Langkornreis

480 ml Wasser, Salz

150 g Shrimps, 20 g Schalotte

2 Knoblauchzehen, 5 g Zitronengras

100 g Hähnchenfleisch, 50 g Schweinefleisch

1 EL Koriandergrün, 1 frische rote Chilischote

3 EL Pflanzenöl

1 TL Currypulver für Schweinefleisch, 1 Ei

Schale von 1/2 Limette

1 1/2 TL Zucker, 1 EL Fischsauce

frisch gemahlener weißer Pfeffer

Außerdem:

getrocknete Fischchen und Koriandergrün zum Garnieren

Den Langkornreis waschen, bis das Wasser klar abläuft, und abtropfen lassen. In einem Topf Salzwasser zum Kochen bringen, den Reis auf einmal zuschütten und im geschlossenen Topf bei geringer Hitze etwa 20 Minuten garen. Vom Herd nehmen und bis zur weiteren Verwendung am nächsten Tag kühl stellen. Für den gebratenen Curryreis zunächst die Zutaten vorbereiten. Die Shrimps schälen, mit einem scharfen Messer an der Rückseite aufschneiden, den Darm entfernen, gut waschen und abtropfen lassen. Die Schalotte und die Knoblauchzehen schälen und beides fein würfeln. Das Zitronengras waschen, trockentupfen und in dünne Ringe schneiden. Das Hähnchen- sowie das Schweinefleisch in etwa 1 cm große Würfel schneiden. Das Koriandergrün hacken. Die Chilischote in dünne Ringe schneiden, die Samen dabei entfernen, sonst wird das Gericht eventuell zu scharf. Sind alle Zutaten für den »Fried curry rice« vorbereitet, weiterverfahren, wie in der Bildfolge links gezeigt. Wenn alle Zutaten gar sind, die Limettenschale, das gehackte Koriandergrün, den Zucker sowie die Chiliringe unterrühren und nach Belieben salzen. Den gebratenen Curryreis mit der Fischsauce und Pfeffer würzen und alles noch weitere 1 bis 2 Minuten pfannenrühren. Ist alles gut vermischt, den gebratenen Reis in Schalen anrichten, mit einigen ganz kurz fritierten getrockneten Fischchen sowie frischem Koriandergrün garnieren und servieren.

Auf asiatischen Märkten wird Reis – wie hier in Bangkok – lose oder gleich sackweise verkauft; 500 oder 1000 g-Päckchen wie in Europa sind unüblich.

Fried rice

EINMAL FRUCHTIG MIT ANANAS UND GARNELEN, EINMAL PIKANT MIT GEMÜSE UND EI.

FRIED RICE IN PINEAPPLE

1 Ananas (etwa 1,2 kg)
300 g ausgelöste Garnelen, 50 g Schalotten
3 Knoblauchzehen, 4 EL Pflanzenöl
1/2 TL gemahlene Kurkuma
1/2 TL Currypulver, 1/2 TL Shrimpspaste
350 g am Vortag gekochter Jasminreis
Salz, Zucker
Außerdem:
Koriandergrün zum Garnieren

Die Ananas längs so halbieren, daß die gesamte Blattkrone an einer Fruchthälfte verbleibt. Die andere Ananashälfte schälen, die »Augen« und den harten inneren Strunk mit einem spitzen Messer herausschneiden. Das Fruchtfleisch in kleine Würfel schneiden. Die Hälfte mit dem Grün bis auf einen etwa 1 cm dicken Rand aushöhlen, das Fruchtfleisch ebenfalls würfeln und beiseite stellen. Von den Garnelen den Darm vorsichtig herausziehen und das Fleisch in etwa 1 cm große Stücke schneiden. Schalotten und Knoblauch schälen, beides fein hacken. Das Öl im Wok erhitzen, Schalotten und Knoblauch darin glasig braten, herausnehmen. Die Garnelenstücke im Wok rundum etwa 1 Minute anbraten, ebenfalls herausnehmen. Im verbliebenen Öl Kurkuma und Currypulver mit der Shrimpspaste unter Rühren kurz braten, den gekochten Reis zufügen und einige Minuten pfannenrühren. Die Ananaswürfel mitbraten. Garnelen und Schalotten untermischen, mit Salz und Zucker würzen. Die Mischung in die ausgehöhlte Ananas füllen, bei 180 °C im vorgeheizten Ofen etwa 10 Minuten backen. Herausnehmen und, mit Koriandergrün garniert, servieren.

Mit gebratenen Garnelen und Ananasstückchen schmeckt »Fried rice« ausgezeichnet, zumal wenn er so dekorativ serviert wird wie hier – in der ausgehöhlten Fruchthälfte einer Ananas.

GEBRATENER GEMÜSEREIS MIT EIERN

4 Eier, 50 g Schalotten
2 Knoblauchzehen, 15 g frische Ingwerwurzel
2 rote Chilischoten, 60 g Frühlingszwiebeln
200 g grüne Bohnen, 150 g Möhren
80 g Stangensellerie, 250 g Tomaten
5 EL Pflanzenöl, 400 g am Vortag gekochter Basmati-Reis
100 ml Gemüsefond, 2 EL vegetarische Austernsauce
3 EL helle Sojasauce, Salz, frisch gemahlener Pfeffer
1/2 TL gemahlene Kurkuma
40 g Candlenuts, gehackt und geröstet
abgeriebene Schale und Saft von 1/2 Limette
1/2 TL Palmzucker
Außerdem:
Koriandergrün zum Bestreuen

Die Eier etwa 8 Minuten kochen, kalt abschrecken, schälen und in temperiertem Wasser warm halten. Schalotten, Knoblauch und Ingwer schälen und fein hacken. Die vom Stielansatz befreiten Chilischoten in dünne Ringe schneiden, dabei die Samen entfernen. Frühlingszwiebeln putzen und in Scheiben schneiden. Die Bohnen waschen, putzen und in etwa 3 cm lange Stücke brechen. Die Möhren schälen und in etwa 4 cm lange, dünne Stifte, den geputzten Stangensellerie in Scheiben schneiden. Die Tomaten blanchieren, abschrecken, häuten, Stielansatz und Samen entfernen und das Fruchtfleisch in Würfel von etwa 1 cm Kantenlänge schneiden. Im Wok 2 EL Öl erhitzen und den Reis darin unter Rühren 2 bis 3 Minuten braten, herausnehmen und beiseite stellen. Restliches Öl erhitzen und die Schalotten, Knoblauch- und Ingwerwürfel 1 Minute darin braten. Die Frühlingszwiebeln, Bohnen, Möhren, Chiliringe und den Sellerie zufügen und 3 Minuten pfannenrühren. Den Gemüsefond zugießen, alles 5 Minuten köcheln lassen. Tomatenwürfel 2 Minuten mitköcheln, mit den Saucen, Salz, Pfeffer und Kurkuma würzen. Candlenuts, Limettenschale und -saft, Palmzucker und den gebratenen Reis unterrühren, alles vorsichtig vermischen und abschmecken. Den Gemüsereis mit den geschälten, halbierten Eiern in Schälchen anrichten und mit abgezupften Korianderblättchen bestreuen. Wer will, kann den Reis auch ungebraten unter das Gemüse mischen.

Brauner Gemüsereis

EINE THAILÄNDISCHE NATURREIS-SPEZIALITÄT –
GEKRÖNT VON EINER HALBEN GARNELE.

Die hier verwendeten asiatischen Süßwassergarnelen sind in Europa unter der Bezeichnung »Hummerkrabben-Schwänze« erhältlich. Allerdings kaum mitsamt den imposanten Scheren – die Garnelen kommen hierzulande nur gefrostet ohne ihren charakteristischen Kopf auf den Markt. In ihrem asiatischen Verbreitungsgebiet verbleiben dagegen die langen, pinzettenförmigen Scheren am Körper, die blaugefärbten »giant river prawns«, so der englische Name, werden dort im Ganzen verkauft. Einige Schwierigkeiten dürfte das Auffinden einer weiteren Zutat bereiten – nämlich der Korianderwurzeln. Kräutergärtner haben aber die Möglichkeit, die schlanken Wurzeln im eigenen Garten zu ernten. Das Grün der Pflanze ist in diesem Fall übrigens kein gleichwertiger Ersatz, da der Geschmack von Wurzeln und Blättern nicht identisch ist.

150 g Langkorn-Naturreis, Salz, 80 g Möhren, 60 g Zwiebel
50 g Stangensellerie, 100 g thailändischer grüner Spargel
150 g Kürbis, 100 g Maiskölbchen, 150 g Tomaten
80 g Brokkoliröschen, 80 g Blumenkohlröschen
2 Garnelen (je etwa 350 g), 7 EL Pflanzenöl
1/2 TL Palmzucker, frisch gemahlener schwarzer Pfeffer
3 Eier, 2 EL Fischsauce, 3 EL Sojasauce
Für die Würzpaste:
3 Korianderwurzeln, 3 Knoblauchzehen
3 kleine rote Chilischoten, 3 EL Pflanzenöl

Den Reis in ein Sieb schütten, waschen. In einer Schüssel mit kaltem Wasser bedecken, stehen lassen, bis sich die Schmutzpartikel an der Wasseroberfläche absetzen, und abgießen. Den Reis in einem feuerfesten Topf mit 600 ml Wasser bedecken, leicht salzen, einmal aufkochen, die Hitze reduzieren und 10 Minuten offen köcheln lassen. Vom Herd nehmen, zudecken und bei 200 °C im vorgeheizten Ofen in etwa 20 Minuten fertiggaren. Möhren und Zwiebel schälen, Stangensellerie putzen, dabei die groben Fäden entfernen. Vom Spargel die

Um eine solch prächtige Rosenberggarnele fachgerecht zu zerlegen, wie Eckart Witzigmann es hier demonstriert, braucht man schon etwas Kraft und vor allem ein schweres, scharfes Messer.

Im heißen Wok das blanchierte Gemüse 1 bis 2 Minuten pfannenrühren, mit Zucker und Peffer würzen, dann Tomaten zufügen.

Die Eier nacheinander in den Wok aufschlagen und sofort verrühren. Mit wenig Salz, Fisch- und Sojasauce würzen.

Den fertigen Reis unter die Gemüse-Eier-Mischung rühren. Alles gut vermengen, mit Salz und Pfeffer abschmecken.

Enden abschneiden. Den Kürbis schälen, die Kerne und Fasern entfernen. Die Enden von den Maiskölbchen abschneiden und diese längs halbieren. Tomaten blanchieren, kalt abschrecken, häuten, vierteln, Stielansätze und Samen entfernen. Das Gemüse in etwa 5 mm große Würfel schneiden. Gewürfelten Brokkoli und Blumenkohl sowie Möhren-, Zwiebel-, Stangensellerie-, Spargel-, Kürbis- und Maiswürfel in kochendem Salzwasser etwa 4 Minuten blanchieren, abgießen und sehr gut abtropfen lassen. Vor dem Anbraten der Garnelen die Würzpaste herstellen. Dafür Korianderwurzeln waschen, trockentupfen. Knoblauch schälen, Chilischoten halbieren, Samen und Scheidewände entfernen. Das Fruchtfleisch ebenso wie Knoblauch und Korianderwurzeln sehr fein hacken und mit dem Öl zu einer Paste verrühren, beiseite stellen. Anschließend die Garnelen längs halbieren und den Darm entfernen. Im Wok 3 EL Öl erhitzen und die Garnelen darin mit der Schnittfläche nach oben etwa 6 Minuten braten, wenden. 1 Minute weiterbraten, herausnehmen und warm halten. Den Wok säubern, das restliche Öl darin erhitzen und weiterverfahren, wie links gezeigt. Die gebratenen Garnelen auf dem Reis anrichten und servieren. Die Würzpaste separat dazu reichen.

Spektakulär wirkt der braune Gemüsereis im Wok – die halbierte Garnele liegt mitsamt der langen, dünnen Schere auf einem Bett aus Naturreis, viel Gemüse und Eiern. Wird stattdessen eine handelsübliche, küchenfertig vorbereitete, tiefgekühlte Garnele verwendet, ist der optische Eindruck dieses Reisgerichts zwar nicht mehr ganz so umwerfend, dem Geschmack tut dies allerdings keinen Abbruch.

Spiced fish rice

ZARTES FILET VOM YELLOWTAIL KINGFISH UND REIS, MIT DER GANZEN FÜLLE EXOTI-SCHER GEWÜRZE.

Der hier verwendete Kingfish ist nicht immer einfach zu bekommen, ersatzweise kann man auch das Filet von einem kleinen Stör oder einem Bonito verwenden.

Für 4 bis 6 Portionen
500 g Basmati-Reis, 4 EL Pflanzenöl
5 Kardamomsamen, 4 Nelken, 1/4 Zimtstange
150 g Zwiebeln, geschält und in Ringen, 800 ml Wasser
1 Knoblauchzehe, leicht angedrückt, 1/4 Zwiebel, geschält
Für die Würzpaste:
200 g Tomaten, 100 g Zwiebeln, 5 Knoblauchzehen
30 g frische Ingwerwurzel, 2 EL gehacktes Koriandergrün
Saft von 1/2 Limette, 20 g gemahlene Kurkuma
20 g gemahlener Kreuzkümmel, 100 ml Fischfond
Für den Kingfish:
300 g Filet vom Yellowtail Kingfish, 3 EL Pflanzenöl
50 ml Kokosmilch, Salz, gestoßener schwarzer Pfeffer
Außerdem:
40 ml Rosenwasser, einige Safranfäden
Cashewnüsse, geröstet und halbiert, zum Bestreuen

Den Reis in ein Sieb schütten, waschen, bis das Wasser klar abläuft, und abtropfen lassen. 3 EL Öl erhitzen, die Gewürze darin anbraten. Die Hitze reduzieren und die Zwiebelringe kurz mitbraten. Den Reis etwa 2 Minuten unter Rühren mitschwitzen, mit dem Wasser ablöschen, im geschlossenen Topf 20 bis 25 Minuten köcheln, gut auskühlen lassen. Für die Würzpaste die Tomaten blanchieren, häuten, Stielansatz und Samen entfernen und das Fruchtfleisch würfeln. Zwiebeln, Knoblauch und Ingwer schälen, grob hacken und mit den restlichen Zutaten sowie den Tomatenwürfeln (bis auf einige für die Garnitur) im Mixer pürieren. Das Kingfishfilet in 2,5 cm große Stücke teilen. Das Öl für den Fisch im Wok erhitzen und diesen darin leicht anbraten. Die Würzpaste sowie die Kokosmilch unterrühren, salzen, pfeffern, 5 Minuten simmern lassen, alles herausnehmen. Den Wok säubern und das restliche Öl darin erhitzen. Knoblauch und Zwiebel im Wok kräftig anbraten, herausnehmen, den Reis im aromatisierten Öl unter Rühren kurz braten und den Fisch unterheben. Das Rosenwasser mit den Safranfäden aufkochen, den Reis damit beträufeln und so teilweise färben. In Schalen anrichten, mit Cashewnüssen sowie den restlichen Tomatenwürfeln bestreuen und servieren.

Pumpkin custard rice

IM KÜRBIS GEGART – REIS, VERMISCHT MIT EIERN, KOKOSMILCH UND KÜRBISFLEISCH.

»Pumpkin custard rice« reicht man in Thailand oder anderen asiatischen Ländern gerne als Beilage zu Geflügel oder auch sonstigen Fleischgerichten.

Der Kürbis – in unseren Breitengraden noch immer ein bißchen verkannt, zu Unrecht übrigens – erfreut sich in vielen asiatischen Küchen großer Beliebtheit, versprechen doch die zartfleischigen Früchte einen mild-leichten Genuß. Bei diesem Rezept, das überraschend einfach in der Zubereitung ist, müssen nicht, wie sonst bei fernöstlichen Gerichten in der Regel üblich, die unterschiedlichsten Zutaten mühevoll klein geschnitten werden. Hier wird nur der Reis vorab gegart, der dann, mit wenigen weiteren Ingredienzien vermischt, in den Kürbis kommt. Zum Füllen eignen sich besonders gut die kleineren, zur Gattung der Moschuskürbisse zählenden Hokkaido-Kürbisse. Mit einem Gewicht von etwa 1 kg haben sie genau die richtige Größe. Man braucht dann nur noch einen Deckel abzuschneiden und das Fruchtfleisch auszulösen, um ein äußerst attraktives und zugleich ganz natürliches Gefäß zum Servieren dieses Reisgerichts zu erhalten. Aufgrund seiner Unempfindlichkeit hohen Temperaturen gegenüber ist der Hokkaido-Kürbis, dessen schöne orangegelbe Farbe von seinem hohen Carotingehalt herrührt, die in den Tropen beider Hemisphären mit am weitesten verbreitete Kürbisart. Nicht angeschnitten, ist er Wochen, ja Monate haltbar. Es dürfte keine größeren Schwierigkeiten bereiten, Hokkaido-Kürbisse zu finden, da sie in gut sortierten Fruchtfachgeschäften regelmäßig angeboten werden. Ebenso einfach sind die restlichen Zutaten zu bekommen. Kokosmilch beispielsweise gibt es, bereits gemischt und in Dosen abgepackt oder auch als Pulver in Spezialgeschäften für asiatische Lebensmittel zu kaufen. Sie läßt sich jedoch ganz einfach selbst herstellen (siehe Seite 227). Bei der hier angewendeten, besonders schonenden Garmethode des Dämpfens – der Dämpfkorb sollte im Durchmesser der Größe des Woks angemessen sein – werden zum einen die empfindlichen Vitamine nicht zerstört, zum andern bleibt der Eigengeschmack der Zutaten voll erhalten, und die Aromen ergänzen sich aufs Beste. Daher kann auf weitere Würzzutaten fast völlig verzichtet werden.

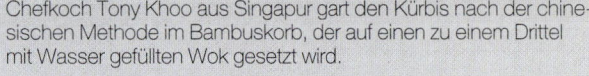

Chefkoch Tony Khoo aus Singapur gart den Kürbis nach der chinesischen Methode im Bambuskorb, der auf einen zu einem Drittel mit Wasser gefüllten Wok gesetzt wird.

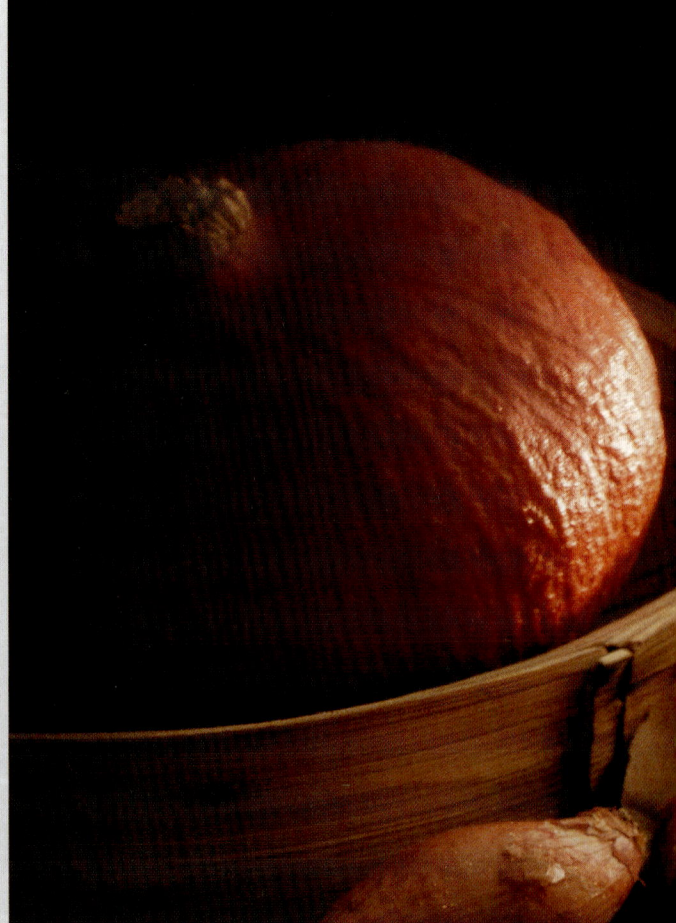

| 350 g Klebreis |
| 2 Hokkaido-Kürbisse (je etwa 1 kg) |
| 50 g Schalotten |
| 3 EL Pflanzenöl |
| 3 Eier |
| 240 ml Kokosmilch |
| 1 TL Salz |
| Außerdem: |
| Küchengarn zum Verschnüren der Kürbisse |

Den Klebreis in einem Sieb unter fließendem Wasser waschen, bis das Wasser klar abläuft, gut abtropfen lassen. Den Reis in einen Dämpfkorb füllen, diesen in einen Wok stellen und den Deckel aufsetzen. Den Wok zu 1/3 mit Wasser füllen. Das Wasser zum Kochen bringen, die Hitze etwas reduzieren und den Reis 15 Minuten dämpfen. Die Hokkaido-Kürbisse gründlich waschen, abtrocknen und oben einen Deckel abschneiden, wie auf dem großen Bild unten gut zu sehen ist. Mit einem Löffel die Kerne und das faserige Innere entfernen. Das Fruchtfleisch bis auf einen gleichmäßigen Rand von etwa 2 cm auslösen und in kleine, etwa 5 mm große Würfel schneiden. Die Schalotten schälen und in feine Ringe schnei-

den. In einem Wok das Öl erhitzen, die Schalottenringe darin anbraten und pfannenrühren, bis sie goldbraun sind. Die Kürbisfleischwürfel unter ständigem Rühren 1 bis 2 Minuten mitbraten. In einer genügend großen Schüssel die Eier mit der Kokosmilch und dem Salz verquirlen. Den gedämpften Reis und die Schalottenringe mit dem Kürbisfleisch zugeben und alles gründlich vermischen. Die Reis-Kürbis-Mischung in die ausgehöhlten Kürbisse füllen, die Deckel aufsetzen und die Kürbisse mit Küchengarn gut verschnüren, damit die Deckel nicht verrutschen. Den Wok zu 1/3 mit Wasser füllen, einen Dämpfkorb hineinstellen, die Kürbisse einsetzen und den Korb mit dem Deckel verschließen. Der Korbrand sollte paßgenau an den Wok anschließen. Das Wasser einmal aufkochen lassen, die Hitze reduzieren und die Kürbisse in etwa 1 1/2 Stunden weich dämpfen. Darauf achten, daß das Wasser nie vollständig verdampft – falls nötig, zwischendurch noch etwas heißes Wasser zugießen. Nach Ende der Garzeit die beiden Kürbisse aus dem Dämpfkorb heben, das Küchengarn entfernen und die Kürbisse noch heiß im Ganzen auf den Tisch bringen.

Geradezu ideale Behältnisse sind die kleinen, schön gefärbten Hokkaido-Kürbisse, um dem Eier-Kokos-milch-Reis beim Garen genau die richtige Konsistenz zu verleihen. Er gerät so besonders zart und trocknet nicht aus. Wer die Originalkochgeräte – Wok und Dämpfkorb aus Bambus – nicht zur Verfügung hat, kann sich mit einem Dämpfeinsatz und einem gewöhnlichen Topf in entsprechender Größe behelfen.

Kunstvoll

GEFÜLLT, GESCHNITZT UND DRAPIERT – FERN-
ÖSTLICHE ESSKULTUR AUF HÖCHSTEM NIVEAU.

POHPIA – GEFÜLLTE REISBLÄTTER

100 g Frühlingszwiebeln, 3 Knoblauchzehen

5 EL Pflanzenöl, 6 EL gehackte Kräuter, Salz

100 g thailändischer Langkornreis, 80 g Möhren

60 g Schalotten, 10 g frische Ingwerwurzel

1 rote Chilischote, 30 g Stangensellerie

200 g Riesengarnelenschwänze ohne Schale und Darm

80 g Sojabohnensprossen, 200 g Chinakohl, 100 g Tofu

4 EL Ketjap Asin, 1 EL Ketjap Manis

frisch gemahlener Pfeffer

24 Reisblätter (20 cm Durchmesser), 1 Eiweiß

Außerdem:

200 ml Pflanzenöl zum Fritieren

Die süß-saure Sauce paßt vor-
trefflich zu den Pohpia. Dafür
2 Knoblauchzehen und 100 g
Frühlingszwiebeln fein hacken
und im Wok in 1 EL Öl kurz braten.
500 g kleingewürfeltes Ananas-
fruchtfleisch sowie 70 g Ketchup
einrühren. Mit Salz, Pfeffer
und 1 EL Reisessig würzen,
noch etwa 5 Minuten köcheln.

Frühlingszwiebeln und 1 Knoblauchzehe schälen, fein
hacken. Im Wok 1 EL Öl erhitzen, Zwiebeln und Knoblauch darin hell anbraten, die Hitze reduzieren und die
Kräuter (Thai-Basilikum, Koriander, Vietnamesische
Melisse) 1 Minute mitbraten. Leicht salzen, herausnehmen und die Kräutermischung abkühlen lassen.
Den Wok säubern. Den Reis in leicht gesalzenem
Wasser etwa 12 Minuten kochen, abseihen, gut abtropfen lassen. Möhren, Schalotten, Ingwer und restlichen
Knoblauch schälen, alles sehr klein würfeln. Die Chilischote in feine Streifen schneiden, Samen und Scheidewände entfernen. Stangensellerie putzen, klein würfeln.
Die Garnelenschwänze in 1/2 cm große Würfel schneiden. Bohnensprossen und Chinakohl waschen, abtropfen lassen. Den Chinakohl in ganz feine Streifen
schneiden. Den Tofu klein würfeln. Im Wok das
restliche Öl erhitzen, Schalotten, Knoblauch und
Ingwer 1 Minute anbraten. Möhren, Stangensellerie, Chilistreifen und Tofu unter Rühren 2 bis
3 Minuten mitbraten, herausnehmen. Garnelen
3 bis 4 Minuten pfannenrühren, herausnehmen. Die Chinakohlstreifen 1 Minute
braten, Bohnensprossen zufügen und noch 1 Minute mitbraten. Den Reis unter
Rühren 2 Minuten braten.
Mit den vorgebratenen
Zutaten vermischen und,

mit den Saucen würzen. Eventuell salzen und pfeffern, etwas abkühlen lassen. Die Reisblätter nacheinander in kaltem Wasser einweichen, je zwei auf einem trockenen Küchentuch auslegen. Ein Reisblatt zur Hälfte mit der Kräutermischung bestreichen. Das 2. Reisblatt darauflegen, beide entlang der »Kräuterkante« zum Halbkreis zusammenschlagen. Darauf wiederum auf einer Hälfte etwas Füllung verteilen und die Reisblätter zum Viertelkreis zusammenklappen. Die Ränder mit Eiweiß bestreichen und gut festdrücken. Auf diese Weise die restlichen Reisblätter füllen. Im Wok das Öl erhitzen, die Päckchen darin von beiden Seiten jeweils 2 Minuten ausbacken. Herausnehmen, auf Küchenpapier abtropfen lassen, die süß-saure Ananassauce warm oder kalt dazu reichen.

GEBRATENE GEMÜSENUDELN

Vor Ort, in Bangkok, werden die gebratenen Reisnudeln äußerst dekorativ auf Bananenblüten angerichtet und mit kunstvoll geschnitzten Möhrenstreifen garniert.

200 g schmale Reisnudeln, Salz, 60 g Tofu
6 Knoblauchzehen, 60 g Schalotten, 40 g Galgant
60 g frische Reisstrohpilze (oder aus der Dose)
60 g Shiitake-Pilze, 60 g Frühlingszwiebeln, 60 g Bohnen
100 g Möhren, 60 g White cabbage sprouts
6 EL Öl, 2 Eier, 1 TL Tamarindenpaste, 4 EL Fischsauce
1 Prise Palmzucker, 60 g Sojabohnensprossen
60 g Schnittknoblauch, in Röllchen, 60 g Sellerieblätter
40 g geröstete Erdnüsse und 60 g Ginkgonüsse, gehackt
20 g getrocknete Shrimps, 2 TL Limettensaft
Für die Sauce:
2 TL Tamarindenpaste, 6 EL Fischsauce, 1/2 TL Palmzucker

Die Reisnudeln in leicht gesalzenem Wasser 3 bis 4 Minuten kochen, abseihen und kalt abbrausen. Den Tofu sehr klein würfeln. Knoblauch, Schalotten und Galgant schälen und fein hacken. Die geputzten Pilze klein würfeln. Die Frühlingszwiebeln sowie die Bohnen putzen, Frühlingszwiebeln in Ringe, die Bohnen in etwa 1 cm lange Stücke schneiden. Möhren schälen und fein raspeln. White cabbage sprouts, ersatzweise junge Weißkohlblätter, in Streifen schneiden. Im Wok das Öl erhitzen und darin Tofu, Knoblauch, Schalotten, Galgant, Pilze und Bohnen anbraten. Die Eier verquirlen, zugießen und unter Rühren stocken lassen. Die Nudeln, die Tamarindenpaste, die Fischsauce, den Zucker, das restliche Gemüse, die Sprossen, den Schnittknoblauch, die Sellerieblätter, die Nüsse sowie die getrockneten Shrimps 4 Minuten unter Rühren kräftig braten. Nach Bedarf salzen, den Limettensaft einrühren. Die Zutaten für die Sauce vermischen, mit etwas Wasser glattrühren und die Sauce separat zu den Gemüsenudeln servieren.

GEFÜLLT Von einfach bis raffiniert

Das Raffinement stand ursprünglich weniger im Vordergrund, wenn mit Reis gefüllte Köstlichkeiten auf den Tisch kamen. Vielmehr hat man auf diese Weise in den unterschied–lichsten Küchen überall auf der Welt mit viel Geschick teure Lebensmittel gestreckt oder weniger gehaltvolle nahrhafter gemacht.

Daß dabei keineswegs langweilige Gerichte herausgekommen sind, beweisen die zahlreichen Bei-spiele köstlich gefüllter Gemüse – von rein vegetarischen Varianten bis hin zu delikaten Mischungen mit Fleisch. Oder von Füllungen, mit denen etwa Lamm, Geflügel oder auch Fisch und Meeresfrüch-te auf den Tisch kommen, wobei die Geschmacksnoten je nach Herkunft des Gerichts von medi-terran inspiriert bis exotisch-würzig reichen.

Zur hohen Kochkunst geraten mit Reis gefüllte Kreationen, wenn sich ihrer ein Meisterkoch wie Eckart Witzigmann annimmt. Da wird aus einer mit Wildreis gefüllten Forelle ein aufwendiges Hauptgericht, aus einer Mangrovenkrabbe ein Fest für Augen und Gaumen, und eine getrüffelte Poularde läßt das Herz eines jeden Feinschmeckers höher schlagen.

Allerdings sollte man bei der Menüplanung eines nicht außer acht lassen: Die Zubereitung dieser »Chef-d'œuvres« bedarf einiges an Zeit – und auch einer gewissen Übung. Aber die Ergebnisse rechtfertigen die Mühe auf jeden Fall.

Portabella-Pilze

GEFÜLLT MIT EINER MISCHUNG AUS GEMÜSE,
RUNDKORNREIS UND KÄSE.

Portabellas *(Agaricus bisborus)* sind Neulinge unter den
Zuchtpilzen. Mit ihrem bräunlichen, auffallend großen, am
Rand leicht schuppigen Hut erinnern sie sofort an den
Wiesen- oder Waldchampignon – und zur Familie der
Champignons zählen die Portabella-Pilze auch. Diese
Pilzart wird bisher vorwiegend in den Niederlanden kulti-
viert und eignet sich aufgrund ihres großen Hutdurch-
messers hervorragend zum Füllen. Allerdings müssen vor
Beginn der Zubereitung die dunklen Lamellen entfernt

Mit einem Messer die Haut abziehen. Dafür jeweils am Rand
ansetzen und die Haut in Streifen zur Hutmitte hin abziehen.

Mit Hilfe eines spitzen Messers
den Stiel ringsum vom Hut lösen
und entfernen oder den Stiel
von Hand vorsichtig abdrehen.

Die Lamellen an der Hutunter-
seite abschaben. Das geht am
besten mit einem Kugelaus-
stecher oder einem Teelöffel.

werden, da diese sonst das ganze Gericht ungewollt
dunkel färben würden. Außerdem dürfen die Pilze nicht
lange stehen, denn sie verfärben sich sofort. Guten
Ersatz bieten – sind keine Portabellas am Markt – andere
großhütige Champignonsorten.

Für 6 Portionen
6 Portabella-Pilze
Für die Füllung:
60 g Schalotten, 1 kleine rote Peperoni, 80 g Möhren
80 g Zucchini, 250 g Portabella-Pilze, 30 g Butter
300 g Avorio-Reis, 1/8 l Sahne, 600 ml Kalbsfond
Salz, frisch gemahlener Pfeffer
1 EL gehackte glatte Petersilie
60 g geriebener mittelalter Gouda
Außerdem:
Butter für die Form, 150 ml Kalbsfond

Die Schalotten für die Füllung schälen und fein hacken. Die Peperoni halbieren, Samen und Scheidewände entfernen und das Fruchtfleisch fein hacken. Die Möhren und Zucchini waschen. Möhren schälen, von den Zucchini Blüten- und Stielansatz entfernen und beide Gemüsearten in kleine Würfel schneiden. Die Portabellas vorbereiten, wie in der Bildfolge links gezeigt, und Hüte wie Stiele klein würfeln. In einem Topf die Butter zerlassen und die Schalottenwürfel darin glasig schwitzen. Peperoni-, Möhren- und Zucchiniwürfel 1 bis 2 Minuten mitschwitzen. Den Reis zufügen und unter Rühren glasig werden lassen. Die Sahne und den heißen Kalbsfond nach und nach zugießen, dabei öfters umrühren. Nach 10 Minuten die Pilzwürfel untermischen, weitere 5 Minuten köcheln lassen. Die nach der Risotto-Methode gegarte Gemüse-Pilz-Reis-Mischung salzen, pfeffern, die gehackte Petersilie sowie den Käse unterrühren und vom Herd stellen. Die Portabella-Pilze zum Füllen ebenfalls vorbereiten, wie links gezeigt. Die Stiele in kleine Würfel schneiden und unter die Reis-Gemüse-Mischung mengen. Eine feuerfeste Form mit Butter ausfetten. Die Gemüse-Reis-Mischung gleichmäßig auf die vorbereiteten Portabella-Hüte verteilen, in die gefettete Form setzen, den Kalbsfond angießen und die gefüllten Pilze bei 180 °C im vorgeheizten Ofen etwa 15 Miunuten garen. Eine alternative Zubereitung: Die Gemüse-Reis-Masse nicht einfach auf einen Pilzhut setzen, sondern zwischen zwei Hüte einfüllen und zusätzlich panieren.

GEFÜLLT UND PANIERT

8 Portabella-Pilze
die Hälfte der Füllung des nebenstehenden Rezepts
Außerdem:
2 Eier
Salz, frisch gemahlener schwarzer Pfeffer
30 g Mehl, 80 g Semmelbrösel
Öl zum Ausbacken

Zunächst die halbe Menge der links beschriebenen Füllung herstellen, dafür die Zutatenmengen jeweils halbieren. Die Portabella-Pilze zum Füllen vorbereiten wie links gezeigt. 4 Pilzhüte mit der Oberseite nach unten auf eine Arbeitsfläche legen und die Gemüse-Reis-Mischung gleichmäßig darauf verteilen. Die restlichen Portabella-Hüte mit der Oberfläche nach oben als Deckel daraufsetzen und etwas zusammendrücken. Die Eier zusammen mit dem Salz und dem Pfeffer in einem tiefen Teller verquirlen, Mehl und Semmelbrösel auf zwei weitere Teller geben und die gefüllten Pilze zuerst in Mehl, dann in Ei und zuletzt in den Semmelbröseln wenden. In einer entsprechend großen Pfanne mit einem hohen Rand das Öl erhitzen und die panierten Pilze darin bei nicht zu starker Hitze von jeder Seite 4 bis 5 Minuten braten. Herausnehmen, auf Küchenpapier entfetten und servieren. Als Beilage dazu paßt etwa ein gemischter Salat.

Klassisch

GEMÜSE MIT EINER DELIKATEN REISFÜLLUNG –
IN VIELEN LÄNDERN GERN GEGESSEN.

GEFÜLLTE AUBERGINEN
MIT TOMATENSAUCE

2 Auberginen (je etwa 250 g)
Für die Füllung:
50 g Wildreis, 50 g Zwiebel, 1 Knoblauchzehe, 80 g Möhren
je 80 g rote und grüne Paprikaschote, 2 EL Pflanzenöl
150 g Langkornreis, 400 ml Gemüsefond
Salz, frisch gemahlener Pfeffer, 1 EL gehackte glatte Petersilie
Für die Tomatensauce:
500 g Tomaten, 80 g Zwiebeln, 1 Knoblauchzehe
30 g Butter, Salz, frisch gemahlener schwarzer Pfeffer
1 Prise Zucker, 1 EL in Streifen geschnittenes Basilikum
Außerdem:
2 EL Pflanzenöl, 1/8 l Gemüsefond

Den Wildreis für die Füllung über Nacht in kaltem Wasser einweichen. Abgießen und den Wildreis gut abtropfen lassen. Zwiebel und Knoblauch schälen, fein hacken. Die Möhren schälen und klein würfeln. Die Paprikaschoten halbieren, Samen und Scheidewände entfernen und das Fruchtfleisch in 1/2 cm große Würfel schneiden. In einem Topf das Öl erhitzen, Zwiebel und Knoblauch darin hell anschwitzen. Möhren und Langkornreis mitschwitzen, anschließend den Wildreis unterrühren und den Gemüsefond zugießen. Zum Kochen bringen, die Hitze reduzieren und etwa 10 Minuten köcheln lassen. Die Paprika-

würfel weitere 10 Minuten mitköcheln, salzen, pfeffern und die Petersilie untermischen. Die Auberginen 3 bis 4 Minuten in sprudelndem Wasser kochen, herausnehmen, zum Abkühlen in eine Schüssel mit kaltem Wasser legen. Die Eierfrüchte abtrocknen, längs halbieren, mit einem Teelöffel bis auf einen 1 cm starken

Rand aushöhlen. Das Fruchtfleisch klein würfeln, unter den Reis mischen und die Füllung in die Auberginenhälften verteilen. Eine feuerfeste Form mit Öl ausstreichen, die Auberginen einsetzen, mit etwas Öl beträufeln, den Fond angießen und bei 200 °C im vorgeheizten Ofen 15 bis 20 Minuten garen. Inzwischen die Tomaten für die Sauce blanchieren, häuten, Stielansatz und Samen entfernen und das Fruchtfleisch würfeln. Zwiebel und Knoblauch schälen, fein hacken. In einer Kasserolle die Butter zerlassen, Zwiebel und Knoblauch darin hell anschwitzen, Tomaten zufügen, mit Salz, Pfeffer und Zucker würzen. 10 Minuten köcheln lassen, abschmecken und das Basilikum einstreuen. Die Auberginen aus dem Ofen nehmen und mit der Tomatensauce servieren.

GEFÜLLTE GEMÜSEPAPRIKA

4 türkische hellgrüne Paprikaschoten (je etwa 100 g)

Für die Füllung:

40 g Korinthen, 70 g Zwiebel, 1 Knoblauchzehe

2 EL Olivenöl, 200 g Langkornreis, 30 g Pinienkerne

400 ml Gemüsefond, Salz, frisch gemahlener Pfeffer

1 EL gehackte Minze, 1 EL gehackte glatte Petersilie

Für die Sauce:

500 g rote Paprikaschoten, 30 g Zwiebel

1 Knoblauchzehe, 2 EL Olivenöl

Salz, frisch gemahlener schwarzer Pfeffer

2 Thymianzweige, 100 ml Weißwein, 200 ml Gemüsefond

Die Korinthen für die Füllung 10 Minuten in warmem Wasser einweichen. Zwiebel und Knoblauch schälen, beides fein hacken. In einem Topf das Öl erhitzen und Zwiebel- wie Knoblauchwürfel darin farblos anschwitzen. Den Reis unter Rühren kurz mitschwitzen. Korinthen abgießen, gut ausdrücken und zusammen mit den Pinienkernen unter den Reis mischen. Den Gemüsefond zugießen, salzen, pfeffern und 15 bis 20 Minuten bei geringer Hitze köcheln lassen. Kräuter einstreuen und beiseite stellen. Die Paprikaschoten für die Sauce vierteln, Samen und Scheidewände entfernen und das Fruchtfleisch würfeln. Zwiebel und Knoblauch schälen, beides fein hacken. Das Öl erhitzen, Zwiebel und Knoblauch darin hell anschwitzen. Die Paprikawürfel kurz mitschwitzen, salzen, pfeffern und die Thymianzweige einlegen. Mit Wein und Fond ablöschen, alles 20 Minuten bei schwacher Hitze köcheln und mit dem Pürierstab mixen. Von den grünen Paprikaschoten quer einen Deckel abschneiden, Samen und Scheidewände entfernen und die Reismischung gleichmäßig in die Schoten füllen. Die Deckel auflegen, die Schoten in eine feuerfeste Form setzen, die Sauce eingießen und die gefüllten Paprikaschoten bei 180 °C im vorgeheizten Ofen 15 bis 20 Minuten garen. Aus dem Ofen nehmen und jeweils mit etwas Sauce anrichten.

»Dolma« ist der türkische Name für Paprika zum Füllen. Aufgrund ihrer Dünnwandigkeit und dünnen Schale sind sie schneller gar als andere Sorten und eignen sich deshalb besonders gut zum Füllen.

Mediterran und karibisch

DIE GEFÜLLTEN ZUCCHINI KOMMEN REIN VEGETARISCH DAHER. GANZ ANDERS DAGEGEN DIE CHRISTOPHINEN MIT IHRER FÜLLUNG AUS ZICKLEIN UND REIS.

Das exotische Aroma der gefüllten Christophinen rührt von einer speziellen Würzmischung her. Das eigens für dieses Gericht frisch gemixte Jamaican curry powder verleiht Zicklein wie Christophinen eine pikante Note. Für die karibische Schärfe sorgt zudem ein Stück des superscharfen Lampion-Chilis. Der rote Reis mit seinem leicht nussigen Aroma, Hauptbestandteil der Füllung der Zucchini, ist eine Spezialität aus der Camargue. Entsprechend mediterran sind auch die restlichen Zutaten dieses Gerichts: würzige Kräuter und schwarze Oliven.

ZUCCHINI, MIT ROTEM REIS GEFÜLLT

Der rote Camargue-Reis, dessen Außenhaut eine natürliche, intensiv rote Färbung aufweist, stammt ursprünglich aus Indien. In den Handel kommt er immer unpoliert und zählt deshalb zu den Naturreissorten.

4 Zucchini (je etwa 150 g)
Für die Füllung:
200 g roter Reis aus der Camargue, 60 g Zwiebel
1 Knoblauchzehe, 150 g grüne Paprikaschote
200 g Tomaten, 10 entsteinte schwarze Oliven
2 EL Pflanzenöl, 500 bis 600 ml Gemüsefond
Salz, frisch gemahlener schwarzer Pfeffer
1 EL gehackte Kräuter

Außerdem:
Olivenöl zum Beträufeln, 150 ml Gemüsefond
30 g frisch geriebener Hartkäse

Den Reis für die Füllung in einem Sieb kalt abbrausen. Mit kaltem Wasser bedecken und über Nacht einweichen. Zwiebel und Knoblauch schälen, fein hacken. Die Paprikaschote vierteln, Samen und Scheidewände entfernen, das Fruchtfleisch in Streifen schneiden. Die Tomaten blanchieren, häuten, Stielansatz und Samen entfernen und das Fruchtfleisch würfeln. Die Oliven halbieren. In einem entsprechend großen Topf das Öl erhitzen, Zwiebel- und Knoblauchwürfel darin farblos anschwitzen. Den abgetropften Reis einrühren, Gemüsefond zugießen, salzen, pfeffern und aufkochen lassen. Die Hitze reduzieren und den Reis 20 bis 25 Minuten köcheln lassen. Nach 15 Minuten die Paprika- und Tomatenwürfel untermischen. Zum Schluß halbierte Oliven und gehackte Kräuter (Thymian, Basilikum, Oregano und Petersilie) einrühren, abschmecken und beiseite stellen. Die Zucchini waschen, längs halbieren und mit einem Löffel so aushöhlen, daß eine dünne Außenwand stehen bleibt. Das Fruchtfleisch klein würfeln, unter den Reis mengen. Die Füllung in die Zucchinihälften verteilen. Zucchini in eine feuerfeste Form setzen, mit Öl beträufeln, den Fond zugießen und bei 200 °C im vorgeheizten Ofen 15 bis 20 Minuten garen. Nach der Hälfte der Garzeit mit geriebenem Käse (Parmesan, Sbrinz oder Cantal) bestreuen.

Für die zarte Kruste sorgt frisch geriebener Parmesan oder auch ein anderer Hartkäse. Darunter verbirgt sich eine Füllung mit viel Gemüse und wertvollem Naturreis.

GEFÜLLTE CHRISTOPHINEN

Christophinen oder Chayoten, wie sie auch genannt werden, gehören zur Familie der Kürbisgewächse (*Cucurbitaceae*). Ihr festes, leicht süßliches Fruchtfleisch läßt sich kartoffelähnlich zubereiten, und auch zum Füllen eignen sie sich gut. Allerdings müssen die Früchte je nach Sorte zuvor geschält werden – am besten unter kaltem Wasser, da der austretende Saft recht klebrig ist. Dünnschalige Sorten braucht man nicht zu schälen. Noch zu beachten gilt es, daß der Reis für die Füllung vor Beginn der Zubereitung bereits gekocht sein muß.

2 Christophinen (je 250 bis 300 g)
Für das Currypulver:
1/2 TL gemahlene Kurkuma
1 Messerspitze Cayennepfeffer
1/4 TL Koriandersamen
1/4 TL Bockshornkleesamen
1/4 TL Kreuzkümmel, 5 schwarze Pfefferkörner
1/2 Sternanis, 1/4 TL gelbe Senfkörner
1/4 TL frisch geriebene Muskatnuß
10 Pimentkörner
Für die Füllung:
500 g Zickleinfleisch ohne Knochen (etwa aus der Keule)
80 g Zwiebeln
1/4 Lampion-Chili, ohne Scheidewände und Samen
2 EL Pflanzenöl
1 Thymianzweig, 1/4 l Wasser oder Kalbsfond
100 g grüne Paprikaschote
200 g gekochter Langkornreis, Salz
Außerdem:
Butter für die Form, 200 ml Kalbsfond
20 g zerlassene Butter

Je nach Sorte die Christophinen schälen, längs halbieren und den Samen entfernen. Das Fruchtfleisch bis auf einen 1 cm breiten Rand auslösen und klein würfeln. Alle Zutaten für das Currypulver im Mörser fein zerstoßen. Das Zickleinfleisch in etwa 1 cm große Stücke schneiden. Zwiebeln schälen, fein hacken. Lampion-Chili ebenfalls fein hacken. In einem großen Topf das Öl erhitzen und die Fleischwürfel darin rundum anbraten. Zwiebelwürfel und Currypulver 1 bis 2 Minuten mitbraten. Lampion-Chili einrühren, Thymianzweig einlegen, Wasser oder Fond zugießen und das Fleisch 20 Minuten köcheln lassen. Inzwischen die Paprikaschote halbieren, Samen und Scheidewände entfernen, das Fruchtfleisch etwa 1/2 cm groß würfeln, nach 10 Minuten der Kochzeit des Fleisches zusammen mit dem Fruchtfleisch der Christophinen untermischen. Den Topf vom Herd stellen, gekochten Reis einrühren und salzen. Die Füllung in die Christophinen verteilen und die gefüllten Hälften in eine gebutterte, feuerfeste Form setzen. Den Kalbsfond angießen und die Christophinen bei 180 °C im vorgeheizten Ofen etwa 50 Minuten backen, dabei zwischendurch wiederholt mit zerlassener Butter beträufeln. Nach der Hälfte der Garzeit die Form mit Alufolie abdecken. Herausnehmen und servieren.

Lammkoteletts

UNTER EINER HAUBE AUS ZWIEBELN UND REIS –
DAZU EIN SOMMERLICHES GEMÜSE-RAGOUT.

Ein zugegeben etwas aufwendiges Gericht, das die
Mühe aber durch die geschmackliche Ausgewogenheit
der mediterranen Aromen belohnt. Rosmarin und Thymian entfalten ihr intensives Aroma beim Braten aufs beste
– dazu ein Hauch von Knoblauch am zarten Lamm-
kotelett. Die in Mitteleuropa heimischen, hellfleischigen
Sommertrüffeln verleihen dem Ganzen noch einen zusätzlichen Akzent. Sollen die langen Rippenknochen am
Kotelett verbleiben, wie hier vorgesehen, sollte man dies
dem Fleischer beim Bestellen rechtzeitig mitteilen, denn
üblicherweise werden sie abgeschnitten.

8 Lammkoteletts mit langen Rippenknochen (je etwa 100 g)
100 g weiße Zwiebeln, 60 g Butter
100 g Arborio-Reis, 50 ml Weißwein, 350 ml Geflügelfond
Salz, frisch gemahlener schwarzer Pfeffer
1 Prise frisch geriebene Muskatnuß

40 g frisch geriebener Parmesan, 1 Eigelb
3 EL Olivenöl
2 leicht zerdrückte Knoblauchzehen
3 Thymianzweige, 1 Rosmarinzweig
1 TL mittelscharfer Senf, 30 g frisch geriebener Parmesan
Für die Trüffelvinaigrette:
50 g Sommertrüffeln, 9 EL natives Olivenöl extra
4 1/2 EL Aceto Balsamico, 3 EL Rinderfond
1 Prise Salz, 1/2 TL Zucker, 1 Prise geriebene Muskatnuß
Für das Gemüse:
800 g kleine Artischocken, Zitronensaft
400 g Kirschtomaten, 4 EL Olivenöl
2 Knoblauchzehen, 2 Thymianzweige
Salz, frisch gemahlener schwarzer Pfeffer
Außerdem:
30 g gehobelte Sommertrüffel zum Bestreuen
4 kleine Thymianzweige zum Garnieren

Von den Lammkoteletts das letzte Drittel der langen Rippenknochen sauber abschaben und das Fleisch bis zur
weiteren Verwendung kühl stellen. Die Zwiebeln schälen

Im heißen Fett die Lamm-
koteletts 1 Minute braten,
dabei die Knoblauchzehen
und die Kräuter mitbraten.

Die Lammkoteletts wenden und
von der anderen Seite ebenfalls
1 Minute braten. Nacheinander
alle 8 Koteletts braten.

Die Koteletts auf ein Brett legen,
die Reis-Zwiebel-Masse gleichmäßig darauf verteilen, glattstreichen und in die Pfanne legen.

Das Fleisch am Rippenknochen
mit Senf bestreichen, die Reis-
Zwiebel-Masse mit Parmesan
bestreuen und gratinieren.

und sehr fein hacken. In einer Kasserolle 30 g Butter zerlassen und die Zwiebelwürfel darin hell anschwitzen. Den Reis dazuschütten und unter Rühren mitschwitzen, bis die Körner glasig sind. Den Weißwein zugießen und weitgehend einkochen lassen. Nach und nach den Geflügelfond angießen und den Reis unter mehrmaligem Rühren 18 bis 20 Minuten garen. Vom Herd stellen, etwas abkühlen lassen, mit Salz, Pfeffer und Muskatnuß würzen, geriebenen Parmesan sowie das Eigelb einrühren und die Zwiebel-Reis-Mischung vollständig auskühlen lassen. Die Sommertrüffeln für die Trüffelvinaigrette sorgfältig abbürsten, bis alle Erde entfernt ist. Wo dies wegen tiefer Spalten im Fruchtkörper nicht möglich ist, die Trüffel schälen. Nur wenn nötig kurz unter fließendem Wasser waschen. Die Trüffeln in sehr kleine Würfel schneiden. In einer Kasserolle 4 EL Olivenöl erhitzen und die Trüffeln darin bei nicht zu starker Hitze 10 Minuten anschwitzen. Mit dem Aceto Balsamico ablöschen, vom Herd nehmen, den Rinderfond sowie das restliche Öl einrühren, mit Salz, Zucker und Muskatnuß würzen und erkalten lassen. Für das Gemüse von den Artischocken die äußeren harten Blätter entfernen, die Spitze mit einem scharfen Messer gerade abschneiden und die Artischocken längs halbieren. Das Heu mit einem kleinen Löffel entfernen

und die Artischocken in ausreichend Zitronenwasser legen, damit sie sich nicht verfärben. Die Kirschtomaten blanchieren, kalt abschrecken, häuten, vierteln, Stielansatz und Samen entfernen. In einer Pfanne das Olivenöl erhitzen und die leicht zerdrückten Knoblauchzehen, den Thymian sowie die gut abgetropften Artischocken darin bei nicht zu starker Hitze braten. Die vorbereiteten Tomatenviertel noch 3 bis 4 Minuten mitbraten, salzen, pfeffern und beiseite stellen. Die Lammkoteletts salzen und pfeffern. In einer entsprechend großen Pfanne Öl und restliche Butter erhitzen und die Lammkoteletts braten, wie in den ersten 3 Steps der Bildfolge gezeigt. Die Koteletts mit dem Reishäubchen bei 200 °C im vorgeheizten Ofen 10 Minuten braten, dann wieder aus dem Ofen nehmen. Weiterverfahren, wie im letzten Step beschrieben, und die Koteletts kurz unter dem vorgeheizten Grill gratinieren. Die fertigen Koteletts auf vorgewärmte Teller legen. Den Bratensatz in der Pfanne mit 80 ml Wasser ablöschen, einmal aufkochen lassen und durch ein feines Sieb passieren, etwas reduzieren und abschmecken. Die Sauce sowie die Trüffelvinaigrette auf den Tellern mit den Lammkoteletts verteilen, das Gemüse dazu anrichten und mit dünn gehobelten Trüffelscheiben bestreuen, jeweils mit einem Thymianzweig garniert servieren.

Unter dem – mit Parmesan überbackenen – Häubchen aus Zwiebeln und Reis bleiben die Lammkoteletts zart und saftig. Dazu ein Gemüseragout aus kleinen provenzalischen oder italienischen Artischocken und aromatischen Kirschtomaten. Und das Tüpfelchen auf dem »i«: die Vinaigrette aus Sommertrüffeln, wobei ein paar hauchdünn darübergehobelte Trüffelscheibchen das Pilzaroma noch verstärken.

Reis im Bauch

ZARTES GEFLÜGELFLEISCH UND REIS PASSEN
SEIT JEHER HERVORRAGEND ZUSAMMEN.

In der Tat bietet sich Geflügel für Füllungen geradezu an.
Ganz besonders exquisit: die Poularde mit Trüffelschei-
ben unter der Haut. Feurig-scharf dagegen die fruchtige
Chilisauce zum gefüllten Stubenküken.

GEFÜLLTES STUBENKÜKEN
MIT KARIBISCHER SAUCE

4 küchenfertige Stubenküken (je etwa 500 g), Salz
Für die Füllung:
150 g Langkornreis, Salz, 80 g Zwiebeln, 1 Knoblauchzehe
50 g Möhre, 100 g grüne Paprikaschote
1 Stück unbehandelte Zitronenschale, 250 g Tomaten
2 EL Pflanzenöl, 2 EL gehackte Minze, Pfeffer
Für die Chilisauce:
100 g Zwiebeln, 300 g reife Mango, 150 g Möhren
250 g Kürbis, 1 kleiner Lampion-Chili (12 g), 2 EL Pflanzenöl
6 Pimentkörner, 5 schwarze Pfefferkörner, 2 Thymianzweige
20 g frische Ingwerwurzel, geschält und gehackt, 60 g Zucker
80 ml Cidreessig, 80 ml Geflügelfond
Außerdem:
Öl zum Bepinseln

Die Stubenküken innen und außen waschen, trockentupfen, innen und außen salzen. Den Reis 15 Minuten in
Salzwasser kochen, abseihen und gut abtropfen lassen.
Zwiebeln und Knoblauch schälen, beides fein hacken.
Möhre schälen, fein würfeln. Die von Samen und Scheidewänden befreite Paprikaschote 1/2 cm groß würfeln.
Zitronenschale fein hacken. Tomaten blanchieren, abschrecken, häuten, Stielansatz und Samen entfernen
und das Fruchtfleisch klein würfeln. Öl erhitzen, Zwiebeln
und Knoblauch darin glasig schwitzen, Möhren- und
Paprikawürfel 2 bis 3 Minuten mitschwitzen. Zitronenschale, gekochten Reis, Tomaten und Minze untermischen, salzen und pfeffern. Die Mischung eßlöffelweise
locker jeweils in die Bauchhöhle der Stubenküken füllen,
sie dehnt sich beim Garen noch aus. Jeweils die
Bauchöffnung zunähen oder -stecken, die Keulen an
den Gelenken zusammenbinden. Ringsum mit Öl bepinseln und die Stubenküken in einer feuerfesten Form bei
200 °C im vorgeheizten Ofen 40 bis 45 Minuten braten,
dabei mehrmals mit Öl bepinseln. Inzwischen die Zwiebeln für die Sauce schälen und fein hacken. Das ausgelöste Fruchtfleisch der Mango würfeln. Möhren und
Kürbis schälen, von letzterem die Kerne und das faserige
Innere entfernen. Beide Gemüse klein würfeln. Die Chilischote (ohne Samen und Scheidewände) fein würfeln.
Das Öl erhitzen, die Zwiebeln darin farblos anschwitzen.
Mango, Möhre, Kürbis, Piment, Pfeffer, Thymian und Ingwer 5 Minuten bei nicht zu großer Hitze dünsten. Chiliwürfel und Zucker zufügen, diesen leicht karamelisieren
lassen. Essig und Fond zugießen, Hitze reduzieren und
15 Minuten köcheln lassen. Die Sauce im Mixer pürieren
und durch ein feines Sieb streichen.

GETRÜFFELTE POULARDE MIT REISFÜLLUNG

1 küchenfertige Poularde mit Herz und Leber (etwa 1,4 kg)
70 g Sommertrüffeln, 20 g Butter, Salz, Pfeffer
1/2 TL edelsüßes Paprikapulver
1 Schweinenetz (45 x 60 cm), gut gewässert und abgetropft
1 cl Cognac
80 g junge Möhren, 50 g Stangensellerie, 5 Knoblauchzehen
100 g Frühlingszwiebeln (nur der weiße Teil)
Öl für die Form, 1 Lorbeerblatt
etwas gehacktes Stangenselleriegrün, 150 ml Geflügelfond

Für die Reisfüllung:

80 g Basmati-Reis, 60 g Zwiebel, 1/2 Lorbeerblatt, 1 Nelke
1 EL Olivenöl, 15 g Butter, 1/4 l Geflügelfond, Salz, Pfeffer
30 g gepalte Erbsen, 50 g grüne Bohnen, 30 g Möhren
20 g Stangensellerie, 50 g weißer Spargel
20 g Frühlingszwiebel, 20 g Butter
2 cl Madeira, Pfeffer, 50 g Gänseleberparfait

Für die Innereienfüllung:

1/2 Knoblauchzehe und 20 g Schalotte, geschält, 10 g Butter
Salz, Pfeffer, 1 TL Thymianblättchen, 1 TL gehackter Salbei

Die Poularde innen und außen waschen und trockentupfen. Die Halshaut zurückschieben, den Hals mit einem scharfen Messer am Brustbein abschneiden, Gabelknochen entfernen und die Poularde bis zur Weiterverarbeitung kühl stellen. Die Sommertrüffeln sorgfältig säubern, nur wenn nötig waschen oder schälen, 30 g klein würfeln und, ebenso wie die verbliebene ganze Trüffel, beiseitestellen. Für die Reisfüllung den Basmati mit heißem Wasser waschen, gut abtropfen lassen. Zwiebel schälen, halbieren, die eine Hälfte fein hacken, die andere mit dem Lorbeerblatt und der Nelke spicken. In einem feuerfesten Topf Öl und Butter erhitzen, die Zwiebelwürfel darin glasig schwitzen. Den Basmati kurz mitschwitzen. Den Fond angießen, salzen, pfeffern, die gespickte Zwiebel einlegen und den Reis bei 200 °C im vorgeheizten Ofen zugedeckt etwa 20 Minuten garen. Das Gemüse putzen oder schälen, in 1/2 cm große Würfel schneiden. Erbsen und Bohnen in leicht gesalzenem Wasser 3 Minuten blanchieren und kalt abschrecken. Möhren, Stangensellerie und Spargel 2 Minuten blanchieren, abschrecken. Bohnen und Erbsen in 10 g zerlassener Butter anschwitzen, mit dem gut abgetropften restlichen Gemüse und den Frühlingszwiebeln unter den Reis mischen. Die Trüffelwürfel 2 Minuten in der restlichen, zerlassenen Butter sautieren. Mit dem Madeira ablöschen, salzen, pfeffern und die Trüffelwürfel unter den Reis mischen. Das Gänseleberparfait etwa 1 cm groß würfeln und unter den abgekühlten Reis mischen. Für die Innereienfüllung Herz und Leber sehr klein würfeln. Knoblauch und Schalotte sehr fein hacken. Die Butter zerlassen, Knoblauch und Schalotte darin kurz anschwitzen, Herz und Leber 1 Minute mitbraten, salzen, pfeffern, die Kräuter einstreuen, abkühlen lassen. Die ganze Trüffel mit dem Trüffelhobel in etwa 1 mm dünne Scheiben hobeln und in zerlassener Butter kurz sautieren, salzen und pfeffern. Weiterverfahren, wie in den ersten 2 Steps der Bildfolge oben gezeigt. Die Halshaut straff über die Halsöffnung der Poularde ziehen und auf dem Rücken feststecken. Paprikapulver und 1 TL Salz vermischen, die Poularde rundum damit einreiben, in Form binden und weiterverfahren, wie im 3. Step zu sehen. Das Gemüse putzen oder schälen und in größere Stücke schneiden. Eine feuerfeste Form mit Öl ausstreichen, die Poularde einlegen und im Ofen braten, wie im 4. Step angegeben. Die fertige Poularde und das Gemüse aus der Form nehmen, den Bratensatz mit dem Fond loskochen, die Sauce passieren, etwas reduzieren, nach Belieben salzen und pfeffern. Die Poularde anrichten, wie im letzten Bild oben gezeigt.

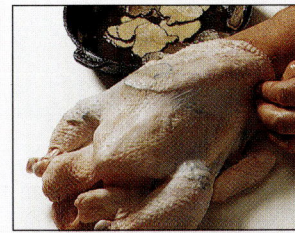

Die Trüffelscheiben zwischen Haut und Fleisch der Poularde schieben, dabei möglichst gleichmäßig auf Brust und Schenkel verteilen.

Die Innereien in die Bauchhöhle füllen, darauf die Reis-Gemüse-Mischung nicht zu prall einfüllen. Die Öffnung zunähen oder zustecken.

Das Schweinenetz auf der Arbeitsfläche ausbreiten, salzen, pfeffern, mit Cognac beträufeln und die gefüllte Poularde darin einwickeln.

Die Poularde bei 200 °C im vorgeheizten Ofen 60 bis 70 Minuten braten. Nach der Hälfte der Garzeit Gemüse, Lorbeerblatt und Selleriegrün einlegen.

Die fertige Poularde mit dem Gemüse auf einer vorgewärmten Platte anrichten, dabei das Lorbeerblatt entfernen. Die Sauce separat dazu reichen.

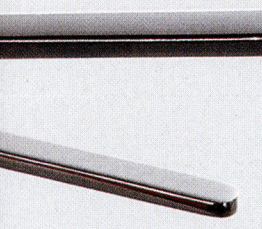

Die Stubenküken 5 Minuten vor Ende der Garzeit mit gehackter Minze bestreuen. Vor dem Servieren das Garn entfernen und die Sauce separat zum Geflügel reichen.

Für das aromatische Basilikumöl 50 g Basilikumblätter, 25 g gehackte Schalotten, 2 gehackte Knoblauchzehen und 10 Pfefferkörner in etwas Öl anschwitzen, mit knapp 100 ml Olivenöl auffüllen und 20 Minuten bei geringer Hitze ziehen lassen.

herausnehmen. Unterseite mit den Beinen ausbrechen, Verdauungsorgane entfernen, Krabbenfleisch auslösen und samt den Beinen beiseite stellen. Muskelfleisch und Corail der Jakobsmuscheln klein würfeln. Das Öl erhitzen und die Jakobsmuscheln darin ganz kurz braten. Äpfel schälen, Mango aus der Schale lösen und das Fruchtfleisch jeweils klein würfeln. Frühlingszwiebeln und Stangensellerie putzen, die Paprikaschoten halbieren, Samen und Scheidewände entfernen und alles klein würfeln. Alle Zutaten in einer Schüssel unter den gekochten, ausgekühlten Reis mischen. Die beiden Ölsorten, Limettensaft, Kräuter und Sellerieherz, Salz und Pfeffer zufügen, alles gut vermengen. Pinienkerne in einer beschichteten Pfanne trocken rösten und mit den Shrimps, den Muscheln und dem zerkleinerten Krabbenfleisch unter den Reis mischen. Den Panzer, wie oben zu sehen, jeweils mit den Beinen auf einem Teller anrichten, mit dem Reissalat füllen und etwas Basilikumöl dazu reichen.

Seafood

MIT EINER FÜLLUNG AUS MUSCHELN, REIS UND GEMÜSE ODER EXOTISCHEM REISSALAT.

GEFÜLLTE MANGROVENKRABBE

4 Mangrovenkrabben (je 400 g)
4 Jakobsmuscheln, ausgelöst, 1 EL Pflanzenöl
100 g Äpfel, 350 g Mango, 30 g Frühlingszwiebeln
50 g Stangensellerie, je 100 g rote und grüne Paprikaschote
200 g gekochter Langkornreis, 4 EL Basilikumöl
20 Tropfen Chiliöl, Saft von 1 Limette
je 1 TL Zitronengras und Koriandergrün, gehackt
1 kleines Stangensellerieherz, fein gehackt, Salz, Pfeffer
2 EL Pinienkerne, 2 EL getrocknete, geröstete Shrimps

Die lebenden Mangrovenkrabben nacheinander in sprudelnd kochendes Wasser einlegen, nach 15 Minuten

GEFÜLLTE CALAMARETTI

100 g Langkorn-Naturreis, 500 g Calamaretti, 6 EL Olivenöl
1/4 l Fischfond, Salz, 300 g Miesmuscheln
30 g Zwiebel, geschält und gehackt, 1 Knoblauchzehe

2 Thymianzweige, 80 ml Weißwein, 100 g Zucchini

80 g rote Paprikaschote, 50 g Lauch, 300 g Tomaten

frisch gemahlener schwarzer Pfeffer, 40 g Butter

Für die Sauce:

300 g Vongole, 2 EL Öl, 30 g Zwiebel, geschält und gehackt

1 leicht zerdrückte Knoblauchzehe, 80 ml Weißwein

40 g Schalotten und 1 Knoblauchzehe, geschält und gehackt

1/2 TL Tomatenmark, 250 ml passierte Tomaten

Salz, Pfeffer, 1 Thymianzweig, 1 Rosmarinzweig

Für den Pesto:

1 Knoblauchzehe, 10 g Pinienkerne, Salz

30 g Basilikumblätter, 20 g Parmesan, 100 ml Olivenöl, Pfeffer

Den Reis waschen, über Nacht in kaltem Wasser einweichen, abseihen. Die Calamaretti waschen, die Tentakel mit den Eingeweiden aus dem Körperbeutel ziehen. Knapp über den Augen so abschneiden, daß sie durch einen schmalen Ring miteinander verbunden bleiben. Kauwerkzeuge und Fischbein entfernen, die Körper innen auswaschen. In einem Topf 1 EL Öl erhitzen, den gut abgetropften Reis darin anschwitzen, Fischfond angießen, leicht salzen, aufkochen lassen. Die Hitze reduzieren und den Reis etwa 20 Minuten köcheln lassen. Miesmuscheln gründlich säubern, alle anhaftenden Sand- und Kalkreste entfernen, den Bart abziehen, offene Exemplare wegwerfen. 2 EL Öl erhitzen, Zwiebel und die leicht zerdrückte Knoblauchzehe anschwitzen, Muscheln und Thymian zufügen, mit dem Wein ablöschen

und köcheln, bis sich die Muscheln geöffnet haben. Aus der Schale lösen, nach dem Kochen noch geschlossene Exemplare wegwerfen. Das Gemüse putzen, die Tomaten häuten, Samen und Stielansatz entfernen und alles klein würfeln. 1 EL Öl erhitzen, Zucchini, Paprika und Lauch darin 2 Minuten anschwitzen, Tomaten und den Reis untermischen, salzen, pfeffern und köcheln, bis die ganze Flüssigkeit verdampft ist. Auskühlen lassen und das Muschelfleisch untermischen. Die Vongole für die Sauce sorgfältig säubern, offene Exemplare wegwerfen. 1 EL Öl erhitzen, Zwiebel und zerdrückten Knoblauch anschwitzen, Vongole zufügen, mit Wein ablöschen und köcheln, bis sich die Muscheln geöffnet haben. Abgießen, dabei den Fond auffangen. 2/3 der Vongole aus der Schale lösen, beiseite stellen. 1 EL Öl erhitzen, Schalotten und gehackten Knoblauch glasig schwitzen, Tomatenmark einrühren, Muschelfond aufgießen, um die Hälfte reduzieren, passierte Tomaten untermischen, salzen, pfeffern, Kräuter einlegen und bei schwacher Hitze 15 bis 20 Minuten köcheln. Die Füllung mit einem Spritzbeutel (große Lochtülle) nicht zu prall in die Calamaretti drücken und die Tentakel in die Öffnung stecken. Butter und 2 EL Öl erhitzen, die Calamaretti rundum anbraten, bei 180 °C im vorgeheizten Ofen in 10 bis 12 Minuten fertiggaren. Für den Pesto gehackten Knoblauch, Pinienkerne und Salz im Mörser zermahlen, in Streifen geschnittenes Basilikum und frisch geriebenen Käse untermischen, das Öl in dünnem Strahl einlaufen lassen, salzen, pfeffern und alles gut vermengen. Die ausgelösten Vongole in der Sauce erwärmen und abschmecken.

Serviert werden die gefüllten Calamaretti in Tomatensauce, garniert mit den Vongole in der Schale, mit Basilikumblättchen bestreut und mit Pesto beträufelt.

Mit wildem Reis und Lachs

DAS NUSSIGE AROMA DER HOCHGESCHÄTZTEN, VON HAND GESAMMELTEN SCHWARZEN KÖRNER UND RÄUCHERLACHS – EINE SEHR ÜBERZEUGENDE KOMBINATION.

GEFÜLLTE PAPRIKASCHOTE

2 grüne Paprikaschoten (je etwa 180 g)

Butter für die Form, 16 dünne Scheiben Räucherspeck

100 ml Gemüsefond, Füllung wie bei der gefüllten Forelle

Für die Tomatensauce:

600 g reife Tomaten, 80 g weiße Zwiebeln, 1 Knoblauchzehe

1 rote Chilischote, 2 EL Olivenöl, Salz, Pfeffer, 1 TL Thymian

Für diese Variante der Füllung die Paprikaschoten längs halbieren, Samen und Scheidewände entfernen und die Hälften mit der Wildreismischung füllen. Eine feuerfeste Form mit Butter fetten, die gefüllten Paprikahälften einsetzen und jeweils mit 4 Scheiben Speck bedecken. Den Gemüsefond angießen und bei 190 °C im vorgeheizten Ofen etwa 30 Minuten garen. In der Zwischenzeit die Tomaten für die Sauce blanchieren, kalt abschrecken, häuten, vierteln, Stielansatz und Samen entfernen und das Fruchtfleisch klein würfeln. Die Zwiebeln und die Knoblauchzehe schälen, beides fein hacken. Die vom Stielansatz befreite Chilischote in dünne Ringe schneiden, dabei die Samen entfernen. In einem Topf das Öl erhitzen, Zwiebel- und Knoblauchwürfel darin glasig schwitzen. Tomaten und Chiliringe zufügen, die Hitze reduzieren und 5 Minuten köcheln lassen. Salzen, pfeffern und die Thymianblättchen einrühren. Die gefüllten Paprikaschoten aus dem Ofen nehmen, mit der Tomatensauce anrichten und servieren.

GEFÜLLTE FORELLE

Weil eine Forelle zum Füllen im Ganzen belassen und nicht an der Bauchseite aufgeschnitten sein sollte, wird sie in dem Fall durch die Kiemen ausgenommen. Diese Methode scheint auf den ersten Blick etwas kompliziert, dürfte jedoch, befolgt man die im Rezept angegebene Methode, keine größeren Probleme bereiten. Wer dennoch Bedenken hat, fragt freundlich bei seinem Fischhändler nach. Bereits aufgeschnitten gekaufte Forellen müssen an der Bauchseite vor dem Füllen unbedingt wieder zugenäht werden.

2 Lachsforellen (je etwa 500 g)

Salz, frisch gemahlener Pfeffer

80 g luftgetrockneter Speck, dünn geschnitten

einige Stengel Petersilie

60 g Butter

3 EL Pflanzenöl

4 leicht zerdrückte Knoblauchzehen

5 Wacholderbeeren

2 Lorbeerblätter

1 Rosmarinzweig

2 Stengel Dill

Für die Füllung:

80 g Stangensellerie

50 g Frühlingszwiebeln

20 g Butter

80 g Räucherlachs

1 EL gehackter Dill

200 g gekochter Wildreis (Mahnomen)

Salz (Fleur de Sel), schwarzer Pfeffer

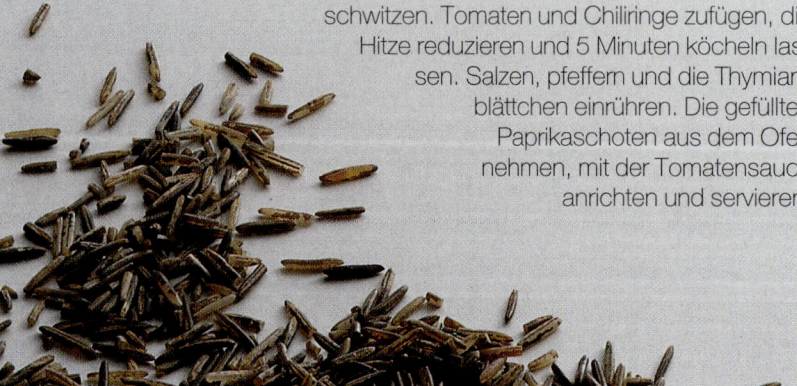

Für die Sauce:

80 ml Noilly Prat, 80 ml Weißwein, 150 ml Fischfond

4 feingehackte Wacholderbeeren, 80 g Butter

4 cl Gin, Saft von 1/2 Limette

Salz, Cayennepfeffer

Außerdem:

Baumwollgarn, Alufolie

Räuchermehl, Öl zum Bepinseln

Den Bindfaden von den gebratenen Forellen entfernen und die Gräten wie folgt auslösen. Zunächst vorsichtig die knusprige Haut mit einem Messer lösen und zur Seite klappen.

Anschließend mit grob zerstoßenem schwarzen Pfeffer und Fleur de Sel würzen. Die oberen Filets vorsichtig auf beiden Seiten abheben und separat auf Tellern anrichten.

Die Mittelgräte mit einem Messer lösen und vorsichtig mit den anhängenden Bauchgräten auf einmal herausziehen. Dabei darauf achten, daß keine Gräten im Fisch zurückbleiben.

Die Lachsforellen schuppen. Mit einem scharfen, spitzen Messer am After rundum das Muskelfleisch abtrennen, damit der Darm beim Herausziehen nicht abreißt. Darauf achten, daß der Schnitt nicht zu groß gerät. Die Kiemendeckel wegklappen, mit einer kleinen Schere die freiliegenden Kiemen zuerst am oberen, festgewachsenen Ende, dann am unteren Ende abschneiden und die Kiemen herausziehen. Mit Daumen und Zeigefinger in die Kiemenöffnung greifen, den Schlund mit den daranhängenden Innereien herausziehen. Die Forellen innen und außen sorgfältig ausspülen und gut abtropfen lassen. Die Zutaten für die Füllung vorbereiten: Stangensellerie und Frühlingszwiebeln putzen, beides in feine Würfel schneiden. In einer Pfanne die Butter zerlassen, Stangensellerie- und Frühlingszwiebelwürfel darin 3 bis 4 Minuten anschwitzen, abkühlen lassen. Den Räucherlachs in kleine Würfel schneiden. In einer Schüssel das Gemüse, den Lachs, den Dill und den gekochten Wildreis vermischen, je nach Bedarf salzen und pfeffern. Die Forellen leicht salzen und pfeffern und weiterverfahren, wie im ersten Bild unten gezeigt. Die Forellen entlang dem Rückgrat mit einem scharfen Messer einritzen. Die Fische mit Speckscheiben umwickeln und locker mit Baumwollgarn verschnüren. In die Kiemenöffnung jeweils ein Petersiliensträußchen stecken. Den Boden eines Woks mit Alufolie auslegen, darauf 3 cm hoch das Räuchermehl einfüllen. Ein passendes Gitter mit Alufolie

umwickeln, mit Öl bepinseln, einige Löcher einstechen und in den Wok stellen. Den Wok auf den Herd setzen, die Hitzequelle einschalten und zum Räuchern der Forelle weiterverfahren, wie im 2. Bild unten gezeigt. In einer großen Pfanne Butter und Öl erhitzen, Knoblauch, Gewürze und Kräuter einlegen. Die Forellen darin von jeder Seite etwa 8 Minuten braten. Für die Sauce in einer Kasserolle Noilly Prat, Wein, Fond mit den Wacholderbeeren aufkochen, auf etwa 5 EL reduzieren. Die eiskalte Butter in Flöckchen einmontieren, mit Gin, Limettensaft, Salz und Cayennepfeffer würzen. Die gebratenen Fische entgräten, wie oben gezeigt, mit der Sauce beträufeln und in der Pfanne servieren.

Forellen füllen und entgräten:

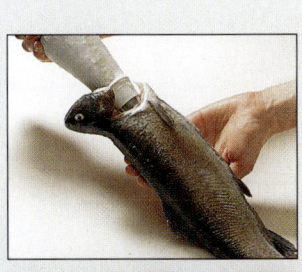

Die Reismischung in einen Spritzbeutel (große Lochtülle) füllen und in die Fische drücken, diese dabei aber nicht zu prall füllen.

Wenn es zu rauchen beginnt, die Forellen auflegen, den Wok mit dem Deckel verschließen. Die Fische 5 Minuten räuchern. Vom Herd stellen, noch 5 Minuten im Rauch ziehen lassen.

Im Wok 2 EL Öl erhitzen, die Fleischscheiben 2 Minuten pfannenrühren. Garnelen zufügen, noch 2 Minuten mitbraten, beides herausnehmen.

Restliches Öl erhitzen, Knoblauch, Frühlingszwiebel- und Chiliringe sowie den Ingwer kurz anbraten. Zuckerschoten zufügen, 2 Minuten unter Rühren mitbraten.

Pilze zufügen, 1 Minute pfannenrühren, den Reis untermischen. Die Sojasauce, das gebratene Fleisch und die gebratenen Garnelen unterrühren.

Etwas Teig eingießen. Die Pfanne schwenken, damit sich der Teig gleichmäßig verteilt. 2 Minuten backen, 2 EL Füllung auf die eine Hälfte des Pfannkuchens setzen.

Pfannkuchen

AUS REISMEHL, KNUSPRIG GEBACKEN
UND GEFÜLLT AUF VIETNAMESISCHE ART.

Garnelen, Schweinefleisch und Gemüse kommen neben dem Reis in die Pfannkuchen, die man übrigens gut bereits einige Stungen vorher backen kann. Vor dem Füllen werden sie dann ganz einfach noch einmal kurz in der Pfanne erhitzt.

Für den Teig:
40 g getrocknete gelbe Mungobohnen, 400 ml Kokosmilch
100 g Reismehl, 1 Ei, 1/4 TL Kurkuma, 1 Prise Zucker, Salz
Für die Füllung:
4 Knoblauchzehen, 5 EL Fischsauce, Pfeffer
1 Prise Palmzucker, 250 g Schweinefleisch (Oberschale)
250 g Tiefseegarnelen in der Schale
120 g Jasmin-Reis, Salz
50 g Zuckerschoten, 40 g Frühlingszwiebeln
1 rote Chilischote, 150 g Pio-pini-Pilze oder Shiitake-Pilze
80 g frische Bohnensprossen, 4 EL Pflanzenöl
10 g Ingwer, geschält und gehackt, 2 EL helle Sojasauce
1 EL gehackter Vietnamesischer Koriander (Rau ram)
1 EL Schnittknoblauch in Röllchen
Für die Rettichsauce:
1/4 TL Palmzucker, 3 EL Fischsauce, 3 EL helle Sojasauce
1 rote Chilischote, Saft von 1/2 Kaffir-Limette
je 60 g weißer Rettich und Möhren, in sehr feinen Streifen

Für die Nam-prik-Sauce:

4 Knoblauchzehen und 30 g Schalotten, geschält

1 EL Shrimpspaste, 1/4 TL Salz, 1 EL Palmzucker

8 thailändische rote Chillies, Saft von 2 Limetten

Außerdem:

4 EL Pflanzenöl zum Ausbacken, Kräuter zum Garnieren

Die Mungobohnen 30 Minuten in kaltem Wasser einweichen, abseihen, abtropfen lassen, es sollten nun etwa 80 g sein. Die Mungobohnen zusammen mit der Kokosmilch im Mixer fein pürieren. In einer Schüssel gut mit Reismehl, Ei, gemahlener Kurkuma, Zucker und Salz verrühren. Den Teig durch ein feines Sieb passieren und 2 Stunden im Kühlschrank ruhen lassen. Für die Füllung 2 Knoblauchzehen schälen, fein hacken, mit 3 EL Fischsauce, Pfeffer und Palmzucker vermischen. Das Schweinefleisch in dünne Scheiben schneiden, die Garnelen auspulen, beides getrennt in tiefen Tellern mit der Würzsauce übergießen und zugedeckt im Kühlschrank 30 Minuten durchziehen lassen. Den Reis mit 400 ml leicht gesalzenem Wasser zum Kochen bringen, die Hitze reduzieren und 15 Minuten köcheln lassen. Abseihen, kalt abschrecken und den Reis abtropfen lassen. Restlichen Knoblauch schälen, fein hacken. Zuckerschoten und Frühlingszwiebeln putzen, die Zuckerschoten in Rauten von 1 cm Kantenlänge, die Frühlingszwiebeln in Ringe schneiden. Die Chilischote vom Stielansatz befrei-

en und ebenfalls in dünne Ringe schneiden, dabei die Samen entfernen. Die Pilze putzen, die Stiele etwas kürzen (von den Shiitake die Stiele ganz entfernen), größere Exemplare halbieren. Die Bohnensprossen verlesen, waschen, gut abtropfen lassen und weiterverfahren, wie in den ersten 6 Bildern links oben gezeigt. Die Mischung noch 2 Minuten pfannenrühren, die Kräuter einstreuen und herausnehmen. Für die Rettichsauce den Zucker mit den beiden Saucen verrühren, bis er sich aufgelöst hat. Die feingehackte Chilischote (ohne Samen und Scheidewände) untermischen, den Limettensaft einrühren, Rettich- und Möhrenstreifen untermischen und 10 Minuten durchziehen lassen. Für die Nam-prik-Sauce Knoblauch und Schalotten fein hacken und in einem Mörser mit der Shrimpspaste, Salz und Zucker möglichst fein zerreiben. Die Chillies halbieren, von Samen und Scheidewänden befreien und mit dem Limettensaft im Mixer fein pürieren. Die Knoblauchpaste untermixen. Wer eine dünnere Sauce vorzieht, rührt noch ein paar Löffel Geflügelfond unter. Die Pfannkuchen backen. Dafür in einer Pfanne mit 18 cm Durchmesser 1 EL Öl erhitzen, aber nicht zu heiß werden lassen. Weiterverfahren, wie in den letzten beiden Steps gezeigt. Zudecken, die Hitze reduzieren und weitere 3 bis 4 Minuten backen, bis die Unterseite des Pfannkuchens leicht gebräunt und knusprig ist. Den Pfannkuchen über die Füllung klappen und bei 50 °C im vorgeheizten Ofen warm halten. Die restlichen Pfannkuchen ebenso backen.

Die gefüllten Pfannkuchen, garniert mit Rau ram und Schnittknoblauch, auf vorgewärmten Tellern anrichten und mit den Saucen servieren. Sollte etwas Füllung übrigbleiben, diese dazu reichen.

SÜSSER REIS mit Früchten

So selten sie sich auch sonst vergleichen lassen – in einem Punkt zumindest stimmen viele Küchentraditionen rund um den Globus überein: Süßer Reis wird meist als krönender Abschluß eines Mahls serviert, wobei oft aromatische Früchte den geschmacklichen Kontrapunkt bilden. Bei der Wahl der Garflüssigkeit, der Reis- und der Fruchtsorten beginnen jedoch schon wieder die Unterschiede!

In Europa, Vorderasien und Nordafrika wird für süße Reisgerichte mit Vorliebe Rundkornreis in Milch gekocht – und das so regelmäßig, daß man annehmen könnte, »Milchreis« als Packungsaufschrift bezeichne eine spezielle Reissorte. Doch ist Milchreis keineswegs gleich Milchreis, läßt er sich doch warm wie kalt verzehren und gestürzt, als Nockerln, Auflauf oder sogar gebacken als Torte servieren. Die Bandbreite der begleitenden Früchte schließlich reicht von Kirschen bis zu Granatäpfeln.

Asiatisch inspirierte Rezepte beweisen dagegen, daß sich auch Langkornreis, etwa thailändischer Duftreis, und Klebreis in feine Nachspeisen verwandeln lassen. Sie werden allerdings eher in Kokosmilch oder in mit Fruchtsaft oder -mark versetztem Wasser gegart. Eine erfrischende zusätzliche Fruchtnote können dann beispielsweise Ananas, Papaya oder Mango beisteuern.

Natürlich muß ein Reisdessert nicht zwingend aus gekochtem Reis zubereitet werden. Reis-Crispies etwa, die in zartschmelzend-kühlen Parfaits für einen überraschenden Knuspereffekt sorgen können, öffnen kreativen Naschkatzen interessante neue Perspektiven!

Raffiniert

FRUCHTIGE DESSERTKOMPOSITIONEN MIT REIS – MAL HEISS, MAL KALT SERVIERT.

REISRING MIT KIRSCHRAGOUT

200 g Arborio-Reis, 600 ml Wasser, Salz
700 bis 800 ml Milch, 1 Stück Zimtstange
je 1 Stück unbehandelte Orangen- und Zitronenschale
80 g Zucker, 8 Blatt Gelatine, 200 ml Sahne
2 Eiweiße, 4 cl Kirschwasser
Für das Kirschragout:
300 g Kirschen, 100 g Himbeeren, 80 g Zucker
70 ml Orangensaft, 30 ml Zitronensaft
je 1 Messerspitze Nelken und Zimt, gemahlen
4 cl roter Portwein, 200 ml kräftiger Rotwein
2 cl Kirschwasser, 2 cl Crème de Cassis, 10 g Speisestärke
Außerdem:
4 Savarin-Förmchen von 12 cm Durchmesser, Öl zum Fetten
100 ml Sahne, 1 TL Zucker, 1 Messerspitze gemahlener Zimt

Den Reis in sprudelndem Salzwasser 3 bis 4 Minuten kochen, in einem Sieb kalt abschrecken. Milch mit Zimtstange, Orangen- und Zitronenschale sowie dem Zucker aufkochen. Den Reis untermischen, etwa 30 Minuten bei reduzierter Hitze köcheln, dabei gelegentlich umrühren. Die Milch sollte jetzt beinahe vollständig eingekocht sein. Zimtstange und Schalen entfernen und den Reis kühl stellen. Gelatine in kaltem Wasser einweichen. Die Sahne steif und die Eiweiße zu Schnee schlagen. Die ausgedrückte Gelatine in einer Schüssel mit etwas Kirschwasser

vermischen, auf dem Wasserbad auflösen. Unter Rühren den Reis untermischen, nacheinander Sahne, restliches Kirschwasser sowie den Eischnee unterheben. Die Förmchen leicht ölen, die Reismasse einfüllen, glattstreichen und im Kühlschrank etwa 5 Stunden durchkühlen lassen. Die Kirschen für das Ragout waschen, entstielen und entsteinen. Himbeeren pürieren, durch ein feines Sieb streichen, beiseite stellen. In einer Kasserolle den Zucker unter Rühren karamelisieren, mit Orangen- und Zitronensaft ablöschen, aufkochen lassen und die Gewürze einrühren. Himbeerpüree, Portwein, Rotwein und die Kirschen untermischen, einmal aufkochen lassen, mit Kirschwasser und Crème de Cassis aromatisieren. Die Stärke mit wenig Wasser anrühren, die Kirschen damit binden, nochmals leicht aufkochen und abkühlen lassen. Sahne mit Zucker und Zimt halbsteif schlagen. Zum Stürzen der Reisringe zunächst mit einem spitzen Messer am Rand der Förmchen entlangfahren, diese dann kurz in heißes Wasser tauchen und den Reis auf gekühlte Teller stürzen, mit den Kirschen servieren.

WARMER MANGO-REIS-AUFLAUF MIT SAKE-SABAYON

Für 8 Portionen
75 g Rundkornreis (Milchreis), 1/4 l Milch, 30 g Butter
1 Prise Salz, 1 aufgeschlitzte Vanilleschote
Abgeriebenes von 1/2 Orange und 1/2 Zitrone (unbehandelt)
2 bis 3 g in Sirup eingelegter Ingwer, sehr fein gehackt
3 Eigelbe, 50 g Zucker, 2 Eiweiße, 20 g Biskuitbrösel (hell)
240 g frische Mangowürfel, 75 g frisch geriebene Kokosnuß
Für das Mangokompott:
50 g Zucker, 40 g Mangopüree, 200 g Mangowürfel
Für das Sake-Sabayon:
3 Eigelbe, 75 g Zucker, 120 ml Sake
Außerdem:
8 runde Förmchen mit 175 ml Inhalt, zerlassene Butter
Zucker, Zimt, Puderzucker zum Besieben
sehr dünne, frisch gehobelte Kokosnußspäne

Für das Kompott in einer Kasserolle den Zucker karamelisieren, das Mangopüree einrühren, aufkochen, die Mangowürfel – sie sollten etwa 1/2 cm Kantenlänge haben – darin schwenken und abkühlen lassen. Den Reis waschen, blanchieren und abseihen. Mit der Milch, Butter, Salz und den Gewürzen in 20 bis 25 Minuten bei geringer Hitze weich, aber nicht zu weich kochen. Der Reis

Die Kirschen jeweils neben dem gut gekühlten Reisring anrichten und beträufelt mit etwas halbsteif geschlagener Zimtsahne servieren.

sollte noch bißfest sein. Die Vanilleschote entfernen, das Mark zurückstreifen und die Masse etwas abkühlen lassen. Inzwischen die Förmchen mit zerlassener Butter ausstreichen, mit Zucker ausstreuen, überschüssigen Zucker ausklopfen. Eigelbe mit 25 g Zucker leicht schaumig rühren, unter den Reis ziehen. Die Eiweiße mit dem restlichen Zucker zu Schnee schlagen. Den Eischnee mit den Bröseln unter die Reismasse heben. Zuletzt die Mangowürfel und die Kokosraspel vorsichtig unterziehen. Die Masse in die Förmchen einfüllen, im 80 °C warmen Wasserbad bei 190 bis 200 °C im vorgeheizten Ofen 30 Minuten garen. Herausnehmen, 2 Minuten ruhen lassen, den Rand mit einem Messer lösen und den Inhalt der Förmchen auf eine feuerfeste, gebutterte Tortenunterlage stürzen. Jeweils mit Zucker bestreuen und unter dem Grill kurz karamelisieren. Für das Sabayon Eigelbe und Zucker cremig rühren, auf ein Wasserbad (knapp unter dem Siedepunkt) setzen, den Sake zugießen und schaumig schlagen. Die Masse sollte das Doppelte an Volumen erreichen. Karamelisierten Reisauflauf mit Mangokompott und Sake-Sabayon anrichten, letzteres mit Zimt bestreuen. Noch warm, mit Puderzucker besiebt und garniert mit Kokosspänen, servieren.

SCHOKOLADEN-REIS-PARFAIT MIT GLACIERTER WILLIAMSBIRNE

100 g Halbbitter-Kuvertüre, 50 g Reis-Crispies
4 Eigelbe, 1 Ei, 50 g Zucker
75 g Haselnuß-Nougat
350 g geschlagene Sahne
60 g Rum-Rosinen, gehackt
Für die Vanillesauce:
6 Eigelbe, 100 g Zucker, 1/2 l Milch, 1/2 Vanilleschote
Für die Birnen:
6 reife Williams-Christ-Birnen (je etwa 120 g), Zucker

Außerdem:
12 ovale Förmchen mit 60 ml Inhalt
Butter für die Form, Kakaopulver
Reis-Crispies zum Bestreuen, Puderzucker zum Besieben

Zunächst 50 g Kuvertüre auf dem Wasserbad schmelzen, die Reis-Crispies untermengen. Die Masse auf Pergamentpapier glattstreichen, erkalten lassen und in kleine Stückchen hacken. Eigelbe, Ei und Zucker schaumig schlagen. Nougat und restliche Kuvertüre auf dem Wasserbad schmelzen und unter die Eigelbmasse ziehen. Die Sahne unterheben, Rum-Rosinen sowie die vorbereiteten Schokoladen-Reis-Crispies untermischen. Die Masse sofort in ovale Förmchen füllen und über Nacht gefrieren. Die Eigelbe für die Vanillesauce mit dem Zucker cremig, aber nicht schaumig rühren. Die Milch mit dem ausgeschabten Mark der Vanilleschote aufkochen. Noch heiß nach und nach unter die Eigelbcreme rühren. In einen Topf umfüllen und bei schwacher Hitze unter ständigem Rühren »zur Rose abziehen«, das heißt, die Sauce sollte leicht angedickt auf dem Kochlöffel liegen bleiben. Die Sauce durch ein Sieb passieren und abkühlen lassen. Die Birnen schälen, halbieren, Kerngehäuse entfernen und die Hälften der Länge nach mehrfach so einschneiden, daß sie zum Stielende hin noch zusammenhängen. Die Birnenhälften in eine gebutterte feuerfeste Form legen, leicht auseinanderdrücken, so daß ein Fächer entsteht, mit Zucker bestreuen und unter dem vorheizten Grill kurz glacieren. Sofort auf Teller verteilen und etwas durchziehen lassen. Die Parfaitförmchen kurz in heißes Wasser tauchen, den Rand mit einem Messer lösen und die Parfaits stürzen. Die Oberfläche mit Kakao besieben und je ein Parfait neben einem Birnenfächer anrichten. Die abgekühlte Vanillesauce mit dem Pürierstab kurz aufmixen, Birnen und Parfait mit der Sauce umgießen und diese mit Reis-Crispies bestreuen. Alles mit Puderzucker besieben und sofort servieren.

Das Schokoladen-Reis-Parfait eignet sich gut als Dessert für ein Familienfest. Die einzelnen Komponenten können schon im voraus zubereitet werden. Die Menge der im Rezept angegebenen Zutaten ist daher für 12 Personen berechnet.

Herbstlich

REIFE QUITTEN MIT IHREM UNVERGLEICHLICHEN
AROMA BRINGEN VIEL GESCHMACK IN DEN REIS.

REISNOCKERLN MIT QUITTEN

Für die Reisnocken:

400 g Quitten, 200 ml Weißwein

Saft und abgeriebene Schale von 1/2 unbehandelten Zitrone

1/4 l Milch, 1/4 l Sahne, Mark von 1/2 Vanilleschote

5 cm Zimtstange, 100 g Zucker, 1 Prise Salz, 200 g Milchreis

2 Eigelbe, 1 Eiweiß

Für die Holundersauce:

150 g Äpfel, 300 g Holunderbeeren

150 ml Rotwein, 75 ml frisch gepreßter Orangensaft

90 g Zucker, 3 Nelken, 1/8 l Sahne, 20 g Zucker

Außerdem:

3/4 l Milch, 1/2 Vanilleschote

1/8 l Sahne, 20 g Zucker, Krokant zum Bestreuen

Von den Quitten mit einem Tuch den Flaum abreiben, die
Früchte schälen, halbieren, Kerngehäuse entfernen und
das Fruchtfleisch klein würfeln. Wein mit Zitronensaft
erhitzen, die Quitten 5 bis 8 Minuten darin köcheln. Abseihen und den Sud auffangen. In einem feuerfesten
Topf Milch mit Zitronenschale, Sahne, Vanillemark, Zimtstange, 60 g Zucker und Salz aufkochen. Den Reis unter
Rühren einrieseln lassen und bei geringer Hitze 25 Minuten köcheln lassen. Quittensud unter den Reis rühren
und diesen bei 150 °C im vorgeheizten Ofen in etwa
20 Minuten fertiggaren. Herausnehmen, die Quittenwür-
fel sowie die Eigelbe untermischen und den Quittenreis
auskühlen lassen. Für die Sauce die Äpfel schälen, vierteln, vom Kerngehäuse befreien und in Spalten schneiden. Die Holunderbeeren von den Stielen zupfen, verlesen, vorsichtig waschen und gut abtropfen lassen. In
einer Kasserolle den Rotwein mit dem Orangensaft, dem
Zucker und den Nelken aufkochen. Holunderbeeren und
Apfelspalten noch 4 bis 5 Minuten mitköcheln
lassen. Die Nelken herausnehmen und die
Holundersauce abkühlen lassen. Aus
dem fertigen Reis die Zimtstange
entfernen. Eiweiß mit dem restlichen Zucker zu Schnee schlagen und diesen vorsichtig
unter den in eine Schüssel
umgefüllten Reis heben.

Am besten schmecken
die Krapfen warm und
innen noch weich, mit
Puderzucker bestaubt.

Milch mit der Vanilleschote aufkochen, die Hitze reduzieren. Mit angefeuchteten Händen aus der Reismasse 8 ovale Nocken formen, diese in der heißen Milch etwa 12 Minuten garziehen lassen. Die Sahne mit Zucker halbsteif schlagen und auf der erkalteten, auf Tellern angerichteten Holundersauce verteilen. Die Reisnockerln daraufsetzen und mit Krokant bestreut servieren.

REISKRAPFEN

je 30 g Zitronat und Orangeat, gehackt

je 30 g Rosinen und Walnüsse, gehackt

20 g Pinienkerne, gehackt, 2 cl Vin santo

1/2 l Milch, 1/4 TL Salz, 40 g Zucker

200 g Arborio-Reis, 50 g Butter, 2 Eiweiße

abgeriebene Schale von 1/2 unbehandelten Zitrone

abgeriebene Schale von 1 unbehandelten Orange

2 Eigelbe, 10 g Hefe, 50 g Mehl

Außerdem:

Öl zum Ausbacken, Puderzucker zum Besieben

Das Zitronat, das Orangeat, die Rosinen, die Walnüsse und die Pinienkerne mit dem Vin santo vermischen und 1 Stunde durchziehen lassen. In einer Kasserolle die Milch zum Kochen bringen, Salz und 2 TL Zucker einrühren, den Reis einstreuen und unter Rühren 4 bis 5 Minuten kochen lassen. Die Butter unterziehen und etwa 20 Minuten köcheln lassen, bis die Flüssigkeit völlig aufgesogen ist. Den beinahe trockenen Reisbrei lauwarm abkühlen lassen. Inzwischen die Eiweiße mit dem restlichen Zucker zu Schnee schlagen. Die abgeriebene Schale der Zitrusfrüchte, die Eigelbe, die zerbröckelte Hefe unter den Reisbrei rühren. Das gesiebte Mehl sowie die eingeweichten Früchte und Nüsse vorsichtig unterheben. Den Eischnee mit einem Holzspatel vorsichtig unter die Reismischung ziehen. Von der Reismasse mit zwei in Wasser getauchten Eßlöffeln Nocken abstechen und die Krapfen in der Friteuse im auf 150 °C erhitzten Öl in 4 bis 5 Minuten knusprig braun ausbacken. Auf Küchenpapier abtropfen lassen und noch warm, mit Puderzucker bestaubt, zum Dessert servieren.

Zu der Säure von Quitten und Holunder bildet süßer Krokant einen interessanten Kontrast. Dafür 75 g Zucker hell karamelisieren, 75 g grobgehackte, geröstete Mandeln rasch unterrühren, auf einer Arbeitsplatte mit dem geölten Rollholz zu einer 1 cm dicken Platte ausrollen. Nach dem Erkalten in kleine Stücke zerschlagen.

Leicht & schnell mit Obst

OB ZIMT UND KARDAMOM GESCHMACK IN DEN REIS BRINGEN, HASELNÜSSE
ODER ORANGENSAFT – IMMER IST DAS ERGEBNIS KÖSTLICH.

Den Rezepten auf dieser Seite ist eines gemeinsam: Sie
sind ebenso bekömmlich wie leicht zuzubereiten. So lassen sich die Früchte gut im voraus kochen, und der Reis
selbst braucht dann nur noch zwischen 10 und 25 Minuten. Liebhaber von Milchreis werden sich besonders
über das folgende Rezept freuen.

ORANGEN-MILCHREIS

300 g Rundkornreis (Milchreis)
1 Stück unbehandelte Orangenschale
150 ml Orangensaft
600 bis 700 ml Milch, 1 Prise Salz
30 g Butter, 80 g Zucker
2 cl Cointreau, 1 Orange

Den Reis in einem Topf mit der Orangenschale, 50 ml
Orangensaft, der Milch und dem Salz aufkochen, die Hitze reduzieren und den Reis 20 bis 25 Minuten köcheln

lassen, dabei mehrmals umrühren. In einer Kasserolle die
Butter zerlassen, den Zucker einrühren, den restlichen
Orangensaft und den Cointreau zugießen und die Flüssigkeit auf die Hälfte reduzieren. Zum Auslösen der Orangenfilets an beiden Enden der Frucht einen Deckel
abschneiden, die Schale großzügig in Segmenten abschälen, die Orange entlang den Trennhäuten einschneiden und die Filets auslösen. Den Saft aus dem an den
Häuten verbliebenen Fruchtfleisch ausdrücken und unter
den Reis rühren. 2 bis 3 Minuten vor Ende der Kochzeit
die Orangenfilets unter den Reis heben und die Orangen-
sauce vorsichtig unterziehen.

HASELNUSSREIS

Von der Qualität der Aprikosen – nur aromatische Früchte
kaufen! – und der Haselnüsse hängt in diesem Fall viel
ab, denn letztere werden, frisch geröstet und gehackt,
zusammen mit dem Reis gekocht. Da die in Folie abge-
packten, bereits geschälten Kerne manchmal schon eine
Weile liegen und durch ihren Fettgehalt leicht ranzig werden, empfiehlt es sich, die Haselnüsse in diesem Fall in
der Schale zu kaufen und selbst zu knacken.

100 g Haselnußkerne, 30 g Butter, 60 g Zucker
300 g Langkornreis, 1/2 l Wasser
Für das Aprikosenkompott:
300 g Aprikosen, 80 g Zucker
1/8 l Wasser, 1 EL Zitronensaft, 1 cl Mandellikör
Außerdem:
Zitronenmelisseblättchen zum Garnieren

Vollreif, aromatisch und
saftig sollten die Orangen sein
für dieses Dessert, da das
Ergebnis doch ganz wesentlich vom Geschmack der
Früchte abhängt. Sehr
erfrischend an heißen
Tagen: Orangenreis eiskalt
serviert, wie in den Ländern
rund ums Mittelmeer.

Die Haselnüsse locker auf ein Backblech streuen und bei 200 °C im vorgeheizten Ofen rösten, bis die braune Samenschale platzt. Etwas abkühlen lassen, bis sich die Schale gut löst. Die Haselnüsse auf ein Geschirrtuch schütten und die braune Schale abreiben. Die Nüsse fein hacken. In einem Topf die Butter zerlassen, den Zucker zufügen und karamelisieren. Die Nüsse und den Reis einstreuen und untermischen. Mit dem Wasser aufgießen, einmal aufkochen, die Hitze reduzieren und den Reis etwa 20 Minuten köcheln lassen, dabei öfter umrühren. Die Aprikosen für das Kompott in kochendem Wasser blanchieren, häuten, halbieren und entsteinen. In einer Kasserolle den Zucker mit dem Wasser und dem Zitronensaft zum Kochen bringen und 2 bis 3 Minuten köcheln lassen. Falls nötig, abschäumen. Die Aprikosen darin in 8 bis 10 Minuten weich garen, dabei die Hitze immer gerade unter dem Siedepunkt halten. Den Mandellikör einrühren und das Kompott erkalten lassen. Den Haselnußreis mit dem Aprikosenkompott anrichten und garniert mit Melisseblättchen servieren.

GEWÜRZTER REIS MIT ZIMT

Kardamom und Zimt sind die bestimmenden Aromen dieses leckeren Reisdesserts, bei dem die Farbe einmal mehr vom teuersten Gewürz der Welt, dem Safran, kommt. Seine Form erhält der Reis hier durch ovale Förmchen, in denen er aber nicht gegart, sondern in die er – bereits fertig gekocht – gefüllt und dann gestürzt wird. Dazu paßt ein fruchtiges Sauerkirschkompott.

350 g Jasminreis oder thailändischer Duftreis
4 Kardamomkapseln, 1 Zimtstange (etwa 4 cm), 1 Prise Salz
60 g Butter, 1 Döschen Safranpulver, 80 g Zucker
Für die Sauerkirschen:
120 ml Rotwein, 60 g Zucker, 1 EL Zitronensaft
250 g Sauerkirschen, gewaschen und entsteint
2 cl Rum, 1/2 TL Speisestärke
Außerdem:
4 ovale Förmchen, Öl für die Förmchen
Pfefferminzblättchen zum Garnieren

Den Reis in einem Topf mit 1/2 l Wasser, den Kardamomkapseln, der Zimtstange und dem Salz zum Kochen bringen. Die Hitze reduzieren und den Reis zugedeckt 10 Minuten köcheln lassen. Den Reis in ein Sieb schütten, mit kaltem Wasser abschrecken und abtropfen lassen. Für das Sauerkirschkompott den Wein mit Zucker und Zitronensaft aufkochen, die Kirschen 3 bis 4 Minuten mitköcheln und den Rum einrühren. Die Speisestärke mit wenig Wasser anrühren und die Kirschen damit binden, einmal aufwallen und etwas abkühlen lassen. In einer Kasserolle die Butter zerlassen, Safran und Zucker einrühren. Den gut abgetropften Reis untermischen, etwa 100 ml Wasser angießen und den Reis in 5 bis 8 Minuten unter wiederholtem Rühren fertiggaren. Zimtstange und Kardamomkapseln entfernen, die Reismasse in gut geölte Förmchen füllen, festdrücken und auf Teller stürzen. Mit dem Sauerkirschkompott anrichten und mit frischer Minze garniert servieren.

Süßer Safranreis

EINE TÜRKISCHE SPEZIALITÄT,
DIE ZU HOCHZEITEN ODER
ANDEREN FESTLICHEN
ANLÄSSEN GEREICHT WIRD.

Nicht zuletzt dank ihrer Fertigkeit im Umgang mit den verschiedensten Gewürzen ist die orientalische Küche dafür berühmt, aus einfachsten Zutaten kulinarische Glanzstücke zu zaubern. Hier ist es der Safran, der dem Reis nicht nur den charakteristischen Geschmack, sondern auch die intensive Farbe verleiht. Zum süßen Reis passen als geschmacklicher Kontrast entweder Granatapfelkerne oder auch Sauerkirschen – die in Marokko übliche Zugabe zum Safranreis – ganz ausgezeichnet.

Für den Safranreis:		
200 g Zucker, 125 g Rundkornreis, 1 Döschen Safranpulver		
20 g Reismehl, Saft von 1/2 Zitrone, 1 cl Rosenwasser		
Außerdem:		
20 g Pinienkerne, 1 Granatapfel		
Pfefferminzblättchen zum Garnieren		
Für das Sauerkirschkompott:		
300 g Sauerkirschen, 200 ml Kirschsaft, 2 Nelken		
1 Stück Zimtstange (etwa 5 cm), 80 g Zucker		
1/4 TL Speisestärke		

Für den Safranreis 1 l Wasser mit dem Zucker aufkochen. Die Hitze etwas reduzieren, den Reis zuschütten und bei geringer Hitze 20 Minuten quellen lassen. Das Safranpulver einstreuen und gut unter den Reis rühren. Das Reismehl mit etwas Wasser anrühren, ebenfalls untermischen und den Reis unter gelegentlichem Rühren noch etwas köcheln lassen, bis er leicht eindickt. Zitronensaft und Rosenwasser einrühren, vom Herd nehmen und den Reis auskühlen lassen. In einer beschichteten Pfanne die Pinienkerne hellbraun rösten. Den Granatapfel auseinanderbrechen, die Kerne herauslösen und die bitteren Zwischenhäute entfernen. Den Safranreis in Schalen anrichten, mit Pinienkernen sowie Granatapfelkernen bestreuen und mit Pfefferminze garnieren. Wird das Sauerkirschkompott bevorzugt, die Kirschen waschen und entsteinen. Kirschsaft, Nelken, Zimtstange und Zucker aufkochen, die Kirschen untermischen, 2 bis 3 Minuten mitköcheln lassen. Speisestärke mit wenig Wasser anrühren, die Kirschen damit binden. Einmal aufwallen lassen, vom Herd nehmen und abkühlen lassen. Den Safranreis mit dem Sauerkirschkompott in tiefen Tellern anrichten und mit Pfefferminzblättchen garnieren.

Sehr dekorativ – in der ausgehöhlten Fruchtschale,
an der die grüne Blattkrone belassen wurde –
kommt der cremige Ananasreis auf den Tisch,
geschmacklich abgerundet durch kandierten
Ingwer und geröstete Cashewnüsse.

Aromatisch
und fruchtig-süß

EXOTEN WIE MANGO UND ANANAS SIND WICHTIGE
ZUTATEN VIELER THAILÄNDISCHER REISDESSERTS.

Das Geheimnis des vollen Fruchtaromas besteht darin,
daß nicht allein Fruchtwürfel unter den Reis gemischt
werden, sondern der Reis beim Garen durch Fruchtsaft
oder -mark zusätzlich Geschmack bekommt.

ANANASREIS

1 Ananas (etwa 1,3 kg), 50 g Zucker, 1 Prise Salz

100 g Milchreis, Schale und Saft von 1 unbehandelten Zitrone

2 TL kandierter Ingwer, gehackt

20 g Cashewnüsse, gehackt und geröstet

Die Ananasfrucht längs so halbieren, daß das Grün an
einer Hälfte verbleibt. Die andere Ananashälfte schälen,
die »Augen« ausschneiden. Das Fruchtfleisch in 1 cm
große Würfel schneiden. Die Ananashälfte mit dem Grün
bis auf einen etwa 1 cm breiten Rand aushöhlen, das

Nur zu besonderen Anlässen wird ein solch spezieller, aus Holz
kunstvoll geschnitzter Reislöffel in Thailand hervorgeholt. Wie auch
immer, dieses Reisdessert, das die Aromen von Kokosnuß und
frischen Mangos in sich vereinigt, schmeckt ganz vorzüglich.

Fruchtfleisch im Mixer mit Zucker und Salz pürieren. Das Ananasmark durch ein feines Sieb in einen Meßbecher streichen, mit Wasser auf 400 ml auffüllen, in einen Topf umfüllen und aufkochen. Milchreis waschen, gut abtropfen lassen und unter ständigem Rühren in das verdünnte Fruchtmark einstreuen. Zitronenschale und -saft sowie 1 TL Ingwer unterrühren, aufkochen lassen. Die Hitze reduzieren und den Reis unter gelegentlichem Rühren etwa 20 Minuten ausquellen lassen. Die Ananaswürfel unter den Reis mischen, in der ausgehöhlten Ananashälfte anrichten und mit dem restlichen kandierten Ingwer und den gerösteten Cashewnüssen bestreuen.

KOKOSREIS MIT MANGO

Für die Kokosmilch:
1 Kokosnuß, 1/2 l Milch oder Wasser
Für den Kokosreis:
250 g Klebreis, 1/8 l Kokosmilch, 60 g Zucker, 1/4 TL Salz
Für die Kokossauce:
1/8 l Kokosmilch, 60 g Zucker
Außerdem:
2 Mangos, je etwa 300 g, 30 g frisch geraspelte Kokosnuß

Zunächst die Kokosmilch herstellen. Dafür zwei der drei »Augen« der Kokosnuß mit Nagel und Hammer öffnen, das Kokoswasser in einer Schüssel auffangen. Die Nuß aufschlagen, das Fruchtfleisch auslösen und mit einem Kartoffelschäler die braune Haut abschälen. Weiterverfahren, wie unten gezeigt. Den Klebreis etwa 2 Stunden in kaltem Wasser einweichen, abgießen. Einen Wok zu 1/3 mit Wasser füllen, dieses zum Kochen bringen. Den Reis auf einem Dämpfeinsatz aus Bambus verteilen, über das kochende Wasser stellen und 15 Minuten dämpfen. In einer Schüssel die Kokosmilch mit dem Zucker und dem Salz verrühren, den noch heißen Reis zugeben und sofort gut vermengen. Die Mangos der Länge nach in 3 Teile schneiden, im mittleren befindet sich der Stein. Vom mittleren Stück die Schale ablösen, den Stein auf eine Arbeitsfläche drücken und mit einem Messer Fruchtfleisch sowie Saft abstreifen und unter den Reis mischen. Das Fruchtfleisch der beiden äußeren Mangoteile mit einem Löffel auslösen und in etwa 1,5 cm große Würfel schneiden. Die frisch geraspelte Kokosnuß in einer beschichteten Pfanne rösten. Für die Sauce die Kokosmilch gründlich mit dem Zucker verrühren. Den Mangoreis in Dessertschalen verteilen. Die Mangowürfel darauf anrichten, mit etwas Kokossauce beträufeln und jeweils mit den gerösteten Kokosraspeln bestreuen.

Mit einer feinen Reibe das Kokosfleisch in die Schüssel mit dem Kokoswasser reiben. Oder das Fruchtfleisch würfeln, im Mixer pürieren und dann zufügen.

Die Kokosmischung mit der kochenden Milch (oder Wasser) übergießen. In eine Kasserolle umfüllen, kurz aufkochen und 2 bis 3 Stunden ziehen lassen.

Eine Schüssel mit einem Passiertuch auslegen und die Kokosmischung einfüllen. Das Tuch nach oben zu einem »Beutel« zusammenfassen.

Mit der einen Hand den Beutel halten, mit der anderen Hand fest zudrehen, dabei die Flüssigkeit möglichst restlos herausdrücken. So erhält man etwa 1/2 l Kokosmilch.

▲ Die Purpurgranadilla – oder Rote Passionsfrucht – zählt zur Gattung der Passiflora und ist Pflanzenliebhabern vor allem wegen ihrer außergewöhnlich schönen Blüte bekannt. Geschmacklich zeichnet sie sich im Gegensatz zur Gelben Passionsfrucht durch ihr besonderes, süß-säuerliches Aroma mit feiner Aprikosennote aus.

Gefüllte Papayas

MILCHREIS UND ZWEIERLEI TROPISCHE FRÜCHTE UNTER EINER BAISERHAUBE.

Im südostasiatischen Raum dominiert bei den Desserts die Kombination von Reis mit Früchten – bei dem überwältigenden Angebot an exotischem Obst aller Art nicht verwunderlich. Diese süße Köstlichkeit verdankt ihre Geschmacksfülle einem Sirup aus Purpurgranadillas und frischen, reifen Papayas. Zubereitet hingegen wird sie nach den Regeln europäischer Kochkunst – ein gelungenes Beispiel von kulinarischem »east meets west«.

2 Papayas (je 300 bis 400 g)
Für die Milchreisfülung:
450 ml Milch, 1 Prise Salz, 50 g Zucker, 100 g Rundkornreis

Für den Fruchtsirup:
6 Purpurgranadillas (insgesamt etwa 120 g Fruchtfleisch)
Saft von 2 Limetten
180 g Zucker
Für die Baiserhaube:
4 Eiweiße, 160 g Zucker
Außerdem:
Kakaopulver zum Besieben

Von den vielen verschiedenen Papayasorten, die weltweit kultiviert werden, eignen sich die kleineren zum Füllen besonders gut, etwa die unter dem Namen »Solo« oder »Hawaii« angebotenen, die ungefähr 400 g wiegen und halbiert genau richtig für eine Portion sind. Für die Füllung zunächst einen Milchreis zubereiten. Die Milch mit dem Salz und dem Zucker zum Kochen bringen, den Reis unter Rühren einstreuen und bei geringer Hitze in 30 bis 35 Minuten ausquellen lassen. Den Reis vom Herd nehmen und abkühlen lassen. Für den Sirup die

Purpurgranadillas halbieren und das Fruchtfleisch mit einem Löffel auslösen. Fruchtfleisch, Limettensaft und Zucker in einem Topf so lange kochen, bis eine sirupähnliche Konsistenz entstanden ist; dabei zwischendurch immer wieder umrühren. Die Papayas zum Füllen vorbereiten. Die Früchte dafür der Länge nach halbieren, die schwarzen Kerne entfernen und die Früchte mit einem Löffel bis auf einen 1/2 cm breiten Rand aushöhlen. Das ausgelöste Fruchtfleisch in kleine Würfel schneiden. Für das Baiser die Eiweiße zu steifem Schnee schlagen, dabei den Zucker langsam einrieseln lassen. Die Papayawürfel in der Hälfte des Passionsfruchtsirups 1 bis 2 Minuten dünsten, vom Herd nehmen und den gekochten Reis untermischen. Gegebenenfalls etwas Eischnee unter die Reisfüllung ziehen, sollte diese zu fest geworden sein – die Füllmasse muß leicht und locker sein. Die Milchreis-Fruchtmischung in die 4 ausgehöhlten Papayahälften verteilen. Den restlichen Eischnee in einen Spritzbeutel mit Lochtülle Nr. 11 geben und auf die gefüllten Papayas eine Baiserhaube in Form von sich überlappenden Tropfen spritzen. Die Früchte im vorgeheizten Ofen bei starker Oberhitze oder unter dem Grill backen, bis der Eischnee leicht zu bräunen beginnt. Die Papayahälften mit etwas Kakaopulver besieben und auf 4 Tellern anrichten. Den restlichen Granadillasirup nochmals kurz erwärmen und als Sauce dazu reichen.

Torten mit Reis

AUCH ALS KUCHEN ÜBERZEUGT MILCHREIS MIT
FRÜCHTEN ZUM DESSERT.

REISTORTE MIT KIRSCHEN

Für den Mürbteig:
220 g Mehl, 120 g Butter
50 g Zucker, 1 Eigelb, 1 Prise Salz
Für die Füllung:
1 1/2 l Milch, 120 g Zucker, 1 Prise Salz
1 aufgeschlitzte Vanilleschote
300 g Rundkornreis (Milchreis), 400 g Süßkirschen

Die Hälfte der abgekühlten
Reismasse auf dem
gebackenen Mürbteigboden
im Tortenring verstreichen.

Die abgetropften Kirschen
gleichmäßig auf dem Reis
verteilen. Dabei etwas Abstand zum Tortenring lassen.

Den restlichen Milchreis so auf
den Kirschen verteilen, daß die
Früchte bedeckt sind und eine
glatte Oberfläche entsteht.

Die zweite, mit Eigelb be-
strichene Teigplatte auf
die Füllung setzen
und vorsichtig
andrücken.

Außerdem:
1 Eigelb
1 TL Sahne
1 Tortenring von 24 cm Durchmesser, Backpapier

Für den Teig das Mehl auf eine Arbeitsfläche sieben und in die Mitte eine Mulde drücken. Die Butter in Stücken, den Zucker, das Eigelb und das Salz hineingeben. Schnell zu einem Mürbteig verkneten, zu einer Kugel formen, in Folie hüllen und 1 Stunde im Kühlschrank ruhen lassen. Für die Füllung die Milch mit dem Zucker, dem Salz und der Vanilleschote aufkochen. Den Rundkornreis einstreuen, die Hitze reduzieren und den Reis etwa 30 Minuten köcheln lassen, bis der Reis fast die gesamte Flüssigkeit aufgenommen hat. Die Vanilleschote herausnehmen, das Mark herauskratzen und unterrühren. Den Milchreis auskühlen lassen. Die Kirschen waschen, gut abtropfen lassen und entsteinen. Den Mürbteig in zwei Hälften teilen, jede Hälfte zu einer Platte von etwa 26 cm Durchmesser ausrollen. Mit dem Tortenring daraus je einen Kreis von 24 cm Durchmesser ausstechen. Die Teigplatten 30 Minuten kühl stellen. Den Tortenring auf ein mit einem entsprechend großen Stück Backpapier ausgelegtes Blech setzen, die überstehenden Papierränder rings um den Ring einschlagen, leicht andrücken, eine Teigplatte hineinlegen und bei 160 °C im vorgeheizten Ofen in 10 Minuten hellbraun backen. Das Eigelb mit

der Sahne verquirlen, die zweite Teigplatte damit bestreichen, nach Wunsch mit einer Gabel rautenförmig verzieren. Bei 160 °C etwa 10 Minuten backen. Weiterverfahren, wie in der Bildfolge oben gezeigt. Die gefüllte Torte 30 bis 40 Minuten im vorgeheizten Ofen bei 150 °C fertigbacken, eventuell die Oberfläche mit Alufolie abdecken, damit sie nicht zu dunkel wird. Im Tortenring etwa 1 Stunde abkühlen lassen. Den Rand mit einem spitzen Messer lösen, Tortenring und Backpapier entfernen, die Torte in 12 Stücke teilen. Mit Vanillceis, Vanille- oder Fruchtsauce servieren.

TORTA DI RISO

Für den Milchreis:

1 l Milch, 1 Prise Salz, Schale von 1/2 unbehandelten Orange

50 g Zucker, 250 g Arborio-Reis, 1 TL Orangenblütenwasser

Für die Nuß-Früchte-Mischung:

20 g Pistazienkerne, 60 g Walnußkerne, 80 g Orangeat

60 g Zitronat, 60 g kandierte Kirschen, 4 Eigelbe

100 g Zucker, Mark von 1/2 Vanilleschote

60 g Pinienkerne, 4 Eiweiße

Außerdem:

1 Springform von 26 cm Durchmesser

Butter und Semmelbrösel für die Form

stabile Pappe und Puderzucker zum Verzieren

In einem entsprechend großen Topf Milch mit Salz und Orangenschale zum Kochen bringen. Zucker und Reis einrühren, die Hitze reduzieren und den Reis zugedeckt 40 Minuten köcheln lassen, dabei mehrmals umrühren. Die Orangenschale entfernen, den Reis erkalten lassen und das Orangenblütenwasser unterrühren. In der Zwischenzeit die Pistazien- und Walnußkerne hacken, Orangeat, Zitronat und kandierte Kirschen in feine Würfel schneiden. Die Eigelbe mit 1/3 des Zuckers und dem Vanillemark schaumig rühren. Milchreis, gehackte Nüsse, Früchte und Pinienkerne unterrühren und gründlich durchmischen. Die Eiweiße zu Schnee schlagen, den restlichen Zucker nach und nach einrieseln lassen. Vorsichtig unter die Milchreis-Früchte-Nüsse-Mischung ziehen. Die Springform fetten, mit Semmelbröseln ausstreuen. Den Teig einfüllen und die Oberfläche glattstreichen. 60 Minuten im vorgeheizten Ofen bei 180 °C auf der mittleren Schiene backen. Eventuell mit Alufolie abdecken, damit die Oberfläche nicht zu dunkel wird. In der Form etwas abkühlen lassen. Mit einem Messer vorsichtig ringsum den Rand lösen, die Torte stürzen und auskühlen lassen. Zum Verzieren aus der Pappe die Buchstaben r, i, s und o ausschneiden und auf die Torte legen. Mit Puderzucker besieben und die Schablonen vorsichtig entfernen. Ideal, wenn Gäste kommen: Die »Torta di riso« am Vortag zubereiten und über Nacht im Kühlschrank durchziehen lassen. Dann aber erst unmittelbar vor dem Anschneiden mit Puderzucker besieben!

◀ **Galgant:** Wurzelstock einer überwiegend in China angebauten Staude (*Alpina officinarum*) mit scharfbrennendem Geschmack. Kann durch frische Ingwerwurzel ersetzt werden.

◀ **Sojasauce, Shoyu:** Aus der Sojabohne gewonnene Würzsauce, je nach Sorte milder bis salzig, hell- bis dunkelbraun, dünn- oder dickflüssig.

◀ **Ingwer** (*Zingiber officinale*). Mehrjährige Staude mit horizontal sich verzweigendem Wurzelstock. Scharf brennend, leicht süßlich und zugleich bitter im Geschmack. Beliebtes Gewürz, vor allem in der ostasiatischen Küche.

Spezial-Zutaten

EXOTISCHES, MIT DEM MAN BEIM REISKOCHEN BEKANNTSCHAFT SCHLIESSEN KANN.

Bockshornkleesamen: Roh stark bitter schmeckendes, nach einem Garprozeß jedoch wohlschmeckendes Gewürz. Die reifen hellbraunen bis graurötlichen Samen werden getrocknet und im ganzen oder gemahlen verwendet, vor allem in den südostasiatischen Küchen für Curries und Chutneys.

Candlenut, Kerzennuß: Samenkerne des von den Molukken stammenden Kerzennußbaums. Sie müssen vor dem Verzehr gegart werden, um die leicht toxische Wirkung (Brechreiz) des enthaltenen Öls zu beseitigen. Im Geschmack ähneln sie den Macadamianüssen. Geröstet und zerdrückt werden sie in der indonesischen Küche zum Binden von Suppen und Curries verwendet.

Cassia-Rinde: (*Cinnamomum aromaticum*). Auch China-Zimt, Cassia oder Zimtcassia genannt. Getrocknete, gekrümmte Rinde des Zimtbaums oder -strauchs. Die Oberfläche der Rinde ist bräunlich, die Innenseite dunkler. Gute Qualität hat eine helle Farbe.

Chile poblano: Scharfe Paprikaschote mit konischer Form – etwa 10 cm lang, 6 cm breit – und dicker Fruchtwand. Wird bevorzugt zum Füllen verwendet sowie, in Streifen geschnitten, als Gemüsebeilage.

Choisum: Tropischer Blattkohl mit ovalen grünen Blättern und eßbaren kleinen gelben Blüten. Wird ähnlich wie Brokkoli zubereitet.

Enoki-Pilze: Auch Goldpilze genannt. Tragen kleine cremefarbene Hüte auf langen, dünnen Stielen. Frisch und in Dosen erhältlich. Die Verdickung am Stielfuß von frischen Pilzen entfernen.

Fischsauce: Dünne, salzige Würzsauce, die intensiv nach Fisch schmeckt und wie Sojasauce verwendet wird. Ist im Handel problemlos zu bekommen.

Flügelbohnen: Verdanken ihren Namen den entlang den 6 bis 40 cm langen Hülsen verlaufenden gewellten Flügeln. In ganz Asien, West- und Ostafrika sowie in der Karibik seit Jahrhunderten kultivierter Eiweißspender. Samen und Hülsen werden als Kochgemüse verwendet.

Garam masala: Indische Gewürzmischung für Curries, auch Gewürzbeilage, die aus bis zu 20 verschiedenen Gewürzen zusammengemischt sein kann. Grundbestandteile sind immer Kardamom, Koriander, Kreuzkümmel, Zimt, Nelken und Pfeffer.

Ghee: Geklärte Butter, die in Ostasienläden in Dosen erhältlich ist, aber durch Butterschmalz ersetzt werden kann. Selbst herstellen: Ungesalzene Butter in einem Topf schmelzen, 45 Minuten köcheln lassen, wobei die festen Bestandteile Farbe nehmen und sich am Boden absetzen. Durch ein Tuch abseihen und in fest verschließbaren Gläsern kühl aufbewahren.

Ginkonüsse: Samenkerne des in China und Japan beheimateten Ginkgobaumes. Sie schmecken roh nach ranziger Butter, haben nach dem Rösten oder Kochen einen Geschmack wie milder Schweizer Käse. In der chinesischen und japanischen Küche beliebte Zutat zu süßen, aber auch zu pikanten Gerichten.

Ketjap Asin: Dicke, salzige Würzsauce aus dunkler Sojasauce, Gewürzen, Salz und wenig Zucker.

◀ **Curryblätter:** (Curry leaves, *Murraya koenigii*). Kleine, scharf-aromatische Blätter, die wie Lorbeerblätter verwendet und vornehmlich in der indischen und malaiischen Küche eingesetzt werden (indisch »kri patta«, malaiisch »daun kari pla«). Sie werden frisch und getrocknet angeboten und einer Speise meist erst gegen Ende der Zubereitung zugefügt.

▼ **Kaffir-Limette:** (*Cytrus hystrix*). Saftreiche Limettenart mit runzliger Schale. Saft, Schale und vor allem Blätter sind beliebte Würzmittel in den ostasiatischen Küchen.

◀ **Tamarinde:** Hülsenfrucht, aus deren Samen ein braunes, klebriges, süßsaures Fruchtmus gewonnen wird, das als Gewürz, Zartmacher und zum Säuern Verwendung findet.

◀ **Pandanblätter:** Schmale, glänzende, schwertförmige sattgrüne Blätter der Schraubenpalme (*Pandanus adoratissimus*), die wegen ihres süßlich-aromatischen Geschmacks in den ostasiatischen Küchen für Reisgerichte und Curries, besonders aber für Süßspeisen verwendet werden.

Ketjap Manis. Dicke, süßliche Würzsauce aus dunkler Sojasauce, reichlich Zucker und Gewürzen.

Koriandergrün: Als Küchenkraut auch unter den Namen »Cilantro« oder »Chinesische Petersilie« bekannt. Wird nur frisch verwendet. Da es sehr hitzeempfindlich ist, wird es gekochten Speisen immer erst am Ende des Garprozesses zugegeben.

Kreta-Majoran: (*Origanum dictamnus*). Gewürzkraut mit silbrig-grünen Blättern. Das Aroma ist milder, samtiger als das des Griechischen Oregano.

Kreuzkümmel, Cumin: Grünlich-graue, getrocknete Früchte eines in warmen Gegenden gedeihenden Doldengewächses. Eigenartig im Aroma, scharf, bitter, durchdringend im Geschmack. Wird ganz oder gemahlen verwendet, vor allem in den ostasiatischen und nordafrikanischen Küchen.

Lampion-Chillies: (Scotch bonnet peppers). Höllisch scharfe, dünnfleischige Chili-Art aus der Karibik von stark gefalteter, lampionähnlicher Gestalt. Werden wie andere frische Chillies verwendet.

Lotuswurzel: Überwiegend in Südostasien verbreitete ausdauernde Wasserpflanze. Im Querschnitt sind die typischen Röhren, die der Sauerstoffversorgung dienen, sichtbar. Im Handel als Konserve erhältlich. Geschälte Lotuswurzel, in Scheiben geschnitten, paßt hervorragend in exotische Reisgerichte und indische Curries.

Mu-err-Pilz: Zartfleischiger ostasiatischer Kulturpilz, auch »Wolkenohr«, »Holzohr« oder »Chinesische Morchel« genannt. In der chinesischen Küche sehr beliebt.

Nori: Seetangart. Wird, getrocknet, gepreßt und in Quadrate geschnitten, als Hülle verwendet oder, in feine Streifen geschnitten, zum Würzen und Garnieren. Trocken aufbewahren.

Palmzucker, Jaggery: Durch Anzapfen des Stammes oder der Baumspitze von Dattel-, Kokos-, Brenn- und Palmyrapalmen gesammelter Saft, der zu einem hellbraunen, klaren Sirup eingekocht wird und dann auskristallisiert. Malzig im Geschmack. Kann durch braunen Rohrzucker ersetzt werden.

Pio-pini-Pilz: Beliebter italienischer Zuchtpilz mit kleinem Hut und langem Stiel.

Rau ram: Vietnamesischer Koriander. Würzkraut mit spitz zulaufenden Blättern, die purpurrote Rippen aufweisen. Scharf im Geschmack, mit pfeffrigem, minzeartigem Aroma. Kann durch Pfefferminze ersetzt werden.

Reisstrohpilz: (*Volvariella volvacea*). In Südostasien verbreiteter, auf Reisstroh kultivierter Speisepilz. Ist frisch am besten, aber auch als Dosenware erhältlich.

Salsiccia: Rohwurst aus Italien/Schweiz.

Schnittknoblauch: Im südostasiatischen Raum und in Kalifornien kultiviertes mehrjähriges Würzkraut mit dicken, herben, flachen Blättern, die dezent nach Knoblauch riechen und schmecken.

Shiitake-Pilz: (*Lentinus edodes*). Ein ursprünglich aus Japan stammender (japanisch »take« heißt Pilz), aber auch in China verbreiteter und seit Jahrhunderten beliebter Speisepilz mit großem bräunlich-grauem bis rotbraunem Hut und festem, saftigem, aber nicht wäßrigem Fleisch. Frisch und getrocknet im Handel. Kann im Gemüsefach des Kühlschranks bis zu 1 Woche aufbewahrt werden.

Spargelbohne: Wegen ihrer Länge (bis zu 90 cm) auch Strumpfband- oder Langbohne genannt. Die Hülsen enthalten 10 bis 30 Samen. Die in Südasien beheimatete Bohne schmeckt süßer und kerniger als unsere Gartenbohne. Wird wie diese zubereitet.

Tarowurzel: In den Tropen und Subtropen kultivierte anspruchslose Sumpfpflanze. Die stärkereichen Knollen mit ihrem weißen bis hellgrauen Fleisch werden ähnlich zubereitet wie unsere Kartoffeln, haben aber längere Garzeiten.

Topinambur: Auch Erd- oder Jerusalem-Artischocke genannt. Aus Nordamerika stammendes Knollengemüse, das von Oktober bis Mai im Handel zu bekommen ist. Das weiße bis cremefarbene Fruchtfleisch ist von angenehm süßlichem Geschmack.

Trockenfisch: Teilweise gesalzener, sonnengetrockneter Fisch, der vor allem als Würzmittel, aber auch gebraten als Beilage verwendet wird.

Vongole: Italienische Bezeichnung der Strahligen Venusmuschel (*Chamelaea gallina*).

Wasabi: Kräftig aromatisches blaßgrünes Pulver, hergestellt aus einer japanischen Meerrettichart. Kann durch scharfes Senfpulver ersetzt werden.

White cabbage sprouts: Marktbezeichnung für den in den Tropen angebauten Weißkohl. Aufgrund der klimatischen Verhältnisse reift der Kohl sehr schnell, das bei uns übliche Kopfgewicht und die feste Kopfbildung werden nicht erreicht.

▲▲ **Long red** und ▲ **Bird green:** Chillies verleihen unzähligen fernöstlichen Gerichten, Saucen und Würzmischungen ihre Hintergrundschärfe. Die unreifen grünen Schoten sind noch schärfer als die ausgereiften roten.

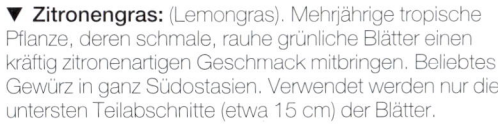

▼ **Zitronengras:** (Lemongras). Mehrjährige tropische Pflanze, deren schmale, rauhe grünliche Blätter einen kräftig zitronenartigen Geschmack mitbringen. Beliebtes Gewürz in ganz Südostasien. Verwendet werden nur die untersten Teilabschnitte (etwa 15 cm) der Blätter.

◄ **Austernsauce:** (Oyster sauce). Eine in der chinesischen Küche sehr beliebte Würzsauce, die aus frischen, pürierten Austern und verschiedenen Gewürzen hergestellt wird.

REGISTER

LITERATURVERZEICHNIS

Brücher, H.: Tropische Nutzpflanzen, Springer-Verlag Berlin/Heidelberg 1997.

Chandler, R. F. jr.: Rice in the tropics, Westview Press, Colorado 1979.

Elmadfa, I., Leitzmann, C.: Ernährung des Menschen, 2., überarb Aufl., Verlag Eugen Ulmer, Stuttgart 1990.

Franke, W., Nutzpflanzenkunde, 4., neubearb. Aufl., Georg Thieme Verlag, Stuttgart 1989.

Geo Journal 35, 1995, Heft 3: Feeding 4 billion people.

IRRI (Hrsg.): Filling the world's rice bowl, 1994.

IRRI (Hrsg.): Planning for the 1990's, 1990.

Luh, B. S. (Hrsg.): Rice, 2. Auflage, Van Nostrand Reinhold, New York 1991.

Otsuka, S.: Japanese food past and present, »About Japan Series« Bd. 21, Foreign Press Center, Tokyo 1996.

Ramseyer, U.: Reis, Edition diá, St. Gallen/Köln/São Paulo 1988.

Rehm, S., Espig, G.: Die Kulturpflanzen der Tropen und Subtropen, 3. neubearb. Aufl., Verlag Eugen Ulmer 1996.

Täufel, A. u.a. .: Lebensmittel-Lexikon, 3., neubearb. Aufl., Behr's Verlag 1993.

Trauffer, R. (Hrsg.): Manger en Chine – Essen in China, Ausstellungskatalog Alimentarium Vevey 1997.

United Nations: Industrial Statistics Yearbook, 1991.

Villa, E. (Hrsg.): Rice and restaurants, Ente nazionale risi, o.J.

Vollmer, G., u.a.: Lebensmittelführer, Georg Thieme Verlag Stuttgart/ Deutscher Taschenbuch Verlag, München, 1990.

Yoshioka, Y.: Food and agriculture in Japan, »About Japan Series« Bd. 18, 3. Aufl., Foreign Press Center, Tokyo 1996.

Zürcher, K. in Heiss, Rudolf (Hrsg.): Lebensmitteltechnologie, 4. Aufl., Springer-Verlag Berlin/Heidelberg 1991.

BILDNACHWEIS

S. 6, 7: Bildarchiv Preussischer Kulturbesitz, Berlin; S. 8, 11, 25, 33: Ente Nazionale Risi, Milano, Italien; S. 9, 11, 14: Seminar für Sinologie und Koreanistik, Tübingen; S. 13: WARDA/ADRAO, Bouaké, Côte d'Ivoire; S. 14, 16, 17, 18: Dr. Lampe; S. 16, 18, 19: IRRI, Los Baños, Philippinen; S. 22, 24, 26, 28, 30, 32, 34, 36, 38, 40: Bayerische Staatsbibliothek, München; S. 27, 39: USA Rice Federation, Hamburg; S. 31, 35: Bon Color Photo Agency, Tokyo, Japan; S. 42, 43, 50: Euryza, Hamburg; S. 60, 61, 62: Du Bois Wild Rice Ltd., Canada (Georg Fles GmbH, Hamburg)

WIR DANKEN

allen, die durch ihre Beratung, Hilfe und tatkräftige Unterstützung zum Gelingen dieses Buches beigetragen haben, insbesondere:

AIRI, Associazione Industrie Risiere Italiane, Herr Carriere, Pavia, Italien; Antica Riseria Artigiana FERRON, Isola della Scala, Italien; Agentur Headware, Frau Kraus, Königswinter; Bar Food, Düsseldorf; Central Union of Agricultural Cooperatives, Mr. Yasuko Abe, Tokyo, Japan; California Dept. of Food and Agriculture, Sacramento, USA; Frau Huali Chen, Wendlingen; Consejo Regulador de la Denominación de Origen C.R.D.O. Arroz Delta del Ebro, Herr Benet Arce, Amposta, Tarragona, Spanien; Culinary Studios, Mr. Yim Chee Peng, Singapore; Delta Research & Extension Center, Mr. Joe E. Stroot, Stonoville, USA; Department of Agricultural Extension, Mr. Sooksanti Malithong, Bangkok, Thailand; Ente Nazionale Risi, Dr. Anna Callegarin, Milano, Italien; EURYZA GmbH, M/S/C Lebensmittel GmbH, Frau Blunck, Hamburg; Herr Ferrarini, Bologna, Italien; Freeze-Dry-Foods, Frau Lübbeling, Greven; Georg Fles GmbH, Frau Lappase, Hamburg; Getreidenährmittelverband e.V., Herr Hees, Bonn; Gourmet House, Mr. Joseph Schneider, Clearbrook, USA; Huber-Mühle KG, Herr Dr. Landerer, Mannheim; IRRI Japan, Mr. Kazuko Morooka, Ibaraki, Japan; IRRI, Los Baños, Manila, Philippinen; Mr. Saeed Khoie, Teheran, Iran; Kikkoman Trading GmbH, Frau Loos, Düsseldorf; Küche – Redaktionsbüro, Herr Schaber, Darmstadt; Lundberg Family Farms, Richvale, USA; Frau Fabienne Maillen, Brüssel, Belgien; The Mansion, Kempinski Bangkok, Herr Rafael Neitzsch, Bangkok; MAS DE NANS, Herr Griotto, Arles, Frankreich; Mietens & Co. Realitäten-Service, Frau Helga Mietens, Hamburg; Müller's Mühle, Frau Götz, Gelsenkirchen; Museum für Ostasiatische Kunst, Frau Girmond, Köln; Nestlé Côte d'Ivoire, Herr Alexander Klein, Abidjan, Côte d'Ivoire; Herr Oberacher, München; Philippine Dept. Tourism, Frau Beltran, Frankfurt; M. Roger Poletti, Bourg St. Maurice, Frankreich; Rice Research Institute, Chatuchak, Mr. Chanyanuwat, Mr. Veerasak, Bangkok, Thailand; Rickmers Reismühle GmbH, Dr. Barbara Hess, Herr Ralf Lange, Bremen; Riso Gallo, F& P s.p.a. Herr Paolo Pignataro, Robbio, Italien; Ritz-Carlton, Peter Schoch, Mr. Yap Wing Sang, Singapore; Herr Roland Sager, Manila; Seminar für Sinologie und Koreanistik, Universität Tübingen, Herr Seifert, Frau Stein, Tübingen; Spanisches Generalkonsulat, Frau Pérez, Herr Sanz, Düsseldorf; Stadtbibliothek Kempten, Herr Brock; Syndicat de la Rizerie française, Paris, Frankreich; Ute Middelmann PR GmbH, Frau Steffens, Hamburg; Universität Hohenheim, Institut für Pflanzenproduktion in den Tropen und Subtropen, Dr. Thomas Hilger, Stuttgart; Universität München, Institut für Ostasienkunde, Frau Prof. Jungmann, München; USA Rice Federation, Frau Beatrix Rückert, Hamburg; WARDA/ADRAO, Association pour le développement de la riziculture en Afrique de l'Ouest, M. Monty P. Jones, Bouaké, Côte d'Ivoire

Genehmigte Lizenzausgabe für Verlagsgruppe Weltbild GmbH, Steinerne Furt, D-86167 Augsburg

Copyright   der Originalausgabe © 1997 by Gräfe und Unzer Verlag, GmbH, München

Teubner Edition ist ein Unternehmen des Verlagshauses Gräfe und Unzer, GANSKE VERLAGSGRUPPE GmbH

Produktbeschaffung: Pascale Veldboer, Angelika Mayr

Küche/Rezepte: Barbara Mayr (Rezeptentwicklung), Oliver Brachat, Walburga Streif, Helena Brügmann

Fotografie: Christian Teubner, Odette Teubner, Andreas Nimptsch, Julia Christl, Oliver Brachat

Redaktionelle Texte: Dr. Alexandra Cappel, Katrin Wittmann

Redaktion: Dr. Alexandra Cappel, Inken Kloppenburg, Veronika Storath, Pascale Veldboer, Katrin Wittmann

Layout/DTP: Christian Teubner, Gabriele Wahl

Herstellung: Gabriele Wahl

Umschlaggestaltung/-motiv: www.ideehoch2.de

Reproduktion: walcker repro, D-88316 Isny im Allgäu

Druck: Dr. Cantz'sche Druckerei, GmbH & Co., D-73760 Ostfildern

ISBN 978-3-8289-1386-8

2011   2010   2009
Die letzte Jahreszahl gibt die aktuelle Lizenzausgabe an.

Einkaufen im Internet: **www.weltbild.de**